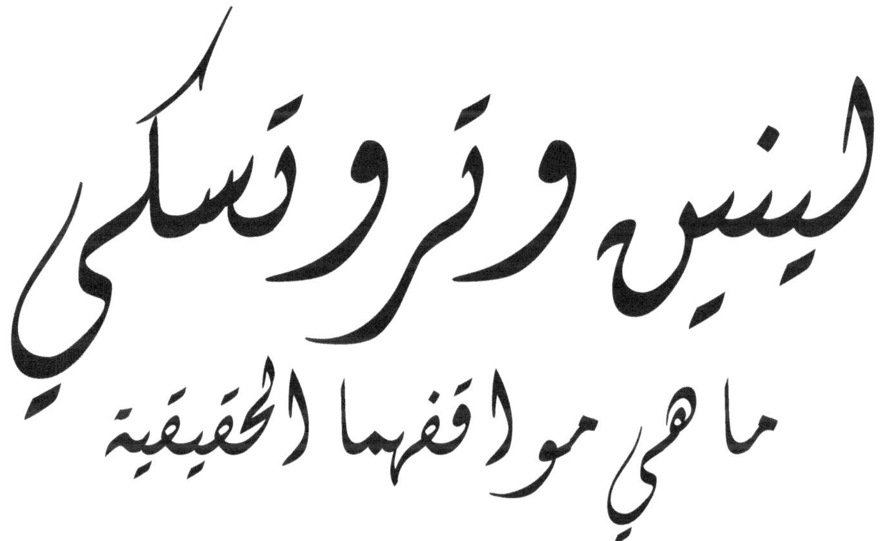

(رداً على مونتي جونستون)

مع مقدمة للطبعة العربية لآلان وودز

ترجمة: هيئة تحرير موقع ماركسي

www.marxy.com

لينين وتروتسكي - ما هي مواقفهما الحقيقة
تأليف آلان وودز وتيد غرانت
العنوان الأصلي للكتاب:
Lenin and Trotsky - what they really stood for
هذه الترجمة الى العربية من الطبعة الإنجليزية الرابعة، مع المقدمة الجديدة، نشرتها ويل ريد في 2013

التنضيد وتصميم الغلاف: عيسى الجزائري
الموزع في المملكة المتحدة:
Wellred Books, P.O. Box 2626, London N1 7SQ, England
رقم الهاتف:
+44 (0) 20 7251 1094
رقم الفاكس:
+44 (0) 20 7251 1095
بريد الكتروني:
wellred@marxist.com
الموزع في الولايات المتحدة:
Wellred Books, P.O. Box 1331, Fargo ND 58107 - 1331, USA
للشراء على الانترنت:
http://www.wellredbooks.net
ISBN: 978-1-900-007-50-4

في حال الرغبة بالتواصل مع الكاتب بملاحظاتكم ومقترحاتكم، الرجاء الكتابة الى ويل ريد بوكس. هذا الكتاب متوفر أيضاً بالإنجليزية، الإسبانية والروسية.

الفهرس

إلى الرفيق تيد غرانت في ذكرى ميلاده المائة

وإلى ذكرى المناضل الشيوعي الثوري الذي غادرنا مبكرا الرفيق أنس لحكيم بناني، العضو المؤسس لرابطة العمل الشيوعي - الفرع المغربي للتيار الماركسي الأممي

تيد غرانت: سيرة مختصرة

بقلم: روب سويل

ولد تيد غرانت في جنوب إفريقيا، قبيل الحرب العالمية الأولى في مكان يدعى جيرمستون (Germiston) بضواحي جوهانسبورغ. والده، ماكس بلانك، هاجر إلى جنوب إفريقيا من روسيا الغربية وانخرط في الأشغال المنجمية، بينما والدته، أديل قدمت من لوماري بباريس. تزوج والداه في بداية القرن عندما كانت أديل تبلغ ١٦ سنة من عمرها وماكس ٣٢ سنة. أنجبا ولدين هما: ايسادور وإسحاق (تيد) وثلاثة بنات هن: روز، راكيل وزينا.

بعد زواج طويل، انتهى الأمر بوالديه بالطلاق، وبعدما قضى ستة أشهر مع والده، انتقل تيد ليعيش نهائيا مع والدته. كانت والدته تدير دكانا صغيرا لبيع الخضروات في جوهانسبورغ، أما هو فقد أرسل إلى مدرسة داخلية بينما أرسلت أخواته إلى دير ليتابعن دراستهن.

لقد تأثر في صغره بالأحداث التي كانت تقع في روسيا. لكن، وكما هي الحال عادة، كان احتكاكه الأول مع الحركة الثورية نتيجة للصدفة. إذ قامت والدته، لكي تزيد من مدخول الأسرة بكراء بيوت منزلها، ومن بين المكترين كان هناك شخص يدعى رالف (راف) لي، والذي كان عضوا في الحزب الشيوعي الجنوب إفريقي منذ ١٩٢٢، لكنه تعرض للطرد خلال التطهيرات الستالينية الأولى. لقد كان لهذا الشيوعي المخلص نقاشات منتظمة مع تيد وقدم له كتابات برناردشو، هـ ج ويلس، مكسيم غوركي، جاك لندن وآخرين. بعد وقت قصير، ارتفع مستوى الأدبيات المقروءة لتصل إلى ماركس انجلز وكذلك لينين. مع بلوغه سن الخامسة عشر، كان تيد قد صار ماركسيا مقتنعا، وقد حاول رالف لي أيضا أن يستقطب أخت تيد الصغرى زينا.

تمكن لي (إضافة إلى مناضلين آخرين من بينهم تيد غرانت البالغ آنذاك خمسة عشر سنة) من ربط علاقة مع الحركة التروتسكية الأممية في بدايات ١٩٢٩، عبر المناضل الأمريكي الذي أرسل إلى جنوب إفريقيا من طرف الرابطة الشيوعية الأمريكية (Communist League of America) المؤسسة حديثا.

وضع هؤلاء التروتسكيون الجنوب إفريقيون على كاهلهم مهمة بناء مجموعة، وعملوا على تجميع نصف دزينة من الأعضاء. بالرغم من عزلتهم وضعف قواهم، توجهوا نحو العمال وأعادوا تأسيس نقابة عمال محالات الغسيل بجوهانسبورغ سنة ١٩٣٤. مع حلول خريف ١٩٣٤، غادر اثنان من أعضاء المجموعة (تيد غرانت وماكس باخ) جنوب إفريقيا نحو انجلترا بحثا عن «آفاق أوسع». تيد لم يعد بعدها إلى جنوب إفريقيا مطلقا. أثناء توقفهما في فرنسا، التقيا ابن تروتسكي، ليون سيدوف، الذي كان عضو السكرتارية الأممية ومنسق عمل الرابطة الشيوعية الأممية، الذي اغتاله عملاء ستالين فيما بعد.

مع وصولهم إلى بريطانيا، شهر دجنبر ١٩٣٤، غير ماكس باخ اسمه إلى سيد فروست (Sid Frost) وتيد غير اسمه من إسحاق بلانك إلى تيد غرانت – وهو الاسم الذي «استمده» على ما يبدو من أحد أعضاء طاقم الباخرة التي أقلتهم، بنفس الطريقة التي أخذ بها تروتسكي اسمه من أحد سجانيه القيصريين-. لقد قام تيد بتغيير اسمه لأسباب عائلية إذ كان لا يريد أن يحدث أي شيء لأسرته في جنوب إفريقيا مهما حدث له هو.

في لندن التحقا معا بالمجموعة الماركسية داخل صفوف حزب العمال المستقل. إلا أن إمكانيات القيام بعمل ثوري في صفوف هذا الحزب كانت بدأت تصير أقل فأقل، ومن ثم قام تيد غرانت، بعد عدة شهور، بمغادرته للالتحاق بالتروتسكيين العاملين في صفوف المنظمة الشبيبية لحزب العمال: رابطة حزب العمال

للشباب. ومنذ ذاك الوقت فصاعدا، ساهم تيد في تطور المجموعة البلشفية - اللينينية داخل حزب العمال، التي صارت تدعى فيما بعد بمجموعة Militant، نسبة إلى اسم الجريدة التي كانت تصدرها. تمثل عملهم الأساسي آنذاك في محاربة التأثير الستاليني المتزايد في حركة الشبيبة.

مباشرة بعد وصوله إلى بريطانيا، انخرط تيد أيضا بنشاط في النضال ضد الفاشية، حيث خاض هو ورفاق آخرون مواجهة ضد جماعة الأقمصة السوداء في المنطقة الشرقية للندن. وقد شارك في معركة شارع كابل الشهيرة، عندما تعبئ عمال المنطقة الشرقية لإيقاف تحرك للعصابات الفاشية. وتوجد صورة لتيد في أحد المتاريس في لونغ لاين بيرموندسي، جنوب لندن أخذت سنة ١٩٣٧، وأعيد نشرها سنة ١٩٤٨ في كراسة « خطر الفاشية» الذي وزعه الحزب الشيوعي الثوري.

إن السنوات التي قضاها تيد في صفوف المجموعة الماركسية، بجنوب إفريقيا، مكنته من اكتساب قاعدة نظرية جيدة جعلته قادرا على لعب الدور الذي سيلعبه لاحقا في الحركة التروتسكية. بعد سنوات قليلة، أدى عجز قيادة مجموعة (Militant) عن تطوير التيار بشكل ملموس، إلى تزايد مشاعر التذمر بين صفوف القواعد. وبحلول خريف ١٩٣٧، صار الفرع الذي ينتمي إليه تيد غرانت، في بادينغتون، الأكثر نشاطا من بين فروع المجموعة، إذ كان يبيع كل نسخ جرائد المجموعة ويتدخل في صفوف الحركة العمالية وينخرط في النضال الجماهيري المكثف.

مع نهاية نفس السنة، نشب صراع حول مسألة انتخاب قيادة المجموعة، حيث أطلقت بعض الافتراءات ضد رالف لي، العضو القيادي في المجموعة الجنوب افريقية والذي التحق حديثا بمجموعة (Militant)، بعد هجرته هو ومجموعة من التروتسكيين من جنوب إفريقيا خلال ربيع ١٩٣٧. هذا الحادث أدى إلى مغادرة رالف لي وتيد، إضافة إلى سبعة مناضلين آخرين، للمجموعة وتشكيلهم لمجموعة جديدة، أطلقوا عليها اسم رابطة العمال الأممية (WIL) شهر دجنبر ١٩٣٧.

أدار مناضلو الرابطة ظهورهم للطرق العصبوية الفاشلة القديمة وتوجهوا بحزم نحو الشرائح الواسعة المنظمة من الطبقة العاملة. لقد شكل هذا في الواقع البداية الأولى للحركة التروتسكية البريطانية. وقد لعب غرانت دورا قياديا في هذا العمل، ليس فقط في صفوف رابطة العمال الأممية الحديثة التشكيل، بل كذلك في صفوف الحزب الشيوعي الثوري الذي أسس شهر مارس ١٩٤٤.

لقد شكلت الحرب فترة امتحان. ومع نهاية سنة ١٩٤٠، عاد رالف إلى جنوب إفريقيا لأسباب شخصية وصحية، ليسقط ثقل العمل من أجل بناء المنظمة على كاهل باقي الرفاق القياديين الآخرين، وخاصة منهم تيد وميلي (Millie) وجوك هاستون.

تبنت رابطة العمال الأممية بحماس السياسة العسكرية البروليتارية الجديدة عندما طرحها تروتسكي لأول مرة والتي أدت إلى تطور وتعميق الموقف الأممي طيلة الحرب العالمية الأولى، إذ في الوقت الذي تم الحفاظ على موقف المعارضة المبدئية للحرب الإمبريالية سمح للتروتسكيين بالالتقاء بالطبقة العاملة.

تصدت الرابطة بحزم لهجومات الستالينيين، الذين صاروا بعد يونيو ١٩٤١، يتبنون موقفا شوفينيا مسعورا ولعبوا دور كاسري الاضرابات. وقد غيرت الرابطة، مع توجهها الجديد، اسم جريدتها من (Youth for Socialism) - الشباب من أجل الاشتراكية - إلى (Socialist Appeal) - النداء الاشتراكي - وكان تيد غرانت رئيس تحريرها.

يمكن أن نقول بدون أي مبالغة أن رابطة العمال الأممية/ الحزب الشيوعي الثوري هي المنظمة التروتسكية الوحيدة في العالم التي قامت بأكثر الأعمال نجاحا خلال زمن الحرب. وكان دور تيد مركزيا في هذا الإنجاز كسكرتير وطني للرابطة ثم كسكرتير سياسي للحزب الشيوعي الثوري.

لقد طرحت فترة ما بعد الحرب مباشرة تحديات هائلة أمام الحركة التروتسكية العالمية. قيادة الحزب الشيوعي الثوري تمكنت بسرعة من فهم الحقائق الجديدة وعملت على تغيير منظوراتها بما يتوافق والتطورات. بينما بدأت قيادة الأممية، على العكس من ذلك، تسقط في خطأ بعد آخر.

مرة أخرى، لعب تيد غرانت دورا جوهريا في توجيه الحركة التروتسكية البريطانية الوجهة الصحيحة. وباعتباره المنظر الرئيسي للحزب الشيوعي الثوري، كان باستطاعة تيد توسيع وتطوير النظرية الماركسية في سلسلة كاملة من الاتجاهات الجديدة بعد ١٩٤٥. وقد شمل هذا النظرية الماركسية للدولة والدفاع عن النظرية الاقتصادية الماركسية، إلى التطور اللامتكافئ للثورات في المستعمرات وتكتيكات الماركسيين اتجاه المنظمات الجماهيرية وبناء الحزب.

ابتداء من سنة ١٩٤٣، حاول جيمس كانون (الوجه القيادي في صفوف الحركة التروتسكية الأمريكية الذي التحق بالمعارضة عبر رابطة العمال الأممية الذي اقترح توحيد جميع المجموعات معا سنة ١٩٣٨) إزالة قيادة المنظمة البريطانية واستبدالها بأشخاص أكثر امتثالا. لقد تدرب كانون على استعمال الطرق الزينوفيفية، وتآمر مع جيري هيلي، الذي قاد نضالا تكتليا داخل الرابطة والحزب الشيوعي الثوري لتحطيم قيادة هاستون - غرانت.

بالرغم من أن تيد كان عضوا في اللجنة التنفيذية الأممية، فانه لم يكن قادرا على المشاركة في أشغالها بسبب عدم توفره على جواز سفر بريطاني في البداية، فبقي الأمر بيد جوك هاستون.

لقد أيد كانون وما كان يسمى بقيادة الأممية الانشقاق في صفوف الحزب الشيوعي الثوري، وانخراطت الأقلية التابعة لهيلي في حزب العمال أواخر سنة ١٩٤٧، قبل أن تندمج مجموعتيهما أواسط ١٩٤٩ وفق شروط هيلي. بينما عارض تيد كلا هذين الموقفين.

بمجرد ما حدث الاندماج بين الحزب الشيوعي الثوري ومجموعة هيلي، بدأ هيلي يتصرف بأكثر الطرق دكتاتورية، يطرد المناضلين لأتفه الأسباب. ونتيجة لذلك، صار جوك هاستون عمليا خارج الحركة. كما طرد قادة آخرون مثل روي تيريز Roy Tearse وجيمي دين. تيد بدوره تم طرده بطريقة بيروقراطية بعد ٢٢ سنة من عضويته في الحركة التروتسكية. لقد كان أيضا عضوا في اللجنة التنفيذية للأممية الرابعة. وخلال المؤتمر العالمي الثالث صودق على قرار طرده بناء على اقتراح تقدم به أرنست ماندل (جرمين Germaine).

مع نهاية سنة ١٩٥٠، نجحت الأعمال التخريبية، التي كان هيلي يقوم بها، في تدمير الحزب. عندها حاول تيد إعادة التجميع وإنقاذ ما يمكن إنقاذه. لقد ناضل هؤلاء الرفاق، بدون أي مناضل متفرغ وبدون أجهزة، للحفاظ على الذات مجتمعة. وبعدما أجبره هيلي على التخلي عن صفة مناضل متفرغ، اشتغل تيد غرانت بائعا متجولا يبيع فرشات الأسنان.

في ماي ١٩٥١، انعقد الكونفرانس الوطني الأول بلندن. جاء في التقارير أن هناك ٢٠ عضوا في لندن و١١ في ليفربول، مع بعض العلاقات المشتتة هنا وهناك. لم يكن للمجموعة أي بديل سوى العمل داخل حزب العمال.

قرر الكونفرانس إصدار مجلة نظرية كل شهرين. وقد عمل مناضلون مثل جيمي دين وأخواه آرثر دين وبريان دين، أليك رياش، سام ليفي وآخرون على جمع الأموال الضرورية لإصدار المجلة الجديدة. صدر العدد الأول من المجلة المسماة (International Socialist) -الاشتراكية الأممية- في فبراير ١٩٥٢، وكان تيد رئيس تحريرها. لكن غياب الموارد وضعف المساهمات جعل المجلة لا تظهر سوى بشكل متقطع ما بين فبراير ١٩٥٢ وأبريل ١٩٥٤.

سنة ١٩٥٣، حدث هناك انشقاق في صفوف الأممية، إذ غادرها هيلي وكانون ليشكلا تنظيماتهما الخاصة. هذا جعل الأممية بدون فرع لها في بريطانيا. وبعد بعض النقاشات، تم الاعتراف بمجموعة تيد غرانت كفرع رسمي للأممية في بريطانيا. ومع نهاية العام صار تيد مرة أخرى مناضلا متفرغا وأصْدِرَت مجلة جديدة أطلق عليها اسم (Workers International Review) - مجلة العمال الأممية.

تزامنت هذه المحاولة لإعادة تأسيس مجموعة في بريطانيا بنهوض ثورة سياسية في هنغاريا. لقد خلقت الأحداث الثورية التي عرفتها هنغاريا، عاصفة من الاهتمام بين صفوف الأحزاب الشيوعية في العالم. وفي بريطانيا دخل جزء كبير من مناضلي الحزب الشيوعي في مرحلة غليان وصاروا منفتحين على الأفكار التروتسكية.

طرح تيد مسألة رفع راية مفتوحة وتأسيس منظمة منفتحة، باعتبار ذلك الوسيلة الوحيدة لجذب المنحدرين من الحزب الشيوعي وهكذا تم تأسيس الرابطة الثورية الاشتراكية خلال بداية عام ١٩٥٧.

أقام تيد ورفاق آخرون علاقات ونظموا نقاشات مع شريحة من المنحدرين من الحزب الشيوعي، لكن لم يتم تحقيق سوى مكاسب ضئيلة، ليتم التخلي عن تجربة الرابطة الثورية الاشتراكية بعد توقف إمكانيات العمل في الحزب الشيوعي. أصدر التيار جريدة جديدة اسماها (Socialist Fight) -النضال الاشتراكي- بتيد غرانت في رئاسة تحريرها، ظهرت بشكل غير منتظم ما بين يناير ١٩٥٨ ويونيو ١٩٦٣. إن ضعف الموارد أدى إلى أن الجريدة كانت تصدر على شكل نسخ طيلة ١٩٦٠ ولم تظهر على شكل طبعة سوى منتصف شهر فبراير ١٩٦١.

سنة ١٩٦٠، أعادت قيادة حزب العمال تأسيس القطاع الشبيبي، المسمى الاشتراكيون الشباب. في البداية تمكنت منظمة الاشتراكيين الشباب من استقطاب عدد كبير من الشباب. لقد تمكن أنصار هيلي، بفعل جهازهم القوي وجريدتهم الموجهة إلى الشباب: (Keep left)، من السيطرة على المنظمة الشبيبية وطنيا باستعمال العديد من الوسائل المشبوهة. والمجموعة الثانية داخل المنظمة الشبيبية آنذاك كانت هي مجموعة كليف، المعروفين باسم «رأسمالية الدولة»، والذين كانوا يصدرون جريدة (Young Guard) وفي المرتبة الثالثة تأتي مجموعة تيد غرانت المشكلة من عدة عشرات من الرفاق والتي كانت المجموعة الأصغر.

ببطء لكن بثبات بدأنا نكسب المناضلين واحدا واحدا وبدأت قاعدتنا تتوسع خاصة في ليفربول، حيث أسسنا قاعدة قوية في والتون (walton). إن تيارنا شهد تطور في لندن كذلك وتينيسايد (Tyneside) وسوينسي (Swansea) وبريغتون (Brighton).

سنة ١٩٦٤، كانت هناك محاولة للاندماج مع المجموعة الماركسية الأممية (International Marxist Group) التابعة لماندل، لكن سرعان ما فشلت المحاولة. فتلقى التيار درسا مؤلما في استحالة وجود الطرق المختصرة. ربما كانت هذه أسوأ مرحلة عاشها تيار تيد غرانت. لقد كنا مجموعة صغيرة معزولة، بدون جريدة ولا نقود ولا مناضلين متفرغين ولا مقر. لكننا رغم ذلك لم ننكسر. لقد كنا واثقين من صحة أفكارنا ومنظوراتنا، وقد لعب تيد دورا أساسيا حاسما في تلك المرحلة. إنه لم يفقد أبدا تفاؤله، وثقته الراسخة ولا روحه المرحة الشهيرة.

في صيف ١٩٦٤، تم اتخاذ قرار بإصدار جريدة جديدة، وبعد نقاشات عديدة تم اختيار اسم (Militant) -المناضل- اسما لها. لقد سجل هذا صفحة جديدة في تطور تيار تيد غرانت Militant.

في هذه الأثناء، ظهرت إلى الوجود صراعات في صفوف الأممية. كان تيارنا قد عارض بحزم المواقف السياسية لبابلو وقيادة الأمانة المتحدة (كما صاروا يسمون بعد الاندماج سنة ١٩٦٣). كانت لدينا خلافات جوهرية معهم حول الصين والصراع الصيني - السوفياتي وكوبا والموقف من حرب العصابات والثورة في

المستعمرات. وبمناورة ضدنا خلال المؤتمر العالمي، لسنة ١٩٦٥، حولونا إلى مجرد فرع متعاطف، بينما تمت ترقية المجموعة الماركسية الأممية [الماندلية]. لقد صرنا مطرودين عمليا فقررنا أن ندير ظهورنا إلى الأبد لهؤلاء السادة ونتوجه بحزم نحو المنظمات الجماهيرية والطبقة العاملة.

بحلول سنة ١٩٦٧، وبعد انسحاب مجموعتي هيلي وكليف من حزب العمال (إثر خيبة الأمل التي في حكومة ويلسون العمالية) كان تيارنا هو التيار الوحيد الذي بقي في حزب العمال.

كانت سنوات السبعينات مرحلة غليان سياسي وطنيا ودوليا، فجرت هزيمة حكومة ويلسون وصعود حكومة هيث (Heath) [محافظون] موجة تجذر بين صفوف الطبقة العاملة. مع سنة ١٩٧٠، تمكن تيارنا من كسب الأغلبية في القيادة الوطنية للقطاع الشبيبي لحزب العمال، وبدأنا حملة لبناء المنظمة الشبابية. إن قرارنا بالبقاء في حزب العمال أعطى الدليل على صحته.

فمن أقل من ١٠٠ رفيق سنة ١٩٦٦، انتقل التيار إلى أكثر من ٥٠٠ مع حلول سنة ١٩٧٥. لقد تأسس هذا على قاعدة الأفكار النظرية لتيد غرانت والتوجه نحو المنظمات الجماهيرية. صارت لدينا مطبعتنا الخاصة بنا وأصبحت جريدة Militant، سنة ١٩٧٢، تصدر أسبوعيا. إن التيار بدأ يبني موقعا له تدريجيا داخل حزب العمال. لقد تحقق هذا فقط لأننا لم نستسلم لضغوط النزعة اليسراوية المتطرفة، بل بقينا داخل حزب العمال عندما غادره الآخرون. لقد كان هذا أحد أسباب النجاح اللاحق الذي حققه التيار الماركسي في بريطانيا - الطفرة التي ليس لها مثيل في أي مكان آخر.

على الصعيد الأممي، عملنا سنة ١٩٧٤، بحفنة صغيرة من الرفاق في بلدان أخرى، على تأسيس اللجنة من اجل أممية عمالية CWI. وخلال سنتين، تطورت المنظمة في إسبانيا، من مجموعة صغيرة مشكلة من ستة رفاق فقط، لتصير مشكلة من ٣٥٠ مناضل وأصبحت ثاني أكبر فرع للجنة من أجل أممية عمالية.

لم يكن من المصادفة أن يحقق التيار هذه الطفرة في بريطانيا وإسبانبا في تلك المرحلة بالضبط.

أدت هزيمة حكومة كالغان (Callaghan) سنة ١٩٧٩، إلى تجذر كبير في صفوف المنظمات الجماهيرية. لقد كان الميل نحو اليسار تعبيرا عن السخط على سياسات حزب العمال الموالية للرأسمالية، واتخذ شكل صعود تيار توني بين (Bennism) داخل حزب العمال. في هذه الأثناء انشق الحزب الاشتراكي الديموقراطي (SDP)، مما زاد في تقوية الميول اليسارية داخل الحزب. كانت هذه هي الظروف التي ساعدت على تطور تيار Militant بتلك السرعة، ليصل إلى ١٠٠٠ مناضل سنة ١٩٨٠. لقد أدى تطور الحركة التروتسكية داخل صفوف حزب العمال إلى تنبيه الطبقة السائدة. فأطلقت الصحف الرأسمالية حملة جديدة لمطاردة الساحرات ضد التيار مطالبة بطردنا من الحزب.

وكما كان منتظرا تعرض تيد غرانت -الذي كان المحرر السياسي- إضافة إلى أعضاء آخرين في هيئة التحرير، للطرد سنة ١٩٨٣. لكن هذا لم يوقفنا. إذ سنة ١٩٨٤، ومع بداية إضراب عمال المناجم، صارت مبادرة اليسار الصناعي الواسع (BLOC)، التابعة لنا، أكبر قوة يسارية داخل النقابات. للمرة الأولى في التاريخ، تمكن مناضل ينتمي للحركة التروتسكية، جون ماك كريدي (John MacCreadie) من أن ينتخب إلى المجلس العام لمؤتمر النقابات. وقد تمكنا، خلال السنة التي دامها إضراب المنجميين - بفضل موقفنا في المناطق المنجمية- من اكتساب أكثر من ٥٠٠ عامل منجمي إلى تيارنا. سنة ١٩٨٨، ملئنا ساحة قصر الكسندرا (Alexandra Palace) في لندن بـ ٧٥٠٠ من مؤيدينا وألقينا خطابات هناك بمساهمة تيد، إضافة إلى رفاق آخرين، بمن فيهم حفيد تروتسكي استيفان فالكوف (Esteban Volkov) لقد كان تيار Militant آنذاك في أوج تطوره.

أما على الصعيد السياسي، فقد كان لنا ثلاثة رفاق منتخبين في البرلمان وسيطرنا على مجلس مدينة ليفربول منذ سنة ١٩٨٣. لقد صار تيارنا Militant اسما معتادا لدى الجماهير وتمكن من التطور سريعا من الناحية العددية والنفوذ.

بفضل التوجيه السياسي لتيد غرانت، تمكنا من خلق أقوى تيار تروتسكي منذ أيام المعارضة اليسارية الروسية. ومن وَضْعٍ كنا نعد فيه السنتيمات، تحولت مداخيلنا إلى أكثر من مليون جنيه إسترليني سنويا، مقرات واسعة، مطبعة كبيرة قادرة على إصدار صحيفة يوميا، وحوالي ٢٥٠ مناضل متفرغ، أي أكثر مما هو متوفر لدى حزب العمال نفسه. كان لدينا وجود في العديد من النقابات والأحزاب العمالية، وأيضا حوالي ٥٠ مستشارا بلديا وثلاثة أعضاء ماركسيين في البرلمان.

بعدما طرحت تاتشر قانون ضريبة « Poll Tax» الرجعي، نظمنا معركة ضد حكومة المحافظين تضمنت كذلك الامتناع الجماهيري لملايين الناس عن الأداء. لقد شكلت هذه الحركة أكبر معركة للعصيان المدني في تاريخ بريطانيا، تحت قيادة النقابة الوطنية لمناهضة ضريبة « Poll Tax»، التي عملنا على تأسيسها وقيادتها. تظاهر ٢٥٠,٠٠٠ شخص في لندن واحتل أكثر من ٥٠,٠٠٠ متظاهر شوارع غلاسكو (Glasgow). لقد أدت، بدون شك، هذه الحركة الجماهيرية التي أخافت منظري الرأسمال، إلى فرض التراجع عن الضريبة واستقالة تاتشر سنة ١٩٩٠.

بالرغم من كل هذه النجاحات الهائلة، كان التيار يعيش مشاكل كبيرة. وكان أكبر مشكل هو تراجع المستوى النظري لكوادره، بينما القيادة لم تفعل شيئا لتغيير هذا الوضع، وهو الشيء الذي اتضحت أسبابه جلية فيما بعد. لقد عمل تيد غرانت بشكل متواصل خلال اجتماعات هيئة التحرير الموسعة، على التأكيد على ضرورة توفير تكوين صلب للرفاق الذين كانوا يلتحقون بصفوفنا وتدريبهم. لكن مع الأسف لم تجد كلماته آذانا صاغية.

كان بيتر تاف، الذي عين محررا للجريدة، والمجموعة المتحلقة حوله يعطون أهمية أكبر للعمل النضالي على حساب النظرية، التي كانوا ينظرون إليها باحتقار. لقد ساعدت السلطة النظرية التي كان يتمتع بها تيد على قيادة التيار في إبقاء الجسد مجتمعا. لكن تاف كان يكون في الكواليس أفكارا حول الطبيعة الحقيقية للتيار ودوره فيه.

لقد تسممت جماعة تاف بالنجاحات التي كان التيار يحققها. وكان تاف قد بدأ يعاني من أوهام العظمة وصار يحيك المناورات في الكواليس لعزل تيد غرانت.

في أبريل ١٩٩١، نجحوا في إقناع تاف بالقيام «بمنعطف جديد» في اسكتلندا وخلق منظمة مفتوحة، لكن سرعان ما انفجرت، بعد ذلك، مواجهة عنيفة داخل قيادة الأممية مع تيد غرانت وآلان وودز اللذان اتهما تاف بتشكيل عصبة. هذا أدى إلى تدهور سريع للعلاقات داخل القيادة. عندها، في شهر ماي، تم دفع التيار بطريقة ديماغوجية إلى مقاطعة انتخابات محلية بوالتون في ليفربول.

أغلبية القيادة اعتبروا هذه النتائج الكارثية «نجاحا» سيتم مواصلته في مناطق أخرى من البلاد! لقد كانوا يستعجلون دفع التيار إلى ما أسماه تيد بصواب بـ «الطريق المختصر إلى الهاوية». لقد عارض كل من تيد وآلان وودز وروب سويل بحزم في القيادة، هذا «الانعطاف» اليسراوي المتطرف، الذي اعتبره تيد تهديدا لأربعين سنة من العمل.

لم يكن تاف وأنصاره يمتلكون الترسانة النظرية الضرورية لمواجهة المعارضة في صراع نزيه، فعملوا، عوض ذلك، على الاعتماد على ثقل الجهاز الحزبي، المتفرغين وسلاح الافتراء والإشاعات والاغتيال المعنوي في محاولة للنيل منّا وتحطيمنا.

وفي أوج الصراع التكتلي، وجهت إلى تيد والمعارضة تهديدات تعسفية. لم يتم التعامل معنا كرفاق لديهم مواقف يجب الرد عليها، بل كأعداء يجب سحقهم. لقد لجأوا إلى أحقر طرق المضايقات لضرب معنوياتنا. عندما كنا نذهب إلى المقر، لم يكن أحد يكلمنا. وفيما بعد، صارت حقائبنا تتعرض للتفتيش قبل أن يسمح لنا بمغادرة البناية، وهكذا.

لقد أدى هذا في النهاية إلى طردنا، الشيء الذي أدى بشكل حتمي إلى حدوث انشقاق التيار في بريطانيا وعالميا. لقد كان لدى المعارضة في بريطانيا قاعدة دعم مشكلة من بضعة مئات من الكوادر المجربة والمناضلين النقابيين. وكانت الأوضاع أحسن على الصعيد الأممي. في الواقع، إذا ما نحن استثنينا بريطانيا، كانت أغلبية فروع التيار أمميا، إلى جانبنا.

أثناء الانشقاق، تمكن تاف من كسب الأغلبية الساحقة من أعضاء الفرع البريطاني، بمن فيهم الشباب، الذين فقد أغلبهم سريعا فيما بعد، كما تمكن من السيطرة على الصحافة والأموال والأجهزة الحزبية. لقد كان يبدو أن كل شيء في صالحه. لكن بعد عقد من الزمان صارت نتائج نزعته البروقراطية واضحة للجميع. لقد تمكن بمفرده تقريبا من تدمير المنظمة، وحولها، بعد سلسلة من الانشقاقات، من منظمة تضم ٥٠٠٠ عضو إلى حوالي مائتي مناضل.

سنة ١٩٩٢، أصدرنا مجلة (Socialist Appeal) -النداء الاشتراكي-، التي تمكنت من اكتساب شهرة كبيرة بفضل التحاليل والتعليقات السياسية الجدية والكفاحية التي قمنا بها في الحركة العمالية في بريطانيا وعالميا. ليس لحصاد أدبياتنا الماركسية النظرية ذات الجودة العالية أي نظير. وقد بدأنا، سنة ١٩٩٥، في نشر الكتب التي كان لها تأثير هائل على الصعيد العالمي، بدءا بكتاب Reason in Revolt، من تأليف آلان وودز وتيد غرانت. لقد كانت تلك هي المحاولة الأولى لتطبيق المنهجية المادية الجدلية، بناء على نتائج العلوم الحديثة، منذ مؤلف انجلز «جدل الطبيعة».

بعدها جاء كتاب (Russia - From Revolution to Counter-revolution) وكتاب (Bolshevism - the Road to Revolution) وطبعة جديدة مزيدة لكتاب (Lenin and Trotsky - What They Really Stood For). وقد تمت ترجمت كتبنا إلى الاسبانية والإيطالية واليونانية والروسية والتركية والأردية. كتاب (Reason in Revolt) تتم ترجمته حاليا إلى الألمانية والهولندية. مقالاتنا وكراريسنا ترجمت أيضا إلى الفرنسية، الصينية، الفيتنامية، الكورية، البرتغالية، الرومانية، الصربية، المقدونية، البولندية، الاندونيسية، العبرية ولغات أخرى عديدة.

لقد لعب تيد، خلال العقد الماضي، دورا قياديا في إعادة بناء تيارنا من الصفر. على الصعيد الأممي تمكنا من تحقيق العديد من النجاحات - خاصة في إسبانيا، إيطاليا، المكسيك، وباكستان، التي لدينا فيها إمكانية التحول سريعا إلى قوة جماهيرية.

يمكننا أن نقول، بدون الخوف من الوقوع في التناقض، أن السلطة النظرية لتيارنا اليوم هي، لا سواء على الصعيد الوطني أو الأممي، أكبر مما كانت عليه في أي وقت مضى. سنة ١٩٩٧، شرعنا في إصدار الموقع الكتروني الواسع النجاح: الدفاع عن الماركسية (http://www.marxist.com) والذي يزوره مئات آلاف القراء عالميا. فخلال العام الماضي [٢٠٠١] وحده، حققنا أكثر من مليون زيارة لموقعنا، ولا يزل عدد الزيارات يرتفع بشكل متواصل.

إن السبب الجوهري في نجاحاتنا هو دفاعنا الحازم عن الأفكار الماركسية. إننا نقف على قاعدة المؤلفات الماركسية الكلاسيكية والإسهام الذي قدمه تيد خاصة طيلة الستين سنة الماضية.

لإسهامات تيد غرانت، التي تحققت بتعاون وثيق مع آلان وودز، أهمية عظيمة. لقد شكلت خبرة تيد السياسية الحجر الأساسي في صرح تيارنا. في الماضي، مكنت منهجيته وتوجهه، الذي يجد جذوره في مقاربة تروتسكي، من جعل التيار رقما هاما في السياسة البريطانية. لكن، مع الأسف، توقفت هذه السيرورة بسبب تداخل عوامل موضوعية، غير ملائمة، مع الضعف السياسي للقيادة التي فقدت البوصلة وجرفتها الأحداث التي لم تتمكن من فهمها.

لكن هذا لا يخيفنا. لقد سبق لنا أن وجدنا أنفسنا أقلية في الماضي، كما كان حال معلمينا الماركسيين الكبار. نحن مقتنعون أنه خلال المرحلة العاصفة التي تنفتح أمامنا على الصعيد العالمي، سوف تدفع أحداث عظيمة الطبقة العاملة إلى النضال الثوري في بلد بعد الآخر.

لقد كان إسهام تيد غرانت الأعظم هو الحفاظ على إرث التروتسكية الحقة مستمرا. وعلى هذا الأساس الصلب سوف نعمل على تكوين الكوادر، نظريا، سياسيا وتنظيميا وتحضيرهم للمهام العظام التي تنتظرنا مستقبلا

ماي ٢٠٠٢

مقدمة للطبعة العربية

بقلم آلان وودز

ليس هناك من وقت أكثر ملائمة من هذا الوقت لنشر الطبعة العربية لكتاب «لينين وتروتسكي ما هي مواقفهما الحقيقية».

لقد كتبت مؤلف لينين وتروتسكي ما هي مواقفهما الحقيقية عام ١٩٦٩، بالتعاون مع المنظر الماركسي العظيم، صديق العمر والرفيق والمعلم الراحل تيد غرانت . ومنذ ذلك الحين ظهر الكتاب بلغات مختلفة، بما في ذلك الأسبانية والروسية واليونانية والدانمركية والهولندية ولغة البهاسا الإندونيسية . لكن نشر النسخة العربية هو حدث ذو أهمية خاصة.

أعظم حدث في التاريخ

من جهة النظر الماركسية كانت الثورة البلشفية أعظم حدث في تاريخ العالم . لماذا؟ لأن العالم شهد للمرة الأولى، إذا ما استثنينا الحدث البطولي لكن المأساوي لكومونة باريس، قيام الجماهير بإسقاط النظام القديم والبدء في إنجاز المهمة العظيمة: التحويل الاشتراكي للمجتمع .

مرت الثورة الروسية، مثلما هو حال الثورة المصرية اليوم، من خلال سلسلة من المحطات قبل أن تتمكن الجماهير من الاستيلاء على السلطة. وقد كان العامل الحاسم بدون شك هو وجود حزب ماركسي: الحزب البلشفي بقيادة لينين وتروتسكي. إن ذلك الحزب لم يسقط من السماء، كما أنه لم يفبرك بطريقة مرتجلة في خضم الحركة. لقد تم بناؤه بصعوبة كبيرة على مدى فترة من عشرين عاما، غالبا في ظل ظروف العمل السري القاسية.

تحتاج الطبقة العاملة إلى الحزب لتتمكن من تغيير المجتمع. فإذا لم يكن هناك حزب ثوري، قادر على توفير قيادة واعية للطاقة الثورية للطبقة العاملة، فإنه يمكن لتلك الطاقة أن تتبدد بنفس الطريقة التي يتبدد بها البخار إذا لم تكن هناك آلة يمكنها أن تستخدم قوته. ومن ناحية أخرى لكل حزب جانبه المحافظ . في الواقع يمكن للثوار أن يكونوا أحيانا أكثر الناس محافظة. تتطور هذه النزعة المحافظة نتيجة لسنوات من العمل الروتيني، الذي هو عمل ضروري للغاية، لكنه يمكن أن يؤدي إلى بعض العادات والتقاليد التي قد تصير، في ظل وضع ثوري، مثل الفرامل، إذا لم يتم التغلب عليها من قبل القيادة .

في اللحظة الحاسمة، عندما يتطلب الموقف تغييرا حادا في توجه الحزب من العمل الروتيني إلى الاستيلاء على السلطة، يمكن للعادات القديمة أن تدخل في صراع مع حاجيات الوضع الجديد. بالضبط في مثل هذا السياق حيث يصير دور القيادة أمرا حيويا.

لينين وتروتسكي

تعلمنا المادية التاريخية أن ننظر إلى ما هو أبعد من الفاعلين الأفراد على مسرح التاريخ ونبحث عن الأسباب العميقة للأحداث التاريخية العظيمة . لكن هذا لا ينفي على الإطلاق دور الأفراد في التاريخ . ففي لحظات معينة يمكن لدور يلعبه شخص واحد أن يكون حاسما. نستطيع أن نقول على وجه اليقين أنه بدون وجود لينين وتروتسكي (ولا سيما لينين) في عام ١٩١٧، ما كانت ثورة أكتوبر لتحدث .

كان دور تروتسكي، سواء أثناء أو بعد ثورة أكتوبر، عظيما. وقد نال ليون تروتسكي الاعتراف العام بكونه الشخص الثاني بعد لينين في قيادة الحزب. في الواقع كانت الجماهير (وأيضا أعداء الثورة) يشيرون إلى الحزب البلشفي عادة باسم «حزب لينين وتروتسكي». كان لينين يكن احتراما عاليا جدا لتروتسكي . وقد قال عنه، على سبيل المثال، في ١٤ نوفمبر ١٩١٧ : «لقد استوعب تروتسكي منذ وقت طويل أن الاتحاد مع المناشفة أمر مستحيل، **ومنذ ذلك الحين لم يعد هناك بلشفي أفضل منه**».

ومع ذلك فإنه لا يمكن للأفراد أن يلعبوا مثل هذا الدور إلا عند توفر كافة الشروط الأخرى. لقد مكنت سلسلة من الظروف في عام ١٩١٧ لينين وتروتسكي من أن يلعبا دورا حاسما. إلا أن نفس الرجلين كانا موجودين لأكثر من عقدين من الزمن لكنهما لم يكونا قادرين على لعب نفس الدور. وبنفس الطريقة عندما انحسر مد الثورة، لم يتمكن لينين وتروتسكي، على الرغم من قدراتهما الشخصية الهائلة، من منع الانحطاط البيروقراطي للثورة. كان ذلك بسبب قوى موضوعية وقف أمامها حتى أعظم القادة عاجزين.

لقد أوضح ماركس منذ زمن بعيد أنه عندما تتعمم الفاقة في أي مجتمع «تعود كل الزبالة القديمة إلى الظهور». كانت هذه الظروف هي التي أدت إلى صعود البيروقراطية - طبقة سميكة من المسؤولين والوصوليين الذين نحوا العمال جانبا وأمسكوا المناصب المتميزة في الدولة والصناعة. لقد حذر لينين مرارا وتكرارا من مخاطر البيروقراطية، ليس فقط في الدولة بل في الحزب نفسه.

في أكتوبر ١٩١٧ كان لينين وتروتسكي يدركان جيدا أن الشروط المادية لبناء الاشتراكية كانت غائبة في روسيا. ومع ذلك فقد كانا يعرفان أيضا أن هذه الشروط موجودة في بلدان مثل ألمانيا. إنهما لم ينظرا أبدا للثورة الروسية كفعل مكتف ذاتيا، بل اعتبراها نقطة انطلاق للثورة الأوروبية والعالمية. وقد كان لها تأثير هائل على الطبقة العاملة الأوروبية .

ثورة أكتوبر في روسيا أدت بسرعة إلى اندلاع ثورة نوفمبر في ألمانيا عام ١٩١٨، وتلتها سلسلة من الانتفاضات الثورية في ذلك البلد لم تنته إلا عام ١٩٢٣ . بعد عام واحد، في عام ١٩١٩، كانت هناك ثورة في المجر. وفي نفس العام تم الإعلان لفترة قصيرة من الزمن عن جمهورية سوفياتية في بافاريا. وكانت هناك أيضا انتفاضات ثورية في بريطانيا وفرنسا وإيطاليا وبلغاريا واستونيا وبلدان أخرى .

كانت الحركة الثورية للطبقة العاملة الأوروبية قوية بما يكفي لمنع التدخل العسكري ضد روسيا السوفياتية، لكنها كانت مشلولة بسبب القيادة الإصلاحية . كان فشل الثورة في أوروبا يعني عزلة الثورة الروسية في ظل ظروف تخلف رهيب. وعلاوة على ذلك، تم غزو الجمهورية السوفياتية الفتية من قبل ٢١ جيشا للتدخل الأجنبي، وتعرضت الصناعة والزراعة للتدمير. وفي عام واحد فقط (١٩٢٠) مات ستة ملايين شخص جوعا في روسيا السوفياتية .

وجد صعود البيروقراطية جذوره في الشروط الموضوعية للتخلف المادي والثقافي. وقد وضع ستالين نفسه على رأس هذه الفئة المتميزة من البيروقراطيين. في آخر رسالة له، كتبها من سرير وفاته، طالب لينين بعزل ستالين، لكنه مات قبل أن يتمكن من تحقيق هدفه . وفي عام ١٩٢٦ خلال اجتماع للمعارضة الموحدة، قالت كروبسكايا، أرملة لينين: «لو كان فلاديمير ايليتش [لينين] ما يزال على قيد الحياة اليوم، لكان موجودا في أحد سجون ستالين.»

تروتسكي ضد ستالين

لم يكن لينين وتروتسكي مسؤولان عن الانحطاط البيروقراطي للثورة الروسية، بل إنهما على العكس من ذلك تعاونا في النضال ضد ستالين، الذي طالب لينين الحزب بإصرار، في وصيته الأخيرة، بعزله من منصبه كأمين عام لأنه كما قال: «راكم قوة هائلة بين يديه» و«لست متأكدا من أنه يعرف كيفية استخدامها». وفي معركته الأخيرة ضد ستالين والبيروقراطية لم يكن هناك في صفوف القيادة إلا شخص واحد يمكن للينين أن يعتمد عليه، إنه: تروتسكي .

لم يكن سبب الانحطاط البيروقراطي للثورة الروسية راجعا لـ «خطيئة أصلية» للبلشفية، بل إلى عزلة الثورة في ظروف تخلف مادي وثقافي رهيبين. وهذا، بدوره، كان نتيجة لخيانة قادة الأحزاب الاشتراكية الديمقراطية الأوروبية .

بعد وفاة لينين عام ١٩٢٤، حاول تروتسكي مواصلة نضال لينين ضد ستالين والبيروقراطية . لكنه كان يخوض معركة خاسرة . فبعد سنوات من الحرب والثورة والحرب الأهلية، صارت الطبقة العاملة الروسية منهكة. ومن جهة أخرى، كان ملايين البيروقراطيين ذوي الامتيازات قد صاروا أكثر ثقة من أي وقت مضى. ورأوا أنهم يقبضون بإحكام على مقاليد السلطة. وحده انتصار الثورة في ألمانيا أو الصين من كان في إمكانه أن ينقذ الوضع. لكن سياسات ستالين وأنصاره السيئة أدت إلى تكبد الهزائم واحدة بعد أخرى .

بعد طرده من الحزب الشيوعي الروسي في عام ١٩٢٧، نتيجة لمكائد ستالين وجهازه البيروقراطي، تعرض تروتسكي في وقت لاحق (١٩٢٩) إلى النفي في تركيا. من خلال هذه الممارسات البيروقراطية كان ستالين وأتباعه يعتقدون أنهم سيسكتون صوت زعيم البلاشفة اللينينيين (المعارضة اليسارية). لكنهم كانوا مخطئين.

لم ينجحوا في إسكات تروتسكي . فمن منفاه في جزيرة برينكيبو، قام بتنظيم هجوم مضاد للقوات البلشفية اللينينية الحقيقية. نظم المعارضة اليسارية الأممية، والتي بدأت في تجميع كل أولئك الذين ظلوا أوفياء لأفكار لينين والحزب البلشفي وثورة أكتوبر. وعلى الرغم من أن تروتسكي وأنصاره طردوا رسميا من صفوف الأحزاب الشيوعية والأممية الشيوعية (الكومنترن)، فقد استمروا يعتبرون أنفسهم جزءا من الحركة الشيوعية، ويناضلون من أجل إعادة إدماجهم ومن أجل إصلاح الأحزاب الشيوعية والأممية الشيوعية والاتحاد السوفياتي .

وأمام عجز ستالين والبيروقراطية عن الإجابة على حجج تروتسكي السياسية، قاموا بالرد عليها بأعمال القمع . لقد تعرضت المعارضة اليسارية في روسيا للقمع بالقوة وطرد أعضائها من وظائفهم والمضايقات، ثم تعرضوا للاعتقال والسجن .

لقد نجت الثورة من الهلاك، لكنها شهدت تشوها بيروقراطيا رهيبا. مكن الاقتصاد المؤمم الاتحاد السوفييتي من القيام بقفزات هائلة إلى الأمام، ومن تحويل بلد يمتلك اقتصادا متخلفا إلى بلد صناعي متقدم ومواطنين مثقفين. كان ذلك هو ما سمح للاتحاد السوفيتي بالوقوف أمام جيوش هتلر في الحرب العالمية الثانية وهزيمتها لوحده في واقع الأمر.

لكن النجاحات الاقتصادية الملحوظة التي حققها الاتحاد السوفياتي لم تكن تعني أن «الاشتراكية قد تم بناءها» كما زعم الستالينيون. بل على العكس من ذلك، كان الاتحاد السوفياتي، في ظل حكم الفئة البيروقراطية ذات الامتيازات، يبتعد عن الاشتراكية . وفي نهاية المطاف عملت البيروقراطية على تقويض الاقتصاد المؤمم والمخطط تماما ومهدت الطريق لعودة الرأسمالية. حذر تروتسكي في وقت مبكر عام ١٩٣٦، في كتابه الثورة المغدورة، من أن البيروقراطية لن ترضى بالامتيازات القانونية وغير القانونية التي تتمتع بها،

وإنما ستسعى جاهدة إلى تحويل نفسها إلى مالكين لوسائل الإنتاج من خلال ثورة رأسمالية مضادة. وعلى الرغم من تأخر حدوث ذلك لعدة عقود، فإن ذلك هو ما حدث بالضبط. وقبل الحرب العالمية الثانية، حذر تروتسكي قائلا :

«إن كون تشريك وسائل الإنتاج التي خلقتها الرأسمالية إجراء ذا فائدة اقتصادية هائلة قد صار مسألة واضحة اليوم، ليس فقط من الناحية النظرية بل أيضا من خلال تجربة الاتحاد السوفياتي، بالرغم من محدودية تلك التجربة. صحيح أن الرجعيين الرأسماليين يستعملون نظام ستالين كفزاعة ضد الأفكار الاشتراكية. في واقع الأمر لم يقل ماركس أبدا إنه يمكن أن تتحقق الاشتراكية في بلد واحد، ولا سيما في بلد متخلف . الحرمان المستمر للجماهير في الاتحاد السوفياتي، والقدرة الكلية للفئة ذات الامتيازات، التي رفعت نفسها فوق الأمة وبؤسها، وأخيرا تفشي تعسف البيروقراطيين، ليست نتاجا للأسلوب الاشتراكي في الاقتصاد، بل نتاج لعزلة وتخلف الاتحاد السوفياتي العالق في حلقة الحصار الرأسمالي. والعجيب أنه في ظل هذه الظروف غير المواتية بشكل استثنائي تمكن الاقتصاد المخطط من إثبات فوائد لا يمكن إنكارها». (ليون تروتسكي، أفكار كارل ماركس الحية).

إرهاب ستالين

من النادر أن نجد في كل سجلات التاريخ قضية مماثلة لما حدث عندما تمت تعبئة جميع موارد جهاز دولة كبيرة لتدمير رجل واحد. عبثا سعى تروتسكي لإيجاد مكان له في المنفى . لقد أغلقت في وجهه بحزم جميع أبواب ما يسمى بالديمقراطيات الغربية، فيما وصفه الشاعر السريالي الفرنسي أندريه بريتون بكونه «عالما بدون تأشيرة».

من منفاه في المكسيك، شاهد تروتسكي عمليات التقتيل المنهجي لجميع أصدقائه ورفاقه وأنصاره. قام ستالين خلال محاكمات التطهير الوحشية باعتقال وتعذيب وقتل جميع قادة حزب لينين. كانت عمليات التطهير، كما قال تروتسكي، حربا أهلية من جانب واحد خاضها ستالين والبيروقراطية ضد الحزب البلشفي .

انتقم ستالين من أسرة تروتسكي كلها. ففي عام ١٩٣٢، وفي عملية من أعمال الانتقام الشخصي، حرم ستالين تروتسكي وجميع أفراد عائلته من الجنسية السوفياتية. ابنة تروتسكي زينايدا، التي كانت قد ذهبت مع ابنها الصغير سيفا إلى برينكيبو لتكون مع والدها، منعت من العودة إلى الاتحاد السوفياتي، وبالتالي أبعدت عن زوجها وابنتها، فانتحرت في برلين في العام الموالي . وكانت تلك بداية لحملة اضطهاد منهجي أسفرت عن قتل كل أبناء تروتسكي وأصدقاءه ورفاقه.

في خضم أبشع الخيانات والهزائم والإحباط والردة، استمر تروتسكي يرفع راية نظيفة ودافع عن التقاليد الحقيقية للينينية ولثورة أكتوبر والحزب البلشفي. وقد نجح في هدفه. لم يكن ذلك إنجازا يستهان به! من يتذكر الآن كتابات زينوفييف وكامينيف؟ لكن في كتابات ليون تروتسكي لدينا تراث لا يقدر بثمن ما زال يحتفظ بكل أهميته وراهنيته وحيويته، خاصة بعد انهيار الاتحاد السوفييتي - الذي كان نتيجة حتمية للجرائم الستالينية. إن كتاباته تمثل الراية الحقيقية للبلشفية ولثورة أكتوبر، التي تشكل الأمل الوحيد لمستقبل البشرية .

كان تروتسكي يناضل من أجل توفير الأفكار والبرامج والتقاليد الماركسية للأجيال المقبلة من الشيوعيين في الاتحاد السوفياتي وعلى الصعيد الأممي. لقد كان الوحيد الذي يقوم بذلك، على الرغم من الاضطهاد الرهيب الذي كان يتعرض له. أمر ستالين بقتل ليون سيدوف، ابن تروتسكي، في باريس. وأمر باعتقال سيرجي، ابن تروتسكي الثاني، والذي لم يكن يشارك في السياسة وبقي في الاتحاد السوفييتي، وأعدمه. وأخيرا حصل ستالين على ما رغب فيه بشدة: اغتيال تروتسكي بالمكسيك في غشت ١٩٤٠.

الردة الأيديولوجية

صارت أفكار ليون تروتسكي اليوم أكثر أهمية من أي وقت مضى. إنها تجد لها صدى متزايدا في صفوف الحركة العمالية في جميع البلدان. وحتى في صفوف الأحزاب الشيوعية، حيث كانت أفكار تروتسكي تحارب، بدأت القواعد تتطلع إليها باهتمام وتعاطف متزايدين باعتبارها التفسير الماركسي الحقيقي الوحيد لانحطاط وانهيار الاتحاد السوفييتي. في معرض هافانا للكتاب في كوبا تباع مؤلفات تروتسكي بالإسبانية بكميات كبيرة لجمهور متعطش لم تتح له الفرصة لقراءتها من قبل.

بطبيعة الحال، ليس النجاح الذي تحققه الماركسية الثورية مرحبا به من قبل الجميع. فالإصلاحيون والبيروقراطيون يخشونها مثلما يخشى الشيطان الماء المقدس. وهذا ينطبق أيضا (بشكل أكبر إلى حد ما) على بعض «اليساريين»، الذين يختبئون وراء العبارات الجذرية، لكنهم في الحقيقة لا يمثلون سوى الجناح اليساري للبيروقراطية المحافظة داخل الحركة العمالية. إن الدافع وراء كراهيتهم لـ «التروتسكية» هو جزئيا خوفهم على مناصبهم ووظائفهم ورواتبهم، وجزئيا بسبب عدم قدرتهم على الرد على التيار الماركسي بالحجج السياسية. وكما هو الحال دائما، فإن أي شخص له أفكار مشوشة يكره الشخص الذي لديه أفكار واضحة .

لقد أوضحنا في كتابنا، تيد وأنا، بشكل قاطع كيف أن لينين وتروتسكي وصلا، عبر طرق مختلفة، في نهاية المطاف إلى نفس الاستنتاجات. لقد أعطينا للينين وتروتسكي إمكانية التحدث بلسانيهما، حيث عملنا على اقتباس استشهادات مطولة من مؤلفاتهما. هذا الأسلوب لا يجعل بالضرورة القراءة مسألة يسيرة، لكنه يملك ميزة تمكين القارئ غير المتحيز من بناء موقفه الخاص حول أفكارهما والعلاقة الحقيقية بينهما. لقد أشرنا إلى أن الخلافات بين لينين وتروتسكي قبل عام ١٩١٧ قد تم تضخيمها إلى حد كبير من قبل الستالينيين وأن موقف لينين حول طبيعة الثورة الروسية كان أقرب بكثير إلى موقف تروتسكي من المناشفة، وأنه في عام ١٩١٧ تبنى موقفا متطابقا عمليا مع نظرية تروتسكي عن الثورة الدائمة. ومن تلك اللحظة فصاعدا، «لم يعد هناك بلشفي أفضل من تروتسكي»، على حد تعبير لينين.

منذ سقوط الاتحاد السوفياتي صدر سيل من الكتب التي تدعي «فضح» ثورة أكتوبر وقادتها الأكثر أهمية: لينين وتروتسكي . والغرض من وراء ذلك واضح: تشويه سمعة الثورة البلشفية في أعين الجيل الجديد. والخدعة الرئيسية هي إقامة صلة سببية بين البلشفية والستالينية. لكن هذا الزعم افتراء بشع. إن أي شخص لديه أدنى معرفة بتاريخ البلشفية والثورة الروسية سيعلم أن الحزب البلشفي كان الحزب الأكثر ديمقراطية في التاريخ وأن ثورة أكتوبر كانت الثورة الأكثر ديمقراطية في التاريخ، حيث كانت الجماهير هي القائدة الحقيقية لها.

هؤلاء الذين يزعمون أن البلشفية والستالينية «ليستا نقيضتين بل توأمين»، مطالبون بأن يشرحوا كيف يعقل أن ستالين من أجل توطيد ديكتاتوريته البيروقراطية، لجأ أولا إلى تدمير حزب لينين والإبادة الجسدية لحرس لينين القديم .

لكن هذا الافتراء ليس مقتصرا على البرجوازية ومفكريها الناطقين باسمها (بما في ذلك الجناح اليميني في الحزب الاشتراكي الديمقراطي وبعض من يسمون بالاشتراكيين اليساريين) الذين لديهم المصلحة في الخلط زورا بين البلشفية والستالينية، حيث أن الستالينيين أيضا استمروا لعقود ينشرون هذا التشويه البشع وكانوا هم من اخترع كذبة «التروتسكية» باعتبارها تيارا سياسيا منفصلا عن اللينينية ومختلفا عنها ومعاديا لها. كان هدم هذا الافتراء هو الدافع الذي حذا بنا، تيد غرانت وأنا، إلى كتابة «لينين وتروتسكي ما هي مواقفهما الحقيقية؟» عام ١٩٦٩.

نهاية التاريخ؟

أثار سقوط جدار برلين وانهيار الأنظمة البيروقراطية الستالينية في روسيا وأوروبا الشرقية موجة من النشوة في الغرب. لقد تم الإعلان عن زوال الستالينية بكونه «نهاية الاشتراكية». وانطلق التهليل بالنصر النهائي «للسوق الحرة» على صفحات الصحف من طوكيو إلى نيويورك . كان منظرو الرأسمال سعداء. بل إن فرانسيس فوكوياما ذهب إلى حد إعلان «نهاية التاريخ». من الآن فصاعدا لن يبق هناك صراع طبقي. وكل شيء سيسير نحو الأفضل في أفضل العوالم الرأسمالية. لكن بعد سنوات قليلة فقط تحولت كل أحلام البرجوازية والإصلاحيين هذه إلى رماد .

ونحن على عتبة القرن الحادي والعشرين صار حتى وجود الجنس البشري مهددا بسبب تدمير كوكب الأرض باسم الربح؛ والبطالة الجماهيرية الكثيفة، التي أكدوا لنا بثقة أنها صارت شيئا من الماضي، قد عادت إلى الظهور في كل البلدان الرأسمالية المتقدمة، ناهيك عن كابوس الفقر والجهل والحروب والأوبئة التي تصيب باستمرار ثلثي الإنسانية في ما يسمى بـ «العالم الثالث». الحروب متواصلة والإرهاب ينتشر وكأنه بقعة قاتمة في جميع أنحاء الكوكب . والتشاؤم ينتشر في كل مكان إضافة إلى شعور عميق بالخوف من المستقبل، ممزوج بنزعات غير عقلانية وخرافية.

ليست أمراض القرن الواحد والعشرين فريدة من نوعها في التاريخ. حيث يمكننا أن نلاحظ نفس الأعراض في كل فترة من فترات التراجع، عندما يستنفذ نظام اجتماعي اقتصادي معين إمكاناته ويصير عائقا أمام التطور البشري. لقد وصلت الرأسمالية منذ فترة طويلة إلى حدودها. لم تعد قادرة على تطوير وسائل الإنتاج كما كانت تفعل في السابق. ولم تعد قادرة على تقديم إصلاحات ذات مغزى. بل إنها في الواقع لم تعد قادرة حتى على تحمل بقاء الإصلاحات التي تحققت في الماضي والتي وفرت على الأقل بعض عناصر حياة شبه متحضرة في البلدان الرأسمالية المتقدمة .

أما الآن فإن جميع المكاسب التي حققتها الطبقة العاملة في الماضي بتضحيات جسيمة صارت تحت التهديد. لكن العمال والشباب لن يسلموا في مكاسبهم دون نضال. إن الشروط توفرت لانفجار غير مسبوق للصراع الطبقي. وفي البلدان المتخلفة: في أفريقيا وآسيا والشرق الأوسط يعني مأزق الرأسمالية، على حد تعبير لينين، الرعب بلا نهاية .

«نظرية المرحلتين»

من المثير للسخرية أن الأحزاب الاشتراكية الديمقراطية تخلت عن الاشتراكية بالضبط في الوقت الذي تعيش فيه الرأسمالية أعمق أزمة لها منذ ٢٠٠ سنة، وما زالوا متمسكين بأذيال البرجوازية. الوضع أكثر سوءا مع «الشيوعيين» السابقين (أي الستالينيين) الذين رموا عرض الحائط بأفكار لينين والماركسية ووضعوا أنفسهم كليا في خدمة البرجوازية .

لقد لعب الستالينيون في الشرق الأوسط أسوء الأدوار. فسيرا على خطى المناشفة الروس، قالوا إن الطبقة العاملة في البلدان المتخلفة المستعمرة سابقا، لا يمكنها تحت أي ظرف من الظروف الاستيلاء على السلطة بأيديها. لقد قاموا ببناء سور الصين العظيم بين الثورة الديمقراطية البرجوازية وبين الثورة الاشتراكية. لقد أجلت هذه النظرية الرجعية الثورة الاشتراكية إلى مستقبل بعيد المنال وأخضعت الطبقة العاملة للبرجوازية «التقدمية». كان هذا بالضبط نقيض ما كان لينين يدافع عنه، وعكس ما حدث في روسيا في عام ١٩١٧ .

أدت نظرية ستالين الكارثية والمعادية للينينية حول الثورة من «مرحلتين»، إلى منع العمال من الاستيلاء على السلطة في العراق والسودان. في بغداد عام ١٩٥٨ نظم الحزب الشيوعي العراقي لقاءً حاشدا ضم مليون شخص. لقد كان في استطاعتهم حسم السلطة، لكن وبدلا من ذلك أصروا على أنه يجب على العمال أن يدعموا الديمقراطيين البرجوازيين وضباط الجيش التقدميين. ونتيجة لذلك تم سحق الحزب. نفس الشيء حدث في السودان بعد سنوات قليلة. لقد قادت نظرية «المرحلتين» المنشفية/ الستالينية إلى هزائم دموية متتالية .

لقد عاقب التاريخ الستالينيين على جرائمهم الماضية. انتقلوا بصورة حادة إلى اليمين، خصوصا بعد انهيار الاتحاد السوفييتي ولم يعودوا الآن ولا حتى ظلا لما كانوا عليه في السابق. إنهم مرتابون بشدة في الاشتراكية وليست لديهم أية ثقة على الإطلاق في الطبقة العاملة. كان الستالينيون القدامى على الأقل نسخة كاريكاتورية عن الصورة الأصلية. أما الآن فقد صاروا مجرد تقليد شاحب للإصلاحية. وبالتالي فإنهم عندما دخلت الرأسمالية في أزمة عميقة وعندما صار في إمكان الأفكار الشيوعية الحصول على تعاطف كبير، وقفوا عاجزين عن الوصول إلى الفئات الأكثر كفاحية بين صفوف العمال والشباب. بل إنهم قد اختفوا تماما في العديد من البلدان.

انهيار الستالينية

ليس هذا هو المجال المناسب للقيام بنقاش عميق لأسباب انهيار الستالينية. لقد قمنا بذلك في مكان آخر (انظر تيد غرانت: روسيا من الثورة إلى الثورة المضادة). ويكفي هنا أن نقول إن ما فشل في الاتحاد السوفييتي لم يكن هو الاشتراكية، كما فهمها ماركس ولينين، بل التشويه الستاليني البيروقراطي والاستبدادي البشع للاشتراكية . **ليست الستالينية والاشتراكية (أو الشيوعية) شيئا واحدا، كما يزعم أعداء الاشتراكية البرجوازيون، بل إنهما نقيضان.** لقد كان النظام السائد في الاتحاد السوفياتي وأنظمة أوروبا الشرقية الدائرة في فلكه أنظمة نقيضة للاشتراكية من نواح كثيرة. لم تكن لهم أية علاقة على الإطلاق مع نظام الديمقراطية العمالية (الديمقراطية السوفياتية) الذي أنشأه البلاشفة في عام ١٩١٧ .

كما سبق لتروتسكي أن أوضح يحتاج الاقتصاد المؤمم والمخطط إلى الديمقراطية، كما يحتاج جسم الإنسان للأوكسجين. فمن دون الرقابة والتسيير الديمقراطيين من طرف الطبقة العاملة، سيتعرض نظام التأميم والتخطيط لا محالة للشلل عند نقطة معينة، خاصة عندما يتعلق الأمر باقتصاد حديث ومتطور ومعقد. وقد تبين هذا الواقع بوضوح في انخفاض معدل نمو الاقتصاد السوفياتي منذ بداية السبعينات، بعد النجاحات غير المسبوقة التي كان الاقتصاد المخطط يحققها في الفترة السابقة .

لم يكن سقوط الستالينية مفاجئا بالنسبة للماركسيين، الذين كانوا قد تنبؤا به في وقت مبكر. في الواقع كان ليون تروتسكي قد حلل بالفعل النظام البيروقراطي في الاتحاد السوفياتي خلال الثلاثينات، باستخدام المنهج الماركسي، وأوضح حتمية انهياره. ومع ذلك فإن ما لا يريد المنتقدون الغربيون للماركسية نشره هو أن الحركة في اتجاه العودة إلى اقتصاد السوق الرأسمالي في الاتحاد السوفياتي السابق، لم تؤد إلى تحسين الأوضاع، بل تسببت في كارثة اجتماعية واقتصادية تامة .

في ظل الاقتصاد المخطط، تمتع شعب الاتحاد السوفياتي بمستوى أمد حياة ورعاية صحية وتعليم يشابه نظيره في البلدان الرأسمالية الأكثر تطورا، أو أفضل مما عندهم . لقد كانت محاولة فرض «اقتصاد السوق» على شعوب الاتحاد السوفياتي السابق وصفة فعالة لتدمير جميع مكتسبات السنوات السبعين الماضية، وتخفيض مستويات المعيشة وإغراق المجتمع ككل في الهاوية .

أفضل مثال يمكن إعطاؤه على آثار ذلك على المواطنين، الذين غرقوا بسرعة في البؤس المطلق، هو التدهور المفاجئ في متوسط أمد الحياة. تعيش الغالبية العظمى من السكان في ظروف البؤس المدقع، بينما راكم حفنة من المجرمين الثروات. بطبيعة الحال، يؤكد لنا المدافعون عن الرأسمالية أن كل هذا سوف يكون مؤقتا، وأن السوق سيخلق «على المدى البعيد» الظروف لتحقيق الازدهار، وهو ما يمكننا أن نرد عليه بمقولة لكينز: «على المدى البعيد، سنكون جميعا في عداد الأموات».

لم يكن انهيار الستالينية نهاية التاريخ، بل فقط الفصل الأول من دراما ها هي قد مرت الآن إلى فصلها الثاني الأكثر دراماتيكية: أي الأزمة العامة للرأسمالية العالمية. إن الهجوم الأيديولوجي غير المسبوق على الأفكار الماركسية قد بلغ الآن حدوده. في المجتمع كما هو الحال في الميكانيكا الكلاسيكية لكل فعل رد فعل معاكس له في الاتجاه ومساو له في المقدار. وها قد بدأت ردة الفعل العامة ضد البربرية الرأسمالية. والثورات في تونس ومصر دليل قاطع على ذلك.

الثورة لم تنته بعد

إن الطبقة العاملة هي الآن أغلبية حاسمة في تركيا ومصر والعديد من البلدان الأخرى، وتلعب دورا رئيسيا في الاقتصاد والمجتمع. لقد لعبت دورا حاسما في الإطاحة ببن علي ومبارك. لكن المهمة الرئيسية لم يتم إنجازها بعد. لا يمكن للبروليتاريا أن تخرج المجتمع من هذا المأزق الرهيب إلا عبر امتلاك السلطة في أيديها. إن تغير موازين القوى الطبقية لا يسمح بخاتمة سريعة. ويمكن للوضع الحالي أن يستمر لسنوات مع فترات صعود وفترات نزول .

ستسير الحركة عبر موجات تقدم وتراجع، كما كان عليه الحال في إسبانيا حيث انطلقت الثورة فعلا في عام ١٩٣٠ مع موجة من الإضرابات والمظاهرات حتى قبل سقوط النظام الملكي في عام ١٩٣١ . لكن في ظل مرحلة ثورية مثل هذه، ستكون كل فترات الهدوء والهزائم مجرد مقدمة لانفجارات جديدة، أكبر بكثير من الانفجارات السابقة. لقد مرت الثورة الإسبانية من خلال سلسلة كاملة من المراحل، قبل أن تتعرض للهزيمة في نهاية الأمر في شهر ماي من عام ١٩٣٧ في برشلونة. خلال هذه السنوات السبع كانت هناك فترات من التقدم الثوري العظيمة، مثل عام ١٩٣١ مع إعلان الجمهورية، لكن أيضا فترات من اليأس وخيبة الأمل، مثل سنوات ١٩٣٣- ١٩٣٤. كانت هناك هزائم رهيبة مثل هزيمة كومونة أستورياس في عام ١٩٣٤، وحتى الردة الرجعية القاتمة، كما كان عليه الحال في Bienio Negro (السنتان القاتمتان) ما بين ١٩٣٣ و١٩٣٥.

تجري الآن سيرورة مماثلة ليس فقط في مصر وتونس بل أيضا في أوروبا، بوتيرة أبطأ أو أسرع وإلى هذا الحد أو ذاك من الكثافة. في جميع أنحاء العالم بدأ جيل جديد في التحرك. وهم يبحثون عن راية وبرنامج وفكرة. إنهم يشعرون بالنفور من سياسات التعاون الطبقي الذي تتبناه البيروقراطية الستالينية وقادة الأحزاب الاشتراكية الديمقراطية ويصيرون أكثر فأكثر ثورية.

كانت الثورات في تونس ومصر نقطة تحول كبرى في تاريخ العالم، وتثير تموجات مثل صخرة ثقيلة ألقيت في بحيرة. لقد هزت الشرق الأوسط، ووصلت أصداءها إلى جميع أنحاء العالم . لقد شعر العمال والشباب في كل مكان بالإلهام بفضل الشجاعة الهائلة والعزم اللذان أبداهما أناس يقاتلون بأيديهم العارية لإسقاط النظام القمعي القديم.

إن أفكار ماركس وإنجلز ولينين وتروتسكي تقدم لهذا الجيل الجديد دليلا وبوصلة سوف يحتاجها ليجد طريقه الذي يقود نحو الاشتراكية: أي الطريق الثوري. لهذا الجيل الجديد من المناضلين، وقبل كل شيء للرفاق في موقع Marxy.com، أهدي النسخة العربية من هذا الكتاب .

لا يمكن الاستهانة بالآثار النفسية لهذه التطورات. فبالنسبة للكثيرين، وخاصة في البلدان الرأسمالية المتقدمة، كانت فكرة الثورة تبدو وكأنها شيء مجرد وبعيد. أما الآن فإن الأحداث التي تكشفت أمام أعينهم في القنوات التلفزيونية، أوضحت أن الثورة ليست ممكنة فقط بل ضرورية.

بعد سنتين ونصف لم يتحقق ولو هدف واحد من أهداف الثورات في تونس ومصر. فعلى الرغم من كل بطولة الجماهير وعلى الرغم من جميع الجهود الجبارة التي بذلتها، ما يزال المستغلون القدامى في أماكنهم وما زالت الجماهير تفتقر إلى ما هي في حاجة ماسة إليه: العمل والغذاء والسكن. إن ما حال حتى الآن دون استيلاء الجماهير على السلطة هو عدم وجود تنظيم وقيادة مناسبين. ويظهر هذا بشكل أكثر وضوحا في حالة مصر .

لقد تمكنت حركة جبارة ضمت ١٧ مليون شخص من إسقاط جماعة الإخوان المسلمين الرجعية من السلطة في يونيو الماضي. لقد أظهرت ثورة يونيو كلا من نقاط قوة الحركة العفوية (أي غير المنظمة) ونقاط ضعفها. كانت الثورة قوية بما يكفي لتحقيق الهدف المباشر الذي هو: الإطاحة بمرسي والإخوان المسلمين، لكنها لم تكن قوية بما يكفي لمنع سرقة ثمار انتصارها من قبل الجنرالات والبرجوازية.

لقد بدأت الثورة العربية، لكنها لم تنته بعد. إن العمال وفي سياق بحثهم عن وسيلة للخروج من الأزمة، سيجربون الأحزاب والقادة الواحد منهم بعد الآخر، في محاولة حثيثة لإيجاد وسيلة للخروج من الأزمة. وسوف يتجاوزونهم الواحد بعد الآخر. سيتأرجح البندول إلى اليسار وإلى اليمين. وسيتعين على الجماهير الثورية أن تمر من خلال تجارب مريرة أخرى من أجل أن ترتفع إلى المستوى الضروري لتغيير مسار التاريخ.

لحسن الحظ تمكن الثورة الناس من التعلم بسرعة. ولو توفر قبل عامين في مصر حزب مشابه للحزب البلشفي في ظل لينين وتروتسكي، يضم ولو ٨,٠٠٠ عضو مثلما كان عليه الحزب البلشفي في شهر فبراير عام ١٩١٧، لكان الوضع كله سيكون مختلفا تماما اليوم. لكن مثل هذا الحزب غير موجود. ولا بد أن يبنى في نار الأحداث. **هناك شيء واحد واضح جدا : ليس هناك من حل على أساس الرأسمالية للعمال والفلاحين في منطقة الشرق الأوسط . إن الثورة العربية ستنتصر باعتبارها ثورة اشتراكية، أو إنها لن تنتصر على الإطلاق.**

لندن، ١٥ أكتوبر ٢٠١٣

إشارة من الكاتبين

العمل الحالي هو رد على المقال الذي نشره مونتي جونستون عن تروتسكي في مجلة رابطة الشباب الشيوعي الكوجيطو (Cogito) (العدد ٥). لقد أثار ذلك المقال سلسلة كاملة من المسائل التاريخية والايديولوجية التي تعتبر ذات أهمية جوهرية لكل عضو نشط في الحركة العمالية اليوم. إن قضايا مثل نظرية الثورة الدائمة وتاريخ الحزب البلشفي لا يمكن نقاشها في بضعة أسطر. إن تقليصها إلى نقاش في بضع فقرات سيؤدي حتما إلى السقوط في الأخطاء والتحريفات. ومن تم فليس لدينا أية حاجة إلى الاعتذار عن طول هذه الوثيقة.

لقد حاولنا التعامل مع القضايا النظرية الرئيسية التي أثيرت في مقال الكوجيطو. لذلك كان من الضروري علينا اتباع الحجج بنفس التسلسل الذي تظهر فيه في ذلك المقال، على الرغم من انه يمر في كثير من الأحيان عبر كل من التسلسل المنطقي والمسائل النظرية المعنية بالنقاش والسياق التاريخي الذي نشأت فيه. ومن تم صار من الحتمي السقوط في كم من التكرار، على الرغم من أنه تم التعامل، بصفة عامة، مع تلك القضايا التي تتكرر بطريقة مختلفة في مختلف الفصول. وهكذا، تظهر جوانب مختلفة لنظرية الثورة الدائمة في الفصل المخصص لتاريخ البلشفية، وفي فصل «الاشتراكية في بلد واحد»، إضافة إلى الفصل المخصص لها. في هذه المسألة وغيرها تمت التضحية بجمالية الأسلوب توخيا للوضوح السياسي.

نفس الشيء يقال فيما يتعلق بالاقتباسات. لقد تجنبنا اقتباس عبارات معزولة، يمكن بسهولة التلاعب بها وتشويهها. وبالتالي فإن معظم الاقتباسات نقلت بالكامل من أجل أن نوصل بدقة المعنى المقصود بها من قبل مؤلفيها. هذا لا يجعل القراءة سهلة، لكنه ضمانة ضرورية ضد التزوير.

النية المعلنة لمونتي جونستون هي صياغة مؤلف عن تروتسكي في ثلاثة أجزاء. وقد ظهر بالفعل الجزء الأول الذي يناقش «أفكار تروتسكي». لكن الجزء الثاني: «تروتسكي والحركة العمالية الأممية»، والثالث: «السياسات التروتسكية اليوم»، لم يريا النور بعد. نحن من جانبنا نرحب بهذا التحدي ونحن مستعدون تماما للرد على حجج الرفيق جونستون نقطة نقطة، وبالتالي فإننا نمتنع هنا عن استباق كتابات الرفيق جونستون المستقبلية من خلال الاشارة مثلا إلى الثورة الصينية أو الجبهة الشعبية. لقد تطرقنا إلى هذه المسائل فقط كأمثلة وإشارات توضيحية للمسائل المطروحة على طاولة المناقشة. وسنقوم في مؤلف لاحق بنقاش كل هذه المسائل بطريقة مفصلة.

يحتوي العمل الحالي على قدر كبير من كتابات لينين. لقد أدرجنا مقتطفات من العديد من الأعمال غير المألوفة بالنسبة لمعظم أعضاء رابطة الشباب الشيوعي والحركة العمالية عموما، نظرا لصعوبة او استحالة الحصول عليها. جميع الاقتباسات من لينين تأتي، ما لم تتم الاشارة إلى خلاف ذلك، من الأعمال الكاملة بالانجليزية في ٤٢ مجلدا، والتي اكتمل صدورها مؤخرا. لكن من الضروري أن نشير، مع ذلك، إلى أن هذه الطبعة نفسها بعيدة عن الاكتمال. الطبعة الروسية للأعمال الكاملة تبلغ ٥٤ مجلدا، وتحتوي على مادة أكثر، بما في ذلك سلسلة كاملة من الرسائل الهامة الموجهة إلى تروتسكي، والتي كتبت قبل وقت قصير من وفاة لينين، والتي تم استبعادها من النسخة الإنكليزية. وكتكملة لهذا العمل، سنصدر كتيبا آخر، هو قيد الإعداد، سوف يجعل هذه المادة، وغيرها ذات الصلة، متاحة للقارئ باللغة الإنجليزية.

الفصل الأول: المقدمة

«لقد تأجل طويلا النقاش الشامل بين الماركسيين حول المواقف السياسية لكل من ستالين وتروتسكي والأدوار التي لعبها كل منهما. مثل هذا النقاش الذي سيتضمن تقييما للسياسات والأحداث الرئيسية في الحركة العمالية الروسية والدولية على مدى أربعة عقود، سوف يكون صعبا ومعقدا، لكنه مفيد بشكل هائل». (Cogito، صفحة ٢)

هذا هو الوعد الذي يقدمه مونتي جونستون لقراء مجلة رابطة الشباب الشيوعي، Cogito. وهو الوعد الذي سيكون موضع ترحيب من قبل جميع الأعضاء النزيهين في رابطة الشباب الشيوعي والحزب الشيوعي، والذين لا بد أن يتسائل الكثير منهم أيضا عن السبب وراء «تأجيل» إجراء هذه المناقشة الهامة منذ فترة طويلة، وهو التأجيل الذي استمر على وجه الدقة لأكثر من أربع عقود من الزمن.

حتى وقت قريب كان من غير الممكن أن نتصور إثارة النقاش داخل رابطة الشباب الشيوعي والحزب الشيوعي بشأن التروتسكية. لمدة أربعين عاما كانت قراءة أعمال تروتسكي محضورة على غالبية أعضاء الحزب الشيوعي، الذين ووجهت شكوكهم وتساؤلاتهم من قبل القادة بحملة متواصلة من «الفضح» المعادي للتروتسكية، المستند على أساس قراءة مشوهة لتاريخ البلشفية والثورة الروسية. كانت آخر محاولة للتعامل مع مسألة التروتسكية علنا هي مقال بيتي ريد[1] في جريدة Marxism Today (الماركسية اليوم) قبل أربع سنوات فقط، والذي، من بين عجائبه، تأكيده على أن محاكمات موسكو هي مجرد شأن للبحث التاريخي السوفياتي! لا يمكن لمثل هذه الكتابات أن تلبي حاجيات الشيوعيين الذين يطالبون بحسابات وتحاليل صادقة للقضايا المعنية بالنقاش. لأولئك الرفاق، يمكننا أن نقول، جنبا إلى جنب مع الرفيق جونستون، ما يلي:

«نأمل... ألا يكتفوا فقط بتعلم ترديد التاريخ الانتقائي للغاية للحركة العمالية الأممية والتقييم الأحادي الجانب للشيوعية الذي يقدم في صحفهم وفصول الدراسة». (Cogito، صفحة ٣)

يمكننا مع الرفيق جونستون أن نقتبس كلمات لينين لرابطة الشيوعيين الشباب الروسية حول أنه من الضروري التعامل مع «مجموع المعارف الإنسانية... بطريقة لا تصير الشيوعية معها شيئا يحفظ عن ظهر قلب، بل شيئا تكونون أنتم أنفسكم قد فكرتم فيه، وأنه يجب أن تكون نتيجة حتمية لوجهة نظر التربية الحديثة».

إن النقاش يفترض وجود طرفين. والرفيق جونستون يدعو خصومه للرد على حججه. سوف نرى إلى أي مدى سيكون هو وقيادة الحزب الشيوعي ورابطة الشباب الشيوعي مستعدين للسماح لـ«نقاش شامل» بالمضي قدما عندما ستطرح فعلا الأسئلة النظرية الأساسية أمام أنظار قواعد هذه المنظمات.

يبدو أن مقاربة مونتي جونستون لهذا الموضوع معقولة وموضوعية بشكل كبير. لقد بذل مجهودا كبيرا للتأكيد على انه يقف في الوسط:

«من شأن هذا العمل أن يكون عقيما تماما إذا ما تم القيام به انطلاقا من المواقع القديمة القائمة على الولاء الثابت لستالين أو لتروتسكي. ليس مطلوبا تبني المنطق التبريري ولا المنطق التجريمي بل المطلوب هو الأسلوب الماركسي القائم على النقد والنقد الذاتي في ضوء التجربة التاريخية للوصول إلى تقييم متوازن». (Cogito، صفحة ٢).

---

[1] بينما هذا الكتيب في طريقه إلى المطبعة لاحظنا أن السيدة ريد انشغلت مرة أخرى بـ«إغناء» الفكر الماركسي. إن احدث هجوم لها على التروتسكية يتميز بشراسة أقل من هجومها الأخير، لكنه يتفوق عليه في الجهل.

هـذا هـو أسـاس موضوعيـة جونسـتون النبيلـة. انـه يعدنـا بعـدم «الـولاء الثابـت» للموقـف السـتاليني «القديـم»، وبالتـالي لمـاذا يسـتمر خصومـه في الدفـاع عـن أفـكار تروتسـكي؟ هـذا منطـق حجـة جونسـتون التـي لا تشـوبها شـائبة: لا أحـد يتبنـى «الموقـف القديـم» لدوهرينـغ هـذه الأيـام، وبالتـالي لمـاذا الاسـتمرار في تبنـي أفـكار إنجلـز؟ لا أحـد يتصـور أن اللـه قـد خلـق العـالم في سـبعة أيـام، وبالتـالي لمـاذا الدفـاع الأحـادي الجانـب عـن اينشـتاين وداروين؟

في الواقـع لقـد طـرح جونسـتون المسـألة بطريقـة مخالفـة تمامـا للماركسـية. المسـألة ليسـت مـا إذا كنـا «نلتـزم بثبـات» بالـولاء لتروتسـكي أو سـتالين أو أي فـرد. إن المسـألة هـي مـا إذا كنـا مـا نـزال ندافـع عـن الأفـكار الأساسـية للماركسـية نفسـها، أي الأفـكار التـي تـم التوصـل إليهـا علميـا، والتـي تـم إغناءهـا في ضـوء التجربـة التاريخيـة، لكـن التـي مـا تـزال، مـن حيـث الجوهـر، هـي نفسـها اليـوم كـما كانـت عليـه في زمـن تروتسـكي ولينـين، أو ماركـس وإنجلـز. القضيـة الأساسـية التـي يسـعى الرفيـق جونسـتون إلى تجنبهـا، والتـي تكمـن وراء كل الحجـج التـي يتعامـل معهـا، هـي بالضبـط مـا إذا كان «الموقـف القديـم» للماركسـية مـا يـزال صحيحـا بخصـوص المسـائل الأساسـية مثـل الأمميـة، ودور الطبقـة العاملـة في النضـال مـن أجـل الاشـتراكية وطبيعـة المجتمـع الاشـتراكي، ومـا إلى ذلـك. لقـد دافـع جميـع الماركسـيين العظـام عـن هـذه الأفـكار الأساسـية ضـد محـاولات الانتهازيـين، المتنكريـن في زي «اشـتراكيين» و«شـيوعيين»، لثلـم نصلهـا وتحريفهـا، وتحويلهـا إلى أفـكار إصلاحيـة مدجنـة. تحـت سـتار «الحداثـة» و«العلميـة» و«الموضوعيـة»، يحـاول مونتـي جونسـتون عـزل هـذه الأفـكار بوصفهـا بــ «التروتسـكية»، وهـو الـشيء الغريـب عـن التقاليـد والمفاهيـم الماركسـية، وبذلـك يعـود إلى «الموقـف القديـم» لبرنشـتاين وكاوتسـكي والمناشـفة.

إن مزاعـم مونتـي جونسـتون بتبنـي الأسـلوب الماركـسي لا تسـاوي شـيئا، لأن هـذا الأسـلوب يعتمـد، أولا وقبـل كل شيء، عـلى الأمانـة والصـدق التـام عنـد التعامـل مـع كتابـات المعارضـين أثنـاء الجـدال السـياسي. يمكـن أن نـرى الاقتباسـات المضنيـة الشـديدة الدقـة في كل أعـمال ماركـس وإنجلـز ولينـين وتروتسـكي الجداليـة. لم يكـن هـؤلاء الماركسـيون العظـام يلجئـون إلى اسـتخدام الاقتبـاس المشـوه والافـتراءات لأن الجـدال السـياسي بالنسـبة لهـم يعتـبر **وسـيلة لتوضيـح المسـائل الأيديولوجيـة الأساسـية المعنيـة بالنقـاش ورفـع المسـتوى السـياسي للأعضـاء**، وليـس تسـجيل نقـاط تافهـة. لم يكونـوا ينحـدرون إلى مسـتوى الإسـاءة الشـخصية كبديـل عـن البراهـين، لكـن في نفـس الوقـت لم يكـن أي منهـم يمتنـع عـن وصـف الوغـد بكونـه وغـدا، في محاولـة لإلقـاء هالـة مـن «الحيـاد» الأسـتاذي الخـادع عـلى كتاباتهـم.

في الصفحة الثالثة من مقالته كتب مونتي جونستون ما يلي:

«هـذه القضيـة قضيـة سياسـية. وبالتـالي فـإن **الإسـاءة والتلميحـات الشـخصية لا تظهـران فيـه**.» (التشـديد مـن عندنا)

هـذا صحيـح، حيـث لا نجـد أي أثـر للقـذارة القديمـة التـي كانـت تـردد طيلـة عقـود مـن قبـل زمـلاء جونسـتون عـن «التروتسـكيين الفاشـيين» و«المنحطـين السياسـيين» و«عمـلاء هتلـر» ومـا إلى ذلـك. لكـن دعونـا نتـذوق عينـات قليلـة مـن هـذه الموضوعيـة الجليلـة:

«مؤلفـات تروتسـكي الجداليـة المكتوبـة بشـكل رائـع لكـن المنحرفـة للغايـة»، «الخطابـة والتهـور اللفظـي والتحليـق في سـماء الوهـم [بـدل] التفحـص الهـادئ لموقـف معارضيـه...»، «يتـصرف بطريقـة أبويـة...»، «يلقـي بالشـتائم مـن الهامـش...»، «المنطـق المعقـول ظاهريـا...»، «التمنـي والافتتـان بالجملـة الثوريـة...»، «التعميـمات العاصفـة والمبالـغ فيهـا [بـدلا مـن] التحليـل المتـوازن...»، «فكـر تروتسـكي الدوغـمائي...»، الـخ، الـخ.

لقـد أحـرز الرفيـق جونسـتون تقدمـا مقارنـة بأيـام التحاليـل «الماركسـية المتوازنـة» لبـالم دوت، وبوليـت، وكامبـل عـن التروتسـكية الفاشـية. تقدمـه يتمثـل في الاسـتعاضة عـن لغـة المجـاري بالشـتائم والغمـز في قاعـة النـدوات.

«عبادة الشخصية»

«إن المؤتمر العشرين، ومن خلال تحطيمه لنزعة تقديس ستالين، فتح الطريق لمثل هذه المقاربة داخل الحركة الشيوعية العالمية... إن التقاليد العصبوية والمواقف القديمة والمقاومة البيروقراطية قد عطلت هذا الاتجاه، لكن الأمور بدأت تتغير في هذا الصدد داخل صفوف العديد من الأحزاب الشيوعية». (Cogito، صفحة ٢).

بهذه الكلمات القليلة، «يوضح» الرفيق جونستون انقلاب قادة الحركة «الشيوعية» في العالم بخصوص الموقف من ستالين، وهو الموقف الذي دافعوا عنه بحرارة لمدة ثلاثين عاما، والذي كان هو الشرط الضروري والأساسي للتعبير عن الإيمان، والذي بواسطته كان يمكن للمرء أن يميز المناضل الشيوعي عن «التروتسكي الفاشي». وبعد أن اعترف، في بضعة كلمات، بأن النقاش حول التطورات الجوهرية في الحركة العمالية الروسية والأممية قد قمع طيلة عقود، أعلن بدون مبالاة أن المؤتمر العشرين شكل نوعا من المفتاح السحري الذي فتح جميع الأبواب التي كانت مغلقة في وجه الوصول إلى المعرفة.

لكن مهلا أيها الرفيق جونستون، ماذا عن «الأسلوب الماركسي القائم على النقد والنقد الذاتي في ضوء التجربة التاريخية»؟ ماذا عن كلمات لينين عن «مجموع المعارف للبشرية»، وعن التعلم بطريقة الحفظ عن ظهر قلب؟ لقد كشف المؤتمر العشرين للحركة «الشيوعية» العالمية أنه طيلة ثلاثين عاما، أي طيلة فترة تاريخية كاملة، كان جميع قادتها، ومنظريها الموثوق بهم، وصحفييها الأكثر موهبة، يتبنون ليس موقفا خاطئا فحسب، بل موقفا إجراميا من وجهة نظر الطبقة العاملة الروسية والأممية. هل تطلب من الشيوعيين القبول بهذا دون احتجاج، وابتلاعه بالكامل، وعدم طرح أي سؤال؟ لكن هذا بالتأكيد هو **نقيض** الأسلوب الماركسي تماما. هذا بالتأكيد هو بالضبط ما حذر لينين رابطة الشباب الشيوعي الروسية منه قبل خمسين عاما مضت.

السؤال الأول الذي سيتبادر إلى ذهن أي شيوعي هو: لماذا؟ لماذا حدث ذلك؟ كيف أمكن لذلك أن يحدث؟ نحن ندرك أنه لا أحد يتصف بالكمال، وأنه حتى أعظم الماركسيين يمكنهم أن يرتكبوا الأخطاء... لكن أن ترتكب **مثل هذه** «الأخطاء»، طيلة **هذه** المدة الطويلة، فهذا شيء رهيب، ويحتاج تفسيرا. انه **يتطلب** تفسيرا.

لم يقدم مونتي جونستون أي تفسير. وبدلا من ذلك، يشير لنا إلى نص خطاب خروتشوف عن ستالين في المؤتمر العشرين. لكن ليس هناك جدوى من البحث عن طبعة موسكو. فالخطاب، الذي تم تداوله وراء الأبواب المغلقة، لم ينشر في روسيا أبدا. وقد وجد جونستون نفسه مجبرا على اقتباس نص تحفة الفكر الماركسي الحديث هذه من... صحيفة الغارديان مانشستر!

ما هو «تحليل» الستالينية الوارد في الوثائق الصادرة عن موسكو؟ إنها «النظرية» الشهيرة عن «عبادة الشخصية». يبدو، أن «الدولة الاشتراكية» كانت لفترة تاريخية كاملة تحت حكم دكتاتور بونابارتي، أرسل الملايين إلى الأشغال الشاقة في سيبيريا، وقضى على شعوب بأسرها، وأباد بالكامل القيادة البلشفية القديمة من خلال المحاكمات الأكثر وحشية في التاريخ - كل هذا اعتمادا فقط على قوة شخصيته. أي تزييف للماركسية ولطريقة التحليل الماركسي أبشع من هذا! أيها الرفيق جونستون إن أعضاء رابطة الشباب الشيوعي والحزب الشيوعي ليسوا أطفالا يؤمنون بالقصص الخرافية، حتى وإن كتبت هذه القصص الخيالية في الكرملين أو في كينغ ستريت.

من المستحيل بالنسبة للماركسي أن يطرح المسألة بهذه الطريقة. إن الأسلوب الماركسي لا يفسر التاريخ على أساس العبقرية أو الشر، لا يفسره بالأهواء أو «الشخصية»، بل يفسره على أساس **الطبقات الاجتماعية** ومصالحها وعلاقاتها. من غير المعقول تماما، أن يكون رجل واحد قادرا على فرض أفكاره على المجتمع بأسره. لقد سبق لماركس منذ زمن طويل أن أوضح أنه إذا تم طرح فكرة، ولو خاطئة، ولاقت التأييد، وصارت قوة في حياة الناس، فلا بد أنها تمثل مصالح شريحة من المجتمع. فإذا ما كان حديث جونستون عن الأسلوب الماركسي ليس مجرد خدعة لغوية، وتلاعب بالألفاظ، فإننا نصر على أن يجيب على السؤال التالي: **مصلحة من كان ستالين يمثل؟ هل كان يمثل مصلحته الخاصة؟**

قلنا إن كل شيوعي صادق سيرحب بفتح نقاش مستفيض حول مسألة الستالينية والتروتسكية. وفي هذا الصدد، نحن نرحب بمساهمة الرفيق جونستون. لكن أي نوع من التحليل الماركسي هذا الذي يطنب في الكلام المنمق عن الأسلوب الماركسي، بينما يتجنب أي محاولة لتحليل السيرورات الاجتماعية الجوهرية التي يمكنها وحدها أن تلقي الضوء على الأفكار التي عبر عنها تروتسكي ولينين في أوقات مختلفة؟ من دون توضيح هذه السيرورات التاريخية يصبح كل شيء تعسفيا تماما، ويتحول إلى مجرد سلسلة من الاقتباسات المعزولة عن السياق والممزقة من أعمال لينين وتروتسكي، والموضوعة في مواجهة بعضها البعض بشكل مصطنع من أجل «إثبات» هذه النقطة أو تلك. بطبيعة الحال، أيها الرفيق جونستون، هذا هو جوهر «الطريقة الماركسية» التي استخدامها الستالينيون قبل عقود لتبرير كل منعطف وتحول من خلال اقتباس الجملة المناسبة من لينين. ليس لمثل هذا الأسلوب أية علاقة بالماركسية، لكنه يمتلك الكثير من أوجه الشبه بالأساليب العلمية للـ.. اليسوعيين.

الفصل الثاني: من تاريخ البلشفية (الجزء الأول)

«عندما يصور التروتسكيون تروتسكي باعتباره رفيق لينين في النضال والممثل الحقيقي للينينية بعد وفاة لينين، من المهم أن ندرك أن تروتسكي لم يعمل في الحقيقة إلى جانب لينين داخل الحزب البلشفي إلا لمدة ست سنوات فقط (ما بين ١٩١٧-١٩٢٣)». (Cogito، الصفحة ٤)

تبدو حجة جونستون الحسابية سليمة لا تشوبها شائبة. لكن دعونا أولا نرى **ما الذي مثلته تلك السنوات الست**. تشمل تلك الفترة ثورة أكتوبر، التي لعب فيها تروتسكي الدور الأهم إلى جانب لينين، كما تشمل الحرب الأهلية عندما كان تروتسكي مفوض الشعب لشؤون الحرب (وهو المنصب الذي شغله حتى عام ١٩٢٥)، وعندما كان مسؤولا عن تأسيس الجيش الأحمر انطلاقا من الصفر تقريبا، وبناء الأممية الثالثة، التي كتب تروتسكي البيانات السياسية لمؤتمراتها الخمس الأولى والعديد من أكثر مواضيعها السياسية أهمية؛ كما تشمل فترة إعادة الإعمار الاقتصادي التي نظم تروتسكي خلالها شبكات السكك الحديدية المحطمة للاتحاد السوفياتي. هذه ليست سوى بعض الأعمال البسيطة التي أنجزها تروتسكي خلال إقامته القصيرة في الحزب البلشفي.

إلا أن مونتي جونستون لا يأبه لمثل هذه الأمور التافهة. انه يفضل أن يتناول الفترة الأكثر أهمية التي تمتد من ١٩٠٣ إلى ١٩١٧ (أي ما لا يقل عن ثلاث عشرة أو أربع عشرة سنة...) والتي وجد تروتسكي نفسه خلالها («ليس مصادفة...») **خارج** الحزب البلشفي. الشيء الذي لم يوضحه مونتي جونستون هو أن الحزب البلشفي نفسه لم يتشكل سنة ١٩٠٣، بل سنة ١٩١٢. وحتى ذلك الوقت كان كل من البلاشفة والمناشفة يعتبران أنفسهما جناحان **لحزب واحد:** حزب العمال الاشتراكي الديمقراطي الروسي. باستعماله لعبارات غامضة وإغفال تواريخ مختلف الاقتباسات، يعطي جونستون الانطباع بأن الحزب البلشفي ظهر على مسرح التاريخ، سنة ١٩٠٣، مكتملا تماما ومسلحا، مثلما ظهرت مينرفا من رأس زيوس. في الصفحة السادسة من مقالته يتحدث الرفيق جونستون عن انشقاق البلاشفة والمناشفة سنة ١٩١٢ عندما «انفصل البلاشفة أخيرا عن المناشفة وشكلوا حزبهم المستقل»، لكنه في الصفحة السابقة كتب ما يلي:

«في عام ١٩٠٤ ترك [تروتسكي] المناشفة، وعلى الرغم من استمراره في الكتابة في جرائدهم، بل واشتغل في إحدى المرات في الخارج إلى جانبهم، **فقد بقي منذ ذلك الحين وحتى ١٩١٧ رسميا خارج كلا الحزبين**». (Cogito، صفحة ٥)

يشعر القارئ بالحيرة، إذ كيف يمكن لتروتسكي أن يكون «**رسميا خارج كلا الحزبين**» من سنة ١٩٠٤ إلى ١٩١٢؟ سوف نتطرق لهذه الفترة لاحقا، ونظهر أسباب تحفظ الرفيق جونستون الغريب حول هذه المسألة.

«كان أساس هذا العداء معارضة تروتسكي العنيفة لنضال لينين من أجل بناء حزب ماركسي ثابت وممركز ومنضبط. عندما وقع انشقاق خلال المؤتمر الثاني لحزب العمال الاشتراكي الديمقراطي الروسي بين البلاشفة... الذين دافعوا عن مثل ذلك الحزب، وبين المناشفة... الذين كانوا يريدون شكلا من التنظيم أكثر مرونة بكثير. وقد انضم تروتسكي إلى هؤلاء الأخيرين...»

يشكل تحليل جونستون هذا تشويها صارخا لتاريخ البلشفية. لم يحدث الانقسام خلال مؤتمر لندن عام ١٩٠٣، على أساس مسألة «حزب ماركسي ثابت وممركز ومنضبط»، كما يدعي جونستون، بل على أساس مسألة تركيبة الهيئات المركزية للحزب ومادة واحدة من النظام الأساسي للحزب. لم تظهر الخلافات إلا خلال الدورة الثانية والعشرين. أما قبل ذلك فلم يكن هناك أي خلاف بين لينين وبين «أقلية» مارتوف حول أي من المسائل السياسية والتكتيكية.

إن عرض جونستون للاختلافات بكونها انشقاقا واضح المعالم بين البلاشفة «الممركزين» والمناشفة «المعادين للمركزية» هو محض افتراء يجد جذوره في الافتراءات التي أطلقها المناشفة ضد البلاشفة بعد المؤتمر. وحول المادة الشهيرة من النظام الأساسي للحزب، قال لينين نفسه: «أود أن أستجيب لهذا النداء عن طيب خاطر [أي للتوصل إلى اتفاق مع «المناشفة»] لأنني لا أعتبر مطلقا أن خلافاتنا حيوية إلى درجة أن تصير مسألة حياة أو موت للحزب. علينا بالتأكيد ألا نهلك بسبب مادة غير موفقة للنظام الأساسي للحزب!»[٢]

بعد المؤتمر، وعندما رفض مارتوف وأنصاره المشاركة في أعمال هيئة تحرير الأيسكرا، كتب لينين:

«بدراسة سلوك المارتوفيين منذ المؤتمر، ورفضهم للتعاون في الجهاز المركزي... **رفضهم** للعمل في اللجنة المركزية، إضافة إلى دعايتهم للمقاطعة - كل ما يمكنني قوله هو إن هذه محاولة حمقاء، غير جديرة بأعضاء الحزب، لبث الفوضى في صفوف الحزب- ولماذا؟ **فقط** لأنهم غير راضين عن تركيبة الهيئات المركزية؛ للحديث **بموضوعية، فقط** حول هذه المسألة افترقت طرقنا...» (لينين، الأعمال الكاملة، المجلد ٧، الصفحة ٣٤ [الطبعة الانجليزية])

لقد أكد لينين مرارا أنه لم تكن توجد بينه وبين «أقلية» مارتوف أي خلافات من حيث المبدأ، لم تكن توجد خلافات مهمة إلى درجة التسبب في حدوث انشقاق. وهكذا عندما التحق بليخانوف بمارتوف، كتب لينين قائلا: «اسمحوا لي أن أقول، أولا وقبل كل شيء، إنني اعتقد أن كاتب المقال [بليخانوف] محق ألف مرة عندما يصر على أنه من الضروري المحافظة على وحدة الحزب وتجنب حدوث انقسامات جديدة - لا سيما بسبب خلافات لا يمكن أن تعتبر هامة. إن الدعوة إلى الهدوء والاعتدال والاستعداد لتقديم تنازلات صفات جديرة بالثناء عند القيادي في كل الأوقات، وفي الوقت الحاضر على وجه الخصوص». (المرجع نفسه، ص ١١٥) وعارض لينين طرد مجموعات من الحزب، ودعى إلى فتح صحافة الحزب، من أجل توضيح الخلافات «لتمكين هذه المجموعات الصغيرة من الحديث وإعطاء الحزب بأسره الفرصة لتقييم أهمية أو عدم أهمية هذه الخلافات وتحديد أين بالضبط وكيف **وحول ماذا حدث الخلاف**». (المرجع نفسه، ص ١١٦)

كانت هذه دائما مقاربة لينين لمسألة الخلافات داخل الحزب: الاستعداد للمناقشة والمرونة والتسامح، وقبل كل شيء النزاهة المطلقة تجاه خصومه. للأسف لا يمكن أن يقال الشيء نفسه عن قادة الحزب «الشيوعي» اليوم!

يعمد مونتي جونستون عن قصد إلى خلق انطباع زائف حول الانقسام بين جناحي الحزب الاشتراكي الديمقراطي الروسي خلال المؤتمر الثاني. وللقيام بذلك، يختار اقتباسات من **الأعمال المختارة** للينين (الطبعة الستالينية القديمة من إثني عشر جزءا)، التي تغفل معظم المواد عن هذا المسألة وغيرها. لماذا لم يشر الرفيق جونستون إلى طبعة موسكو الكاملة؟ هل يتجاوز هذا موارد كينغ ستريت؟[٣] أم أن السبب هو فقط الرغبة في إثارة إعجاب قواعد رابطة الشباب الشيوعي الذين قد لا يملكون الوقت أو الفرصة للتحقق من الأصول؟ لقد بين الرفيق جونستون، هنا وفي أماكن أخرى من مؤلفه، انه باحث دؤوب عندما يتعلق الأمر

٢ Vtoroy S`yezd RSDRP Protokoly صفحة ٢٧٥

٣ كينغ ستريت شارع بلندن حيث يوجد مقر الحزب الشيوعي البريطاني.

بالاستشهاد بعبارات وجمل معزولة من كتاب **خطوة إلى الأمام خطوتان إلى الوراء**. لكن مجرد لمحة على مؤلفات لينين ذات الصلة بالموضوع في **الأعمال الكاملة** تكشف الزيف المطلق لطريقة عرض جونستون. وهكذا ففي الصفحة ٤٧٤ من مؤلفات لينين (المجلد ٧)، نقرأ:

«تقول الرفيقة ليكسمبورغ... إن كتابي [أي: **خطوة إلى الأمام خطوتان إلى الوراء**] هو تعبير واضح ومفصل عن وجهة نظر «المركزية المتصلبة». وبالتالي فإن الرفيقة ليكسمبورغ تفترض أنني أدافع عن نظام معين للتنظيم ضد نظام آخر، لكن الواقع ليس كذلك. لقد دافعت، من الصفحة الأولى إلى الصفحة الأخيرة من كتابي، عن المبادئ الأساسية لأي نظام حزبي يمكن تصوره. ليس كتابي معنيا بالاختلافات بين نظام معين للتنظيم وآخر، بل بمسألة كيف يمكن لأي نظام أن يستمر وينتقد ويصحح بطريقة تنسجم مع فكرة الحزب».

في الواقع، لم تكن الخلافات بين البلشفية والمنشفية واضحة على الإطلاق في عام ١٩٠٣، على الرغم من أن النقاش كشف عن وجود ميول إلى التصالحية بين المناشفة، أو «الليونة»، كما كانوا معروفين. لم يتبلور الاتجاهان إلا لاحقا، تحت تأثير الأحداث، ورغم ذلك لم يصلا إلى نقطة الانشقاق النهائي حتى عام ١٩١٢. بعيدا عن فترة مونتي جونستون الشهيرة المكونة من «ثلاثة عشر أو أربعة عشر سنة» التي شهدت فصلا واضحا بين حزبين سياسيين، فالواقع هو انه حتى عام ١٩١٢، كان تاريخ البلشفية تاريخ محاولات عديدة ومتكررة لتوحيد الحزب على أساس مبدئي. وعلاوة على ذلك، لم تقتصر الخلافات بين البلاشفة والمناشفة، كما يمكن للمرء أن يتوهم، بناء على قراءة مونتي جونستون، على مسألة تنظيم الحزب، بل شملت كل المسائل السياسية الأساسية الناشئة عن تحليل طبيعة الثورة الروسية نفسها.

بقدر ما يحاول مونتي جونستون تحديد الخلافات، بقدر ما يظهر عجزه الكبير عن إنجاز المهمة. وبثقة مذهلة في النفس يأخذ جونستون تروتسكي على انتقاده للفكرة التي أعرب عنها لينين في كتابه **ما العمل؟** حول أن الطبقة العاملة، إن تركت لنفسها، ليست قادرة سوى على إنتاج «وعي نقابي»، أي الوعي بالحاجة إلى النضال من أجل المطالب الاقتصادية في ظل الرأسمالية. إن مونتي جونستون، مثله مثل بقية زعماء الحزب الشيوعي، يجهل على ما يبدو أن **لينين نفسه** قد انتقد في وقت لاحق هذه الصيغة، والتي كانت من قبيل المبالغة التي نشأت خلال جداله ضد الاقتصادويين، الذي هو تيار كان يرغب في حصر نضال العمال في مستوى المطالب الاقتصادية البحتة. في إشارة إلى هذا أوضح لينين أن «الاقتصادويين عوجوا العصا في اتجاه. ومن أجل تقويم العصا كان من الضروري تعويجه في الاتجاه الآخر». لقد كان لينين أبعد ما يكون عن الرأي السائد بين الستالينيين والقائل بأن الطبقة العاملة مجرد عجينة يمكن للقيادة «الفكرية» أن تشكلها كما يحلو لها.

ما هو الهدف من وراء تشويه مونتي جونستون لتاريخ البلشفية؟ إن الجواب واضح في بقية مؤلفه. يرغب جونستون في تأبيد الأسطورة الستالينية عن الحزب البلشفي المتجانس، والذي كان له وجود مستقل منذ إنشائه عام ١٩٠٣. وبعد أن يثبت هذا يمكنه وضع تروتسكي بحزم «خارج» الحزب باعتباره عنصر منضبط، رغم كونه موهوبا ومثقفا. بعد ذلك تأتي مرحلة الانتقال إلى التشويه الرئيسي: جعل «التروتسكية» أيديولوجية سياسية غريبة ومتميزة معادية للينينية.

صحيح أنه خلال مؤتمر ١٩٠٣، وجد تروتسكي نفسه في معسكر المعارضين للينين. كما أنه من الصحيح أيضا أن بليخانوف، الاشتراكي الوطني لاحقا، وقف إلى جانب لينين. الواقع هو أن الاختلافات فاجأت الجميع، بمن فيهم لينين نفسه، الذي لم يفهم في البداية مغزاها. كان الهدف الحقيقي للمؤتمر الثاني هو الانتقال بالمنظمة من عصبة صغيرة للدعاية إلى حزب حقيقي، وبخصوص هذه المسألة كان لينين بدون شك صاحب

الموقف الصحيح. في السنوات اللاحقة عمل تروتسكي، الذي كان نزيها دائما في ما يتعلق بأخطائه، على الاعتراف بخطئه دون تحفظ، وأكد أن لينين كان دائما على حق بخصوص هذه المسألة. وقد استشهد مونتي جونستون باعتراف تروتسكي، بينما أكد في مكان آخر أن تروتسكي رفض دائما الاعتراف بأخطائه السابقة!

لكن جونستون يخطأ مرتين عندما يصور المسألة كما لو تروتسكي كان وحده من أساء فهم موقف لينين. في الواقع كانت فئات واسعة من مناضلي الحزب داخل روسيا تنظر لانقسام عام ١٩٠٣، وبعد ذلك أيضا، باعتباره مجرد شجار بين المهاجرين لا أهمية عملية له، أو بعبارة ستالين الفذة «زوبعة في فنجان شاي». دعونا نستشهد بفقرة نموذجية من عمل يحب الرفيق جونستون أيضا الاستشهاد به: كتاب لوناتشارسكي Revolutionary Silhouettes:

«... نزلت علينا أنباء الانقسام مثل صاعقة من سماء صافية. كنا نعلم أن المؤتمر الثاني سيشهد حسم الصراع مع تيار **قضية العمال** (الاقتصادويين)، لكن أن تسير الأحداث في اتجاه وضع لينين ومارتوف في معسكرين متعارضين و«ينعزل» بليخانوف في المنتصف بينهما - لا شيء من هذا دخل رؤوسنا.

«المادة الأولى من النظام الأساسي للحزب... هل كان هذا شيئا يبرر الانقسام حقا؟ وتعديل المهام داخل هيئة التحرير - ما الذي دهى هؤلاء الناس في الخارج، هل فقدوا عقولهم؟» (صفحة ٣٦)

تشير مراسلات لينين خلال هذه الفترة إلى أن غالبية أعضاء الحزب لم يستوعبوا الانقسام وكانوا يعارضونه. وحده مونتي جونستون من يمكنه، بعد مرور خمسة وستين عاما، أن يرى كل تلك القضايا واضحة وضوح الشمس. فهو فيما يخص مسألة المؤتمر الثاني، يتفوق حتى على لينين نفسه! ومن الارتفاعات الشاهقة للمجلد الثاني من **الأعمال المختارة**، يصدر مونتي جونستون حكما يدين تروتسكي الذي «بجرة قلم... غير تاريخ ظهور البلشفية والمنشفية كتيارين منفصلين من سنة ١٩٠٣ إلى سنة ١٩٠٤، من أجل أن يتمكن من تقديم نفسه باعتباره لم ينتم أبدا إلى المناشفة، مشيرا إلى أن مواقفه «التقت في كل ما هو جوهري مع مواقف لينين».»

بادئ ذي بدء، على القارئ أن يلاحظ أن جونستون أكد أن تروتسكي بقي منذ ١٩٠٤ حتى ١٩١٧، «رسميا خارج كلا الحزبين»، وبالتالي غير، «بجرة قلم»، تاريخ ظهور البلشفية، ليس كتيار، بل بوصفها حزبا من ١٩١٢ إلى ١٩٠٤!

ما معنى تأكيد تروتسكي على أن مواقفه التقت مع مواقف لينين حول جميع المسائل الأساسية؟ لا بد أن يشعر قارئ تاريخ مونتي جونستون الشديد الانتقائية عن البلشفية بالحيرة أمام بيان من هذا القبيل. لكن السبب وراء حيرته ليس تروتسكي، بل مونتي جونستون، الذي يقتبس الاستشهادات عمدا خارج سياقها من أجل الإيحاء بأن تقييم تروتسكي لعلاقته مع لينين مشوه. إن التشويه هو ما يقوم به الرفيق جونستون الذي يخفي عن القارئ، كما سنرى لاحقا، الاختلافات **السياسية** الحقيقية بين البلشفية والمنشفية، التي يشير إليها تروتسكي في الاقتباس أعلاه.

لقد أظهرنا سابقا تفاهة قراءة جونستون لمؤتمر لندن عام ١٩٠٣. إن تأكيده على أن البلشفية والمنشفية برزتا كاتجاهين منفصلين بالمعنى السياسي للكلمة سنة ١٩٠٣ هو ادعاء لا أساس له من الصحة. لو أن ذلك كان صحيحا لكان لينين نفسه متهما بالخطيئة التروتسكية الفضيعة أي النزعة التصالحية بسبب محاولاته المتكررة إعادة المناشفة للتعاون في تسيير الحزب خلال **الأشهر** التي تلت المؤتمر. لم يعترف لينين بوجود اتجاهين داخل الحزب إلا عام ١٩٠٤، حيث عمل على إقامة مكتب للجان الأغلبية (البلاشفة).

إن الفرق الحاسم بين البلشفية والمنشفية -أي الموقف من البرجوازية الليبرالية- لم يظهر إلى السطح إلا عام ١٩٠٤. كانت هذه المسألة السياسية، وليس الخلاف بشأن قواعد الحزب، هي التي حددت تطور الاتجاهين في طريق انقسام لا رجعة فيه، وانتهى بانتقال المنشفية إلى جانب قوات الجيش الأبيض سنة ١٩١٨. كانت هذه بالضبط هي المسألة التي انشق على أساسها تروتسكي عن المناشفة عام ١٩٠٤. لكن الرفيق جونستون يلزم الصمت حول هذا الموضوع. سنرى سبب صمته في مقطع لاحق من هذا العمل.

الفصل الثالث: من تاريخ البلشفية (الجزء الثاني)

تطور تيار البلشفية واتخذ شكله على أساس تجربة ثورة ١٩٠٥ التي وصفها لينين بكونها «تحضير لثورة أكتوبر». لكن مونتي جونستون ليس لديه ما يقوله عن كامل المرحلة الفاصلة بين مؤتمر لندن سنة ١٩٠٣ حتى فترة ١٩١٠-١٩١٢. يبدو من الواضح أنه لم يحدث خلالها شيء كبير في روسيا! إن صمت جونستون ليس من قبيل الصدفة. فبحذفه لتجربة ١٩٠٥ ومحاولات إعادة توحيد الحزب الاشتراكي الديمقراطي الروسي التي تلت ذلك، يعمق الانطباع الزائف، الذي سبق له أن خلقه بالفعل، حول أنه طوال مرحلة بأكملها (ثلاث عشرة أو أربع عشرة سنة...) وقف البلاشفة والمناشفة في قطبين متناقضين ثابتين - بينما استمر تروتسكي، بطبيعة الحال، «خارج الحزب».

تروتسكي في عام ١٩٠٥

ما هو الدور الذي لعبه تروتسكي في ثورة ١٩٠٥، وما هي علاقته بلينين والبلاشفة آنذاك؟ لوناتشارسكي، الذي كان في ذلك الوقت واحدا من أقرب مساعدي لينين، كتب في مذكراته قائلا:

«علي أن أقول أن تروتسكي برهن، رغم صغر سنه، من دون شك، انه كان الأفضل استعدادا من بين جميع القادة الاشتراكيين الديمقراطيين الآخرين في ١٩٠٥-١٩٠٦. وكان أقلهم عرضة لذلك النوع من ضيق أفق المهاجرين. لقد فهم تروتسكي على نحو أفضل من جميع الآخرين معنى خوض الصراع على المستوى الوطني الشامل. وخرج من الثورة مسلحا بشعبية هائلة، بينما لم يكتسب لينين أو مارتوف أية شعبية على الإطلاق. أما بليخانوف، فقد خسر كثيرا بسبب إبدائه ميولا مشابهة للكاديت [أي اللبراليين]. لقد وقف تروتسكي آنذاك في مقدمة الصف الأول». (Revolutionary Silhouettes صفحة ٦١)

كان تروتسكي رئيس مجلس سوفييت بطرسبرغ لنواب العمال، الذي كان في مقدمة تلك الهيئات التي وصفها لينين بأنها «الأجهزة الجنينية للسلطة الثورية». كانت معظم البيانات السياسية وقرارات مجلس السوفييت من تأليف تروتسكي، الذي حرر أيضا جريدة مجلس السوفييت **ازفستيا**. عجز البلاشفة، في بطرسبورغ، عن تقدير أهمية السوفييت، وكانت تمثيليتهم فيه ضعيفة. وقد كتب لينين، من منفاه في السويد، إلى مجلة «نوفايا جيزن» البلشفية، يحث البلاشفة على اتخاذ موقف أكثر إيجابية من السوفييتات، لكن الرسالة لم تنشر، ولم تر النور إلا في وقت لاحق، بعد أربعة وثلاثين عاما.

لقد تكرر هذا الوضع عند كل منعطف كبير في تاريخ الثورة الروسية؛ نفس الارتباك والتردد من طرف قادة الحزب داخل روسيا، عندما تواجههم ضرورة اتخاذ مبادرة جريئة، لولا قيادة لينين.

سيتم التطرق للموقف السياسي لتروتسكي وعلاقته مع أفكار لينين بشكل مفصل في الفصل المخصص لنظرية الثورة الدائمة. كان جوهر المسألة هو موقف الحركة الثورية من البرجوازية ومما يسمى بالأحزاب «الليبرالية». كانت هذه هي المسألة التي دفعت تروتسكي للقطع مع المناشفة عام ١٩٠٤. فمثله مثل لينين، صب تروتسكي جام غضبه على نزعة التعاون الطبقي لدان وبليخانوف وغيرهما، وأشار إلى البروليتاريا والفلاحين باعتبارهما القوى الوحيدة القادرة على إنجاز الثورة حتى النهاية.

في عام ١٩٠٥، استخدم تروتسكي جريدة «ناشالو»، التي كانت توزع على نطاق واسع، للمزيد من توضيح وجهة نظره للثورة، والتي كانت قريبة من وجهة نظر البلاشفة ومعارضة بشكل مباشر لوجهة نظر المناشفة. فكان من الطبيعي، على الرغم من النزاع المرير خلال المؤتمر الثاني، أن يلتقي نضال البلاشفة

ونضال تروتسكي في الثورة. وهكذا، عملت جريدة تروتسكي «ناشالو» وجريدة البلاشفة «نوفايا جيزن»، التي كان لينين رئيس تحريرها، بتضامن ودعما بعضهما البعض ضد هجمات الرجعية، ودون شن الجدال ضد بعضهما البعض. وقد زفت الجريدة البلشفية العدد الأول من جريدة «ناشالو» على النحو التالي:

«لقد صدر العدد الأول من جريدة ناشالو. ونحن نرحب برفيق لنا في النضال. يتميز العدد الأول بالوصف الرائع لإضراب أكتوبر الذي كتبه الرفيق تروتسكي».

يتذكر لوناتشارسكي أنه عندما أخبر أحدهم لينين بنجاحات تروتسكي في السوفييت، «اكفهر وجهه للحظة، ثم قال: «حسنا، لقد كسب الرفيق تروتسكي ذلك بفضل عمله الدؤوب والمثير للإعجاب».

أعطى تقدم الثورة دفعة هائلة لحركة توحيد قوى الماركسية الروسية. لقد خاض العمال البلاشفة والمناشفة النضال جنبا إلى جنب تحت نفس الشعارات؛ ولجان الحزب المتنافسة اندمجت تلقائيا. أخيرا، وبناء على اقتراح من اللجنة المركزية البلشفية، بمن فيها لينين، بدأت التحركات على قدم وساق لتحقيق إعادة التوحيد. كان تروتسكي يدعو باستمرار إلى إعادة التوحيد في جريدته «ناشالو»، وحاول أن يبقى بعيدا عن الصراع بين التيارين، لكنه اعتقل وسجن بسبب دوره في السوفييت قبل عقد المؤتمر الرابع (التوحيدي) في ستوكهولم.

انعقد المؤتمر في مايو ١٩٠٦، لكن المد الثوري كان قد بدأ في الانحسار، ومعه انحسرت الروح القتالية والخطابات «اليسارية» للمناشفة. كان بليخانوف قد بدء بالفعل يتحسر على العمل الجماهيري «السابق لأوانه» وأطلق عبارته الشهيرة: «لم يكن ينبغي عليهم حمل السلاح». كان الصراع حتميا بين الثوريين المنسجمين وبين أولئك الذين كانوا قد بدأوا بالفعل في التخلي عن الجماهير وصاروا يتكيفون مع الردة الرجعية.

مؤتمر ستوكهولم

كانت النقاط الرئيسية الموضوعة للنقاش بين البلاشفة والمناشفة في مؤتمر ستوكهولم هي:

١. المسألة الزراعية
٢. الموقف من الأحزاب البرجوازية
٣. الموقف من النزعة البرلمانية
٤. مسألة الانتفاضة المسلحة

ندد بليخانوف، المعبر عن انتهازية المناشفة المرعوبين، بخطة لينين لتعبئة الفلاحين من أجل تأميم الأراضي باعتبارها «خطيرة... بالنظر لإمكانية الردة (restoration)». وقد لخص موقف المناشفة من الاستيلاء على السلطة من جانب العمال والفلاحين بهذه الكلمات:

«إن الاستيلاء على السلطة إلزامي بالنسبة لنا عندما نقوم بثورة بروليتارية، لكن **وبما أن الثورة الوشيكة الآن لا يمكنها أن تكون إلا ثورة برجوازية صغيرة، فإنه من واجبنا رفض الاستيلاء على السلطة**». (التشديد من عندنا)

كانت تلك هي حجة المناشفة عام ١٩٠٧. كانت الثورة ثورة **برجوازية**؛ وكانت مهامها **برجوازية ديمقراطية**؛ وشروط الاشتراكية غائبة في روسيا. ومن ثم فإن أي محاولة من جانب العمال للاستيلاء على السلطة تمثل مغامرة؛ إن مهمة العمال هي السعي إلى تشكيل تحالف مع الأحزاب البرجوازية والبرجوازية الصغيرة، لمساعدتهم على القيام بالثورة البورجوازية.

مـاذا كان رد لينـين عـلى بليخانـوف؟ إن لينـين لم يحـاول أن ينكـر أن الثـورة كانـت برجوازيـة ديمقراطيـة، وبالتأكيـد ليسـت هنـاك إمكانيـة لبنـاء الاشـتراكية في روسـيا وحدهـا. كان جميـع الماركسـيين الـروس، المناشـفة ولينـين وتروتسـكي، عـلى اتفـاق حـول هـذه المسـائل. لقـد كان القـول بغيـاب الـشروط اللازمـة للتحـول الاشـتراكي في روسـيا مـن أبجديـات الماركسـية، لكـن تلـك الـشروط قـد نضجـت في الغـرب. وردا عـلى تحذيـرات بليخانـوف القائمـة مـن «خطـر الـردة» أوضـح لينـين:

«إذا كنـا نقصـد ضمانـة اقتصاديـة حقيقيـة، وفعالـة تمامـا، ضـد الـردة، أي ضمانـة مـن شـأنها أن تخلـق الظـروف الاقتصاديـة للحيلولـة دون الـردة، فإنـه يجـب علينـا أن نقـول: **إن الضمانـة الوحيـدة ضـد الـردة هـي الثـورة الاشـتراكية في الغـرب.** لا يمكـن أن تكـون هنـاك أي ضمانـة أخـرى بالمعنـى الكامـل للمصطلـح. بـدون هـذا الـشرط، فأيـما طريقـة أخـرى تـم بهـا حـل المشـكلة (وضـع الأرض تحـت رقابـة البلديـة، أو التقسـيم، الـخ) فـإن الـردة لـن تكـون ممكنـة فحسـب، بـل حتميـة.» (الأعـمال الكاملـة، المجلـد ١٠، الصفحـة ٢٨٠، [الطبعـة الانجليزيـة*[٤]] التشـديد مـن عندنـا)

وهكـذا ومنـذ البدايـة تصـور لينـين الثـورة الروسـية تمهيـدا للثـورة الاشـتراكية في الغـرب. لقـد ربـط مصـير الثـورة الروسـية بصلـة لا تنفصـم بالثـورة الاشـتراكية الأمميـة، والتـي بدونهـا ستتعـرض حتـما لـردة داخليـة:

«أود صياغـة هـذا الاقـتراح عـلى النحـو التـالي: يمكـن للثـورة الروسـية تحقيـق النـصر بجهودهـا الخاصـة، **لكنهـا لا تسـتطيع ربمـا الاحتفـاظ بمكاسـبها وتعزيزهـا بقوتهـا الخاصـة. لا يمكنهـا أن تفعـل ذلـك مـا لم تحـدث ثـورة اشـتراكية في الغـرب.** بـدون هـذا الـشرط تصـير الـردة أمـرا لا مفـر منـه، سـواء وضعنـا الأرض تحـت رقابـة البلديـة، أو قمنـا بالتأميـم، أو بالتقسـيم؛ لأنـه في ظـل أي شـكل، وكل شـكل، مـن أشـكال الملكيـة والحيـازة سـيكون المالـك الصغـير دائمـا حصنـا للـردة. **بعـد الانتصـار الكامـل للثـورة الديمقراطيـة سـيتحول المالـك الصغـير حتـما ضـد البروليتاريـا،** وكلـما تـسرع إسـقاط الأعـداء المشـتركين للبروليتاريـا ولصغـار المـلاك، مثـل الرأسـماليين، والملاكـين العقاريـين، والبرجوازيـة الماليـة، الـخ سريعـا، كلـما تـسرع حـدوث ذلـك. **ليـس لجمهوريتنـا الديمقراطيـة أي احتياطي دعـم غـير البروليتاريـا الاشـتراكية في الغـرب**». (المرجـع نفسـه، التشـديد مـن عندنـا)

لقـد اقتبسـنا كلام لينـين بشـكل كامـل، بحيـث لا تكـون هنـاك أي شـبهة للتحريـف، ولا أي اتهـام مـن مونتـي جونسـتون لنـا بأننـا ننقـل عـن تروتسـكي، وليـس عـن لينـين. لأن قـارئ مقـال مونتـي جونسـتون لـن يسـتنتج سـوى أن لينـين يتحـدث هنـا بلغـة «التروتسـكية» المحضـة. انـه ينفـي احـتمال، ليـس فقـط «بنـاء الاشـتراكية» في روسـيا وحدهـا، **بـل حتـى الحفـاظ عـلى مكاسـب الثـورة البرجوازيـة الديمقراطيـة،** دون الثـورة الاشـتراكية في الغـرب. انـه «يقلـل مـن دور الفلاحـين» مـن خـلال قولـه إن صغـار الملاكـين يشـكلون حصنـا منيعـا للـردة، وسـيتحولون حتـما ضـد العـمال، بمجـرد اسـتكمال مهـام الثـورة الديمقراطيـة.

لكـن كلا! لم يأخـذ لينـين هـذه الأفـكار مـن كتـب تروتسـكي حـول الثـورة الدائمـة، التـي لم يسـبق لـه أن قرأهـا، كـما أن تروتسـكي نفسـه كان في السـجن خـلال فـترة المؤتمـر. **إن الأفـكار التـي أعـرب عنهـا لينـين كانـت أبجديـات الماركسـية، كانـت المبـادئ الأساسـية للأمميـة البروليتاريـة والـصراع الطبقـي، التـي دافـع عنهـا ضـد التشـويهات الانتهازيـة للماركسـي «المثقـف» بليخانـوف.** «هـذه ليسـت الماركسـية، بـل اللينينيـة» هكـذا صـاح المناشـفة سـاخرين في عـام ١٩٠٦. هـذه ليسـت «اللينينيـة»، بـل «التروتسـكية»، يكتـب مونتـي جونسـتون في عـام ١٩٦٨. سـموها مـا شـئتم أيهـا السـادة، فبالنسـبة للماركسـي لا يتغـير جوهـر الـشيء بمجـرد تغيـير اسـمه.

وردا عـلى الحجـة القائلـة بأنـه يجـب عـلى الاشـتراكية الديمقراطيـة ألا تخيـف حلفاءهـا البرجوازيـين «التقدميـين»، قـال لينـين:

٤ جميع الإحالات ستكون إلى الطبعة الانجليزية، إلا في حالة الإشارة إلى العكس -المترجم-

«يظهر هذا بصورة أكثر وضوحا **الخطأ الجوهري للمناشفة**، إنهم لا يرون أن البرجوازية معادية للثورة، وأنها تسعى عمدا إلى عقد مساومة». (المرجع نفسه، الصفحة ٢٨٩، التشديد من عندنا)

كانت هذه هي النقطة الرئيسية لنضال لينين ضد المناشفة طوال المرحلة اللاحقة: ضرورة الحفاظ على الحركة العمالية الثورية بعيدا عن الانجرار إلى تحالفات مع البرجوازية وأحزابها؛ الإصرار على أن الطبقة العاملة هي الطبقة **الوحيدة** الثورية حقا في المجتمع، وأنها الطبقة **الوحيدة** القادرة على القضاء على النظام القيصري، **ضد** البرجوازية إذا لزم الأمر:

«الضمانة الشرطية والنسبية الوحيدة ضد الردة هي أن يتم القيام بالثورة بالطريقة الأكثر جذرية، وأن تنفذ مباشرة من قبل الطبقة الثورية، مع أقل قدر ممكن من مشاركة أصحاب الحلول الوسطى والمساومين وكل أنواع التوفيقيين: هي أن يتم إنجاز هذه الثورة حتى النهاية حقا». (المرجع نفسه، ص ٢٨١)

وواصل لينين انتقاد المناشفة بسبب بلاهتهم البرلمانية، ومبالغتهم في تقدير إمكانيات استفادة الماركسيين من البرلمان. وجه نقدا حادا لبليخانوف لتنصله الجبان من الكفاح المسلح. كانت هذه هي القضايا التي فرقت بين الجناح البلشفي والجناح المنشفي في الاشتراكية الديمقراطية، وليس المسألة التنظيمية، ولا «المركزية»، بل **الإصلاح أم الثورة، التعاون الطبقي أم الاعتماد على الجماهير الثورية**. لكن مونتي جونستون يحافظ على الصمت المطبق بخصوص كل هذا. قد يتساءل القارئ لماذا! سنكون كرماء ونعزو ذلك إلى تلهف الرفيق جونستون للوصول إلى «الفترة الأكثر أهمية»، أي ما بين ١٩١٠ و١٩١٦. إذ على أية حال تعتبر «ثلاث عشرة أو أربع عشرة سنة» فترة طويلة؛ فمن الذي سيهتم بخمس سنوات أو نحو ذلك؟ - خصوصا عندما تقدم تلك الفترة الكثير من المواد التي لا تخدم قضية مونتي جونستون ضد تروتسكي.

مرحلة الردة الرجعية

خلقت ردة ستوليبين، التي بدأت عام ١٩٠٧، صعوبات جمة للحركة الثورية في روسيا، وأثارت المزيد من الخلافات بين صفوف الحزب الاشتراكي الديمقراطي. تعطلت الأنشطة الشرعية للحزب من خلال ما أسماه لينين بـ «قانون الانتخابات الأكثر رجعية في أوروبا». فأصبحت الأساليب غير الشرعية للعمل، أي العمل السري، ذات أهمية متزايدة للتعويض عن القيود المفروضة من قبل النظام. إلا أن قسما من الجناح المنشفي للحزب، كان يميل لمواجهة الوضع من خلال التكيف بشكل متزايد مع مطالب الردة الرجعية، وتجنب الأعمال غير الشرعية لصالح المقاعد البرلمانية المريحة. كان هذا هو أساس ما أطلق عليه اسم الصراع التصفوي الذي أدى إلى حدوث انشقاق في الحزب.

في مؤتمر لندن عام ١٩٠٧، تمكن تروتسكي لأول مرة من فرصة شرح وجهة نظره بشأن الثورة أمام أنظار الحزب. خطابه في النقاش حول الموقف من الأحزاب البرجوازية، والذي خصصت له خمس عشرة دقيقة فقط، استشهد به لينين مرتين، وأكد على اتفاقه مع الأفكار التي عبر عنها تروتسكي، وخاصة دعوته لتشكيل كتلة لليسار ضد البرجوازية الليبرالية:

وعلق لينين قائلا:

«إن هذه الوقائع تكفي بالنسبة لي لكي أعرف بأن تروتسكي قد صار أقرب إلى وجهات نظرنا. وبصرف النظر عن مسألة «الثورة غير المنقطعة»، **نحن متضامنون حول النقاط الأساسية في الموقف من الأحزاب البرجوازية**». (الأعمال الكاملة، المجلد ١٢، صفحة ٤٧٠، التشديد من عندنا)

أما بخصوص نظرية تروتسكي عن الثورة الدائمة، والتي طرحت للنقاش في الدورة التالية، فإن لينين لم يكن مستعدا لإلزام نفسه بها. لكن **كان هناك اتفاق كامل** حول المسألة الأساسية بخصوص مهام الحركة الثورية. وسوف نتطرق لاحقا للخلافات بين مواقف لينين وتروتسكي. وقد اتضح مجددا في المؤتمر أن لينين كان يعتبر تلك الاختلافات ثانوية. عندما طرح تروتسكي تعديلا للقرار بشأن الموقف من الأحزاب البرجوازية، تحدث لينين ضد التعديل، ليس لأنه كان خاطئا، بل لأنه لم يضف شيئا أساسيا للقرار الأصلي:

«لا بد من الاتفاق على أن تعديل تروتسكي **ليس منشفيا**، وأنه يعبر عن الفكرة البلشفية «نفسها»[٥]. (المرجع نفسه، ص ٤٧٩)

لكن على الرغم من تطابق وجهات النظر حول تحليل مهام الثورة، بين تروتسكي والبلاشفة، فإن تروتسكي استمر يحاول إيجاد طريق بين الجناحين المتصارعين في محاولة يائسة لمنع حدوث انقسام جديد. وقال خلال المؤتمر:

«إذا كنتم تعتقدون أن الانقسام أمر لا مفر منه، فانتظروا، على الأقل، حتى تفصلكم الأحداث، وليس مجرد القرارات. لا تستبقوا الأحداث.»

فعلى أساس تجربة ١٩٠٥، اعتقد تروتسكي أن موجة ثورية جديدة ستدفع بأفضل العناصر من بين المناشفة، ومارتوف بوجه خاص، إلى اليسار. كان همه الأكبر هو الحفاظ على القوى الماركسية موحدة خلال مرحلة صعبة، والحيلولة دون حدوث انقسام سيكون له تأثير سلبي على معنويات الحركة. كان هذا هو جوهر «توفيقية» تروتسكي، والتي منعته من الانضمام إلى البلاشفة في هذه الفترة. وتعليقا على ذلك كتب لينين:

«غرق عدد من الاشتراكيين الديمقراطيين في تلك الفترة في النزعة التوفيقية، انطلاقا من أكثر الدوافع تنوعا. وكانت النزعة التوفيقية الأكثر انسجاما هي التي عبر عنها تروتسكي، الشخص الوحيد الذي حاول توفير أساس نظري لتلك السياسة.»

كان هذا هو جوهر الخلاف بين لينين وتروتسكي قبل عام ١٩١٧؛ ليس «احتقار دور الفلاحين» ولا «الاشتراكية في بلد واحد»، بل النزعة التوفيقية.

كانت غلطة تروتسكي هي تعليقه أهمية كبيرة على التيارات «الوسطية» (شبه الثورية) بين صفوف المناشفة. كان يتصور أن وحدة الحركة الماركسية ستتحقق من خلال توحد البلاشفة والمناشفة وتطهير الحزب من التطرف «اليميني» والتطرف «اليساري» - أي طرد التصفويين المناشفة واليسار المتطرف داخل البلاشفة: «المقاطعون» (otzovists). لم يفهم، كما فعل لينين بشكل واضح، أنه لا يمكن تحقيق هذه الوحدة إلا بعد القطيعة بحزم مع جميع التيارات الانتهازية؛ وأن الحفاظ على القوى الماركسية في فترة التراجع الثوري لا يعني «وحدة» مجردة رسمية، بل وحدة تتحقق من خلال التكوين المنهجي للكوادر بأساليب الحركة ومنظوراتها. إن ترهل تنظيم المناشفة، وعجزهم السياسي، في مرحلة الردة الرجعية، كان مجرد انعكاس لافتقارهم التام للمنظورات. ومن جهة أخرى، نبع نضال لينين من أجل «حزب ماركسي مستقر وممركز ومنضبط» من الحاجة الملحة لتثقيف الطليعة وتدريبها، بعيدا عن إحباط وكلبية الانتهازيين.

في وقت لاحق فهم تروتسكي خطأه واعترف دون تحفظ بأن لينين كان على حق بشأن هذه المسألة. لكن الستالينيين ما زالوا يواصلون طلاء ذلك الصراع التكتلي بين لينين وتروتسكي بألوان فاقعة، وينقبون عن كل الكلام الذي قيل في أوج الجدل من أجل دق إسفين بين أفكار لينين وتروتسكي بشكل عام. تروتسكي

٥ ملاحظة الطبعة الروسية عن وقائع هذا المؤتمر، التي نشرت عام ١٩٥٩، تنص على أن: «تروتسكي أيد، في الواقع، المناشفة في كل المسائل الأساسية» (Pyatji S›yezdRSDRP Protokoly، صفحة ٨١٢)

كان مخطئا، لكن خطأه كان خطئا نزيها، كان خطأ مناضل ثوري، يحمل مصالح الثورة في قلبه. وليس من قبيل المصادفة أن أشار لينين إلى أن النزعة «التوفيقية» كانت نابعة «من أكثر الدوافع تنوعا» - أي الدوافع الثورية فضلا عن الانتهازية. لينين نفسه «أخطأ» أحيانا في تقديره لإمكانية وجود حلفاء بين المناشفة. ففي عام ١٩٠٩ عرض تحالفا مع كتلة بليخانوف والمناشفة «المؤيدين للحزب». وفقا للوناتشارسكي، استمر لينين حتى عام ١٩١٧ «يحلم بتحالف مع مارتوف مدركا للقيمة التي يمكن لذلك التحالف أن يكونها». وقد أثبتت الوقائع خطأ لينين. لكن كم هو الفرق شاسع بين أخطاء ثوري مخلص وبين خربشات متعجرفة لكلبيين يخوضون، بعد نصف قرن، من فوق أرائكهم المريحة، كل المعارك القديمة مرة أخرى - ودائما إلى جانب المنتصر.

لينين والبلاشفة

«شكلت السنوات ما بين ١٩٠٧ و١٩١٤ في حياته [تروتسكي] فصلا يخلو بوجه خاص من أي انجاز سياسي... ولا يدعي تروتسكي أي إنجازات ثورية في مصلحته. إلا أن لينين كان، في هذه السنوات، وبمساعدة أتباعه، يسلح حزبه، وكانت مكانة رجال مثل زينوفييف وكامينيف وبوخارين، ولاحقا ستالين، تتنامى إلى درجة مكنتهم من لعب أدوار رائدة داخل الحزب في عام ١٩١٧.» (اسحق دويتشر، النبي المسلح، الصفحة ١٧٦)

إن هذا المقطع الذي كتبه دويتشر، والذي يستشهد به جونستون، لا ينفع إلا لتوضيح العقلية البرجوازية الصغيرة تماما لصاحبه. سنتطرق لـ «الأدوار الرائدة» التي اضطلع بها كامينيف وزينوفييف وستالين سنة ١٩١٧ في فصل لاحق. يكفي هنا فقط أن نشير إلى أن كامينيف وزينوفييف صوتا ضد انتفاضة أكتوبر ١٩١٧، وندد بهما لينين كـ «كاسري إضرابات» يجب طردهما من الحزب! لكن دعونا أولا نركز على المرحلة قيد النظر.

إن قول دويتشر بعدم «وجود إنجازات سياسية» صحيح تماما، لكن الأمر لا يتعلق بتروتسكي وحده بل **بالحركة الثورية كلها** خلال مرحلة الردة الرجعية. كيف كانت الأمور تسير مع البلاشفة في ذلك الوقت؟ شهدت مرحلة الردة الرجعية حدوث انقسام خطير في القيادة، حيث وجد لينين نفسه أقلية. كان المزاج السائد بين البلاشفة هو النزعة اليسارية المتطرفة - رفض الاعتراف بأن الثورة كانت في تراجع. وقد عبر هذا الاتجاه، الذي كان نقيض اتجاه التصفويين داخل المناشفة، عن نفسه في نزعة المقاطعة، أي الرفض التام للمشاركة في الانتخابات والعمل في البرلمان. فاتجه زملاء لينين المقربين: كراسين وبوغدانوف ولوناتشارسكي، بعيدا إلى «اليسار»، وقد سقط هذان الأخيران تحت تأثير التصوف الفلسفي، الذي كان انعكاسا آخر لمزاج اليأس الذي عززته الردة الرجعية.

وقد أثارت المعارك التكتلية المتواصلة، التي أنهكت الحزب الاشتراكي الديمقراطي في ذلك الوقت، ردة فعل على شكل نزعة توفيقية، أصبح تروتسكي المتحدث الرئيسي باسمها. وقد كان لهذه النزعة أنصار في كل المجموعات، بمن فيهم البلاشفة. في عام ١٩١٠، نجح تروتسكي في تأمين انعقاد اجتماع لقادة جميع الكتل في محاولة لطرد كل من التصفويين و«المقاطعين» للحفاظ على وحدة الحزب:

«إن النتيجة الوحيدة التي تمكن [تروتسكي] من تحقيقها هي انعقاد الجلسة العامة التي طرد خلالها «التصفويين» خارج الحزب، وكاد يطرد «الأماميين» [أي«المقاطعين»] واستطاع ولو مؤقتا رتق الفجوة - بخيوط ضعيفة جدا- بين اللينينيين والمارتوفيين.» (لوناتشارسكي، ظلال ثورية، الصفحة ٦١)

لم يكن تروتسكي وحده من يتبنى وجهة النظر هذه عن وحدة الحزب. ففي صيف عام ١٩١١، كتبت روزا لوكسمبورغ:

«الطريقة الوحيدة لإنقاذ الوحدة هي عقد كونفرانس عام لأناس **مبعوثين من روسيا، لأن الناس في روسيا جميعهم يريدون السلام والوحدة**، ويمثلون القوة الوحيدة التي يمكن أن توقف صراع الديكة في الخارج». (التشديد من عندنا)

لم تكن هذه الإشارة إلى المزاج السائد داخل حزب العمال في روسيا من قبيل الصدفة. لأنه طوال تلك الفترة كلها – تلك «الثلاث عشرة أو أربع عشرة سنة» الشهيرة - كان الرأي السائد بين مناضلي الحزب داخل روسيا أن الانشقاق إلى بلاشفة ومناشفة مصدر إزعاج لا لزوم له، وأنه نتاج للأجواء المسمومة لصراع المنفيين. إن الانطباع الذي يحاول خلقه أناس مثل جونستون ودويتشر حول حزب بلشفي موحد بقوة وراء أفكار لينين، ويسير بثبات في اتجاه صاعد نحو ثورة أكتوبر، هو سخرية من التاريخ.

لينين نفسه، ومنذ وقت مبكر، اشتكى في رسائله من النظرة الضيقة لما يسمى بـ «رجال اللجان»، أو العناصر البلشفية في روسيا. وقد صارت شكواه سيلا مستمرا من الاحتجاجات الغاضبة في فترة ١٩١٠-١٩١٤ ضد سلوك «أنصاره» في روسيا. تحسر مكسيم غوركي، الذي أمضى هذه الفترة يحوم في محيط البلاشفة، في مراسلاته مع لينين على «الخلافات بين الجنرالات» التي كانت «تنفر العمال» في روسيا. إن موقف «رجال اللجان» البلاشفة من الخلافات بين المهاجرين تعبر عنه بوضوح الرسالة التي بعثت من قبل أنصار للبلاشفة في القوقاز إلى الرفاق في موسكو:

«لقد سمعنا بالطبع عن «الزوبعة في الفنجان» التي حدثت في الخارج: كتلة لينين- بليخانوف، من جهة، وتروتسكي- مارتوف- بوغدانوف من جهة أخرى. إن موقف العمال من الكتلة الأولى، موقف إيجابي، على حد علمي. لكن العمال بشكل عام بدأوا ينظرون بازدراء إلى المهجر: دعوهم يزحفون على الجدار قدر ما يشاؤون، أما بالنسبة لنا، المهتمون بمصالح الحركة/ العمل، فسوف نعتني بأنفسنا! وهذا ما أعتقد أنه الأفضل».

تم اعتراض هذه الرسالة من قبل الشرطة القيصرية، التي أشارت إلى كاتبها بأنه «سوسو القوقازي»، الاسم المستعار لجوغاشفيلي، الملقب بستالين!

كان هذا الموقف المحتقر للنظرية، و«لمشاحنات المهاجرين»، و«الزوبعة في الفنجان» منتشرا بشكل واسع بين البلاشفة، وأثار احتجاجات حادة من قبل لينين، كما نرى في الرسالة المؤرخة بشهر أبريل ١٩١٢، التي وجهها إلى أورجونيكيدزه وسبانداريان وستاسوفا:

«لا تتعاملوا بتساهل مع حملة التصفويين في الخارج. إنه خطأ كبير عندما يرفض الناس ببساطة ما يدور في الخارج و«يرمون به إلى الجحيم».» (الأعمال الكاملة، المجلد ٣٥، الصفحة ٣٣)

النزعة التوفيقية المبتذلة لستالين وأورجونيكيدزه وغيرهما من البلاشفة «العمليين» الآخرين تبرز في أكثر أشكالها فظاظة، حيث لم تكن مدفوعة، لا بالانتهازية ولا بالرغبة في تحقيق وحدة ثورية، بل فقط بالجهل واللامبالاة اتجاه القضايا العميقة المعنية بالنقاش.

أعطى تصاعد الحركة العمالية في روسيا، عام ١٩١٢،انتعاشا جديدا للماركسيين - وللنزعات التوفيقية داخل الحزب. وقد عكست الجريدة البلشفية «برافدا» الصادرة حديثا هذا المزاج.

في نفس الوقت الذي كان فيه لينين يشن معركة شاملة لكي يفصل، مرة وإلى الأبد، الجناح الثوري للحزب عن الجناح الانتهازي، اختفت كلمة «التصفوية» نفسها من صفحات «برافدا». وطبعت مقالات لينين نفسه في شكل مشوه، حيث يحذف كل الجدال ضد التصفويين، بل وأحيانا كانت مقالاته تختفي

تماما. مراسلات لينين مع «برافدا» تبين بشكل واضح الوضع السائد في روسيا آنذاك: فبمجرد ما وجد «رجال اللجان» أنفسهم دون توجيه من لينين سقطوا في التخبط اليائس وانحرفوا عن المسار. في رسالة مؤرخة بشهر أكتوبر ١٩١٢، تطفح سخطا من فشل «برافدا» في فضح التصفويين، كتب لينين يقول:

«ما لم تقم «برافدا» بتفسير كل هذا في الوقت المناسب فإنها ستكون مسؤولة عن اللبس والاضطراب [داخل الحركة العمالية]... وفي هذا الوقت الحرج، يتم إغلاق «نيفسكايا زفيزدا» [جريدة بلشفية]، دون ولو كلمة أو تفسير... وترك المتعاونون السياسيون في الظلام... أجد نفسي مضطرا للاحتجاج الشديد على هذا، ولرفض تحمل أي مسؤولية عن هذا الوضع الشاذ، الذي يحبل بحدوث نزاعات حادة». (الأعمال الكاملة، المجلد ٣٦، صفحة ١٩٦)

خلال انتخابات ١٩١٢، كتب لينين إلى هيئة تحرير «برافدا» (التي كان ستالين عضوا فيها):

«... «برافدا» تتصرف الآن، في وقت الانتخابات، مثل خادمة عجوز كسولة. «برافدا» لا تعرف كيف تحارب. إنها لا تهاجم، إنها لا تنتقد حتى الكاديت أو التصفويين». (المرجع نفسه، ص ١٩٨)

ولم يكن مرض التوفيقية يقتصر على «برافدا» وحدها. ففي انتخابات عام ١٩١٢، تم انتخاب ستة نواب بلاشفة في المناطق العمالية (the worker›s curiae). وقد حذر لينين، من بولندا، المنتخبين الستة من السقوط تحت تأثير النواب المناشفة:

«إذا كان جميع منتخبينا الستة من المناطق العمالية، فإنه يجب عليهم ألا يخضعوا بصمت للسيبيريين [أي المثقفين، المناشفة]. يجب على الستة أن يخرجوا باحتجاج واضح جدا، إذا ما تم التحكم فيهم...»

وبدل ذلك شكل النواب البلاشفة «كتلة موحدة» مع «السيبيريين»، والتي أصدرت بيانا مشتركا - نشر في «برافدا»- يدعو إلى وحدة جميع الاشتراكيين الديمقراطيين ودمج «برافدا» مع جريدة التصفويين «لوش». وقد وضع أربعة من النواب البلاشفة أسمائهم، إلى جانب غوركي، كمساهمين في «لوش».

كان لينين غاضبا؛ لكن احتجاجاته ذهبت أدراج الرياح. وفي تعبير نهائي عن السخط كتب لينين:

«تلقينا رسالة غبية ووقحة من هيئة التحرير [أي «برافدا»]. سوف لن نرد عليها. كما **يجب عليهم التخلص من**... إننا نشعر بالقلق الشديد بسبب انعدام الأنباء عن خطة إعادة تنظيم هيئة التحرير... إعادة التنظيم، لكن هناك ما هو أفضل، **إن الطرد النهائي لكل الأعضاء القدماء، أمر ضروري للغاية**». (التشديد من عندنا)

مرة أخرى قال:

«... يجب علينا أن نزرع هيئة تحرير خاصة بنا في «برافدا» ونطرد هيئة التحرير الحالية. إن الأمور الآن في حالة سيئة جدا. إن عدم وجود حملة من أجل الوحدة من تحت أمر غبي وحقير... هل يمكنكم أن تسموا مثل هؤلاء الناس محررين؟ إنهم ليسو رجالا بل رقاعا رثة، وهم يضرون بالقضية».

كانت هذه هي اللغة التي استخدمها لينين عند مهاجمة، ليس تروتسكي، وليس المناشفة، بل التوفيقيين وأتباع المناشفة داخل منظمته، وهيئة تحرير صحيفته الخاصة! نعم لقد حمل لينين على كاهله، في تلك المرحلة، مهمة تأسيس «حزب ماركسي مستقر وممركز ومنضبط». ومن أجل بناءه، اضطر في أكثر من مناسبة إلى محاربة نفس ذلك الجهاز الذي كافح من أجل بناءه.

«البلاشفة القدماء» عام ١٩١٧

لقد حاول لينين طيلة فترة تاريخية بأكملها - أكثر حتى من «ثلاث عشرة أو أربع عشرة سنة» - تكوين قيادة وتعليم الكوادر البلشفية الأفكار الأساسية للماركسية وأساليبها وبرنامجها. وقبل كل شيء حاول جاهدا الحفاظ على الحركة العمالية بمنأى عن التلوث الإيديولوجي بالديمقراطية البرجوازية والبرجوازية الصغيرة. وأكد مرارا وتكرارا على الضرورة المطلقة لحفاظ الحركة العمالية على استقلاليتها التنظيمية الكاملة عن أحزاب الديمقراطية البرجوازية والانتهازيين الذين حاولوا جعل الحركة تحت جناح البرجوازية. وقد اتضحت الصحة المطلقة لموقف لينين عام ١٩١٧، عندما انتقل المناشفة إلى معسكر الديمقراطية البرجوازية.

ماذا كان موقف «البلاشفة القدماء» - من أمثال كامينيف وزينوفييف وستالين وغيرهم من أتباع لينين «المخلصين» عام ١٩١٧؟ **جميعهم دافعوا عن تقديم الدعم لحكومة كيرينسكي، والوحدة مع المناشفة، أي التخلي عن معسكر الماركسية من أجل الانتقال إلى معسكر الديمقراطية البرجوازية المبتذلة.** هؤلاء «البلاشفة القدماء»، الذين ناضل لينين من أجل تثقيفهم في الفترة السابقة، **لا أحد منهم نجح أمام اختبار الأحداث الحاسم.**

كيف كان من الممكن لقادة الحزب البلشفي، حزب لينين، الذين صقلوا في نار الصراع، والممتلكين للخط الصحيح منذ البداية: عام ١٩٠٣، أن ينكسروا في اللحظة الحاسمة وينتقلوا إلى معسكر الانتهازية؟ لا يمكن للقارئ الحائر أن يتوقع أي جواب من مونتي جونستون. فمؤرخنا «المحايد» و«العلمي» لا يعرف شيئا عن هذه الأحداث! فالتحول من فبراير إلى أكتوبر تم على ما يبدو دون ألم تماما، على يد البلاشفة «المتطورين» من الثورة الديمقراطية إلى الاشتراكية. يقول جونستون:

«والآن بعد أن تمت الإطاحة بالنظام الملكي وانتهت الثورة البرجوازية الديمقراطية، وصارت روسيا الآن جمهورية ديمقراطية، **عبأ لينين قوى الحزب البلشفي للمرحلة الثانية من الثورة**، والتي كان عليها نقل السلطة إلى أيدي البروليتاريا والفلاحين الفقراء وإخراج روسيا من الحرب الامبريالية» (Cogito، الصفحة ١١)

ماذا كان موقف القادة البلاشفة في روسيا قبل وصول لينين في أبريل ١٩١٧؟ في تناقض صارخ مع كل شيء علمه لهم لينين طوال فترة الحرب، دعت «برافدا»، التي كانت تحت رئاسة كامينيف وستالين، إلى **الدفاع عن الجمهورية الديمقراطية البرجوازية:**

كتب كامينيف قائلا: «عندما يواجه الجيش الجيش، يكون من أكثر السياسات تفاهة مطالبة أحد تلك الجيوش بإلقاء سلاحه والعودة إلى المنزل. لن تكون هذه سياسة للسلام، بل سياسة للعبودية، سيتم رفضها باشمئزاز من قبل الشعب الحر».

سياسة لينين بخصوص الانهزامية الثورية أعلنت الآن، من قبل الهيئة المركزية للحزب عشية الثورة، بكونها «أكثر السياسات تفاهة» وبكونها «سياسة للعبودية»! كما أعلنت أحد افتتاحيات «برافدا» في مكان آخر:

«إن شعارنا ليس هو شعار «فلتسقط الحرب» الذي لا معنى له. بل شعارنا هو الضغط على الحكومة المؤقتة بهدف إجبارها[!] على حث[!] كل الدول المتحاربة لإجراء مفاوضات فورية... وحتى ذلك الحين ليبقى الجميع في موقعه».

كانت سياسة ستالين وكامينيف اتخاذ موقف المقاومة الأقل، لدعم الحكومة المؤقتة «طالما تصارع ضد الردة الرجعية والثورة المضادة»، مع التشدق اللفظي بـ «الهدف النهائي للاشتراكية». إن تأجيل الثورة الاشتراكية إلى مستقبل بعيد، واعتبار أن «المهمة الفورية» هي الاستسلام لليبرالية البرجوازية والإصلاحية، ليس،

بالطبع، شيئا جديدا بالنسبة لقادة الحزب الشيوعي اليوم، والتي تمثل بالنسبة لهم جوهر «اللينينية»، على النحو المنصوص عليه في وثيقة «الطريق البريطاني إلى الاشتراكية» وسياسة الجبهة الشعبية. كانت تلك من حيث الجوهر نفس سياسة المناشفة، الذين وجد «البلاشفة القدماء» أنفسهم في تحالف حتمي معهم.

كيف عمل لينين، بعد عودته، على «تعبئة البلاشفة للمرحلة الثانية من الثورة»، عندما كان جميع الأعضاء القياديين يؤيدون الحكومة المؤقتة؟ من الواضح أن الرفيق جونستون، الذي يمر عبر هذه الأحداث في صمت، يشمئز من الخوض في آليات هذه «التعبئة» الرائعة. لكنه سيكون من «غير التاريخي» تماما من جانبنا ألا نتقدم لملئ الفراغات له.

من منفاه بالخارج، راقب لينين التطورات التي تحدث داخل الحزب بقلق. كتب مرارا وتكرارا إلى بتروغراد يطالب بالقطع مع البرجوازية وسياسة الدفاع عن الوطن. ويوم ٠٦ مارس ابرق من ستوكهولم:

«تكتيكنا هو **عدم الثقة مطلقا؛ عدم تقديم أي دعم للحكومة الجديدة، والارتياب في كيرينسكي على وجه الخصوص؛ تسليح البروليتاريا هو الضمانة الوحيدة؛ إجراء انتخابات فورية لمجلس الدوما في بتروغراد؛ لا للتقارب مع الأحزاب الأخرى.**» (التشديد من عندنا)

ويوم ١٧ مارس، كتب لينين:

«سيجلب حزبنا العار لنفسه إلى الأبد، وسيقتل نفسه سياسيا، إذا ما شارك في مثل هذا الخداع... **سأختار الانشقاق الفوري عن أي شخص داخل حزبنا بدلا من الاستسلام لنزعة الاشتراكية الوطنية**».

كانت كلمات لينين هذه تحذيرا واضحا إلى كامينيف وستالين، الذين استمرا مع ذلك في موقفهما، على الرغم من رفض قواعد العمال المناضلين، الذين استقال العديد منهم من الحزب اشمئزازا من استسلام القادة. ومباشرة بعد عودته من المنفى، فتح لينين معركة تكتلية حادة ضد «البلاشفة القدماء». وفي اجتماع لمندوبي البلاشفة إلى السوفييت، في أبريل ١٩١٧، تحدث لينين بمرارة عن مزاج الاستسلام الذي أصاب القيادة:

«المسألة الأساسية هي الموقف من الحرب. والشيء الرئيسي الذي يواجهك عندما تقرأ عن روسيا وترى ماذا يحدث هنا هو: انتصار نزعة الدفاع عن الوطن، انتصار خونة الاشتراكية، وخداع الجماهير من طرف البرجوازية...

«لا يمكننا السماح بأدنى تنازل لنزعة الدفاع عن الوطن في موقفنا من الحرب، حتى في ظل الحكومة الجديدة التي ما تزال إمبريالية...

«حتى بلاشفتنا يظهرون بعض الثقة في الحكومة. ولا يمكن تفسير ذلك إلا بتسمم الثورة. إنها موت الاشتراكية. إنكم أيها الرفاق تتبنون موقف الثقة في الحكومة. وإذا كان الأمر كذلك فإن طرقنا تفترق. إنني أفضل البقاء أقلية...

«تطلب «برافدا» من الحكومة أن تتخلى عن سياسة الالحاقات. إن مطالبة حكومة الرأسماليين بالتخلي عن سياسة الالحاقات هراء، إنه مهزلة مبكية... [صمت لبضعة دقائق]

«من وجهة النظر العلمية يشكل هذا خداعا فادحا، كل البروليتاريا الأممية، كل... [صمت لبضعة دقائق] لقد حان الوقت لنعترف بأخطائنا. لقد دبجنا ما يكفي من التحايا والقرارات، إنه وقت العمل». (الأعمال الكاملة، المجلد ٣٦، صفحات ٤٣٤- ٤٣٨)

وعندما تطرق إلى بيان المناشفة للسوفييت المعنون بـ «إلى شعوب العالم بأسره»، والذي نوهت به «برافدا» باعتباره «حل وسط واع بين الاتجاهات المختلفة الممثلة في السوفييت»، والذي صوت لصالحه مندوبو البلاشفة تحت تأثير من ستالين وكامينيف، أشار لينين:

«إن بيان سوفييت نواب العمال لا يتضمن ولو كلمة واحدة مشبعة بالوعي الطبقي. إنه مجرد كلام فارغ! إن الكلام ونفاق الشعب الثوري، هي الشيء الوحيد الذي دمر كل الثورات. الماركسية تعلمنا عدم الاستسلام للجمل الثورية، لا سيما في الوقت الذي تكون فيه العملة الأكثر رواجا». (المرجع نفسه، ص ٤٣٩)

من الذي انتقدهم لينين بالاستسلام «للجملة الثورية» أيها الرفيق جونستون؟ هل كان تروتسكي، الذي لم يكن حتى داخل البلاد في ذلك الوقت؟ كلا، أيها الرفيق جونستون، لقد كان ستالين وكامينيف، أولئك «البلاشفة المصقولين»، أولئك «اللينينيين» المخلصين الذين لعبوا «دورا هاما جدا داخل الحزب» في عام ١٩١٧! **قبل ثلاثة أيام من هذا الاجتماع، كان ستالين قد أعلن دعمه لقبول اقتراح المنشفي تسيرتيلي لتوحيد البلاشفة والمناشفة**. وقد كان مبرره لذلك هو أنه بما أن كلا الحزبين قد اتفقا على موقف بيان السوفييت، فإنه **لم تعد هناك أي اختلافات جوهرية من حيث المبدأ بين الحزبين**. وفي إشارة غير مباشرة من لينين إلى ذلك، أصدر تحذيرا شديدا:

«سمعت أن هناك اتجاها داخل روسيا نحو التوحيد، نحو الوحدة مع المدافعين عن الوطن. إن هذه خيانة للاشتراكية. وأعتقد أنه من الأفضل أن أبقى وحدي، مثل ليبكنخت: وحدي ضد ١١٠» (المرجع نفسه، ص ٤٤٣)

هذا ما لدينا هنا: «خيانة الاشتراكية»، «خداع الجماهير»، «هراء»، «مهزلة مبكية»، «الخداع فادح». هذه هي اللغة التي اضطر لينين إلى اللجوء إليها من أجل «تعبئة الحزب البلشفي» للثورة الاشتراكية! بعد نقد لينين الحاد انسحب ستالين من ساحة النقاش العام الذي انطبع بموقفه الاشتراكي الوطني، والتحق بهدوء بموقف لينين؛ بينما استمر كامينيف وزينوفييف في معارضتهما حتى أكتوبر، عندما صوتا ضد الانتفاضة وشنا حملة داخل وخارج الحزب ضدها. هذا هو «الدور المهم» الذي اضطلع به هؤلاء «البلاشفة القدماء» الذين عشية ثورة أكتوبر، طالب لينين بغضب بطردهم من الحزب.

يهاجم مونتي جونستون تروتسكي بسبب موقفه التوفيقي **قبل** عام ١٩١٧، لكنه نسي أن يذكر أن ستالين وشركائه كانوا واضحين جدا بشأن مسألة التوفيقية إلى درجة الدعوة إلى الوحدة مع المناشفة **قبل بضعة أشهر من ثورة أكتوبر**، في نفس ذلك الوقت الذي كان من الضروري طرح تلك الخلافات بين البلاشفة والمناشفة (أي بين الثورة والثورة المضادة) بأكثر الطرق حزما ووضوحا.

بعد أن أشرنا إلى هذا، من الضروري أن نضيف رغم كل شيء أن «البلاشفة القدماء» بكل إخفاقاتهم كانوا ثوريين أقحاح. لقد ارتكبوا خطأ، خطأ جوهريا، كان سيؤدي، لولا تدخل لينين وتروتسكي، إلى كارثة. ب**دون قيادة لينين وتروتسكي لم يكن للثورة الروسية أن تنجح سنة ١٩١٧**. إما ديكتاتورية العمال أو ردة كورنيلوفية[٦]: هكذا حدد لينين البدائل المطروحة في عام ١٩١٧. من دون الكفاح الذي خاضه لينين خصوصا، بكل سلطته الشخصية الهائلة، لا شك في أن الحركة كانت ستسقط تحت قبضة الردة الرجعية.

ومع ذلك وبالرغم من نقاط ضعفهما وتذبذبهما، لم يتعرض كامينيف وزينوفييف للمحاكمة، ولم يتهما بكونهما «عملاء للإمبريالية الألمانية»، ولم يتعرضا للتعذيب لانتزاع اعترافات كاذبة. في ظل التقاليد البلشفية، تقاليد التسامح والنسبية، ليس فقط لم يتعرض كامينيف وزينوفييف للطرد، بل لقد انتخبا عضوين في اللجنة المركزية والمكتب السياسي، أعلى مناصب المسؤولية. وحتى بعد ذلك، لم يتصرفا بشكل صحيح دائما، وارتكبا

٦ نسبة إلى كورنيلوف وهو جنرال روسي عيّن قائدا أعلى للقوات المسلحة التابعة للحكومة المؤقتة في يوليوز ١٩١٧، وانضم إلى الجيش الأبيض بعد الثورة البلشفية، وقتل على يد الجيش الأحمر في ابريل ١٩١٨ - المترجم -

أحيانا أخطاء كارثية: لكن لا يمكن تشبيه حتى أسوء أخطاء «البلاشفة القدماء» بسياسة الغدر والخيانة الصريحة للثورة من جانب البيروقراطية الستالينية وأتباعها الدوليين. إن تقاليد الستالينية التوتاليتارية وتقاليد البلشفية اللينينية يفصل بينهما نهر من الدماء.

تروتسكي والبلاشفة عام ١٩١٧

لقد رأينا كيف لجأ مونتي جونستون إلى خدمات «مؤلف سيرة تروتسكي المتعاطف للغاية، لكن الموضوعي للغاية أيضا» اسحق دويتشر. كثيرا ما التجأ جونستون إلى دويتشر، الذي يعفيه تماما من ضرورة النقل المؤلم من أعمال تروتسكي نفسه، ويقدم له بلطف ذلك النوع من الأحكام المسبقة المبتذلة عن سمات تروتسكي النفسية والمعنوية التي يستعملها كمسمار، حتى وإن كان صدئ، يعلق عليه «أطروحته» عن تروتسكي، الذي يظهر الآن منتصرا:

«الحقيقة هي... أنه بالرغم من انضمام تروتسكي إلى الحزب البلشفي في يوليوز١٩١٧، بفعل زخم[؟] ثورة أكتوبر القادمة[؟] التي سيلعب فيها ذلك الدور البارز[؟؟]، نجد خلال السنوات الأربع عشرة من حياة تروتسكي... عجزا تاما من جانبه عن تكريس نفسه في الفترة غير الثورية لمهمة بناء منظمة قوية يدرب نفسه في صفوفها، وبالتالي يكون على استعداد لامتلاك الانضباط الجماعي الذي ظهر من جديد بعد هدوء عواصف الثورة.» (Cogito، الصفحة ٠٧)

يريد جونستون أن يرسم صورة لتروتسكي باعتباره زعيما ثوريا، و«خطيبا رائعا»، يستمد الإلهام من «عواصف الثورة»، ومحرضا جماهيريا جيدا، لكنه يبقى أساسا فردانيا برجوازيا صغيرا، تنهار معنوياته بمجرد مرور الوضع الثوري. كل مؤلفه قطعة عجيبة من الكلمات الانطباعية: وهو مثل كل أعمال الانطباعيين، تبدو جيدة، عن بعد، إن أبقيت عينيك نصف مغلقتين...

إننا نسأل الرفيق جونستون أولا: كيف كان من الممكن لهذا «الخطيب الرائع» الانضمام إلى الحزب البلشفي «بفعل زخم» شيء لم يكن قد حدث بعد؟ يحاول مونتي جونستون بوضوح تبديل تاريخ انضمام تروتسكي إلى البلاشفة إلى ما بعد ثورة أكتوبر، («بجرة قلم») كما يقال. لكن لا، لأن مثل هذا التشويه سيكون كبيرا جدا حتى بالنسبة لصديقنا جونستون؛ مما دفعه على مضض إلى جعل تروتسكي ينضم إلى الحزب «بفعل زخم ثورة أكتوبر القادمة!»

رغم ذلك هناك صعوبة أخرى صغيرة، وهي أن تروتسكي نفسه، وبعبارة مونتي جونستون، لعب «دورا بارزا» في تحقيق هذه الثورة «القادمة». في الواقع لقد انضم تروتسكي رسميا إلى الحزب البلشفي ليس عندما كان الحزب في قمة موجة ثورية، على وشك الاستيلاء على السلطة، كما يزعم جونستون، بل على العكس من ذلك تماما، عندما كانت حظوظه تبدو في أدنى مستوياتها خلال فترة الردة الرجعية التي تلت «أيام يوليوز»، عندما كان لينين مختفيا وكان الكثير من البلاشفة في السجن.

لماذا انضم تروتسكي إلى البلاشفة سنة ١٩١٧؟ أولا وقبل كل شيء **لأنه لم تعد هناك أي خلافات سياسية** بينهما. فقد التقى المقال الذي كتبه تروتسكي في أمريكا في شهر مارس ١٩١٧ مع خط تفكير «رسائل من بعيد» التي كتبها لينين، من سويسرا في نفس الوقت. هل كان ذلك الاتفاق صدفة أيها الرفيق جونستون؟ إذا حكمنا على المسألة من وجهة نظرك الخاصة لجدالات الماضي بين لينين وتروتسكي، يصير أي استنتاج آخر غير ممكن. لكن ماذا إذن عن الدور المخزي الذي لعبه «البلاشفة القدماء» في هذه الفترة؟ لقد كانوا هم بالضبط هؤلاء الرجال الذين، وفق تعبيرك، «جهزوا أنفسهم داخل الحزب» و«تربوا على الانضباط الجماعي»

في الفترة السابقة؛ هل كان ذلك أيضا «صدفة»؟ لقد أكد لينين، في رسالته الأخيرة إلى مؤتمر الحزب (١٩٢٣)، على أنه لم يكن صدفة. كما لم يكن صدفة، أيها الرفيق جونستون، أن أكثر مؤيدي لينين ثباتا في معركته ضد تذبذب «البلاشفة القدماء» في عام ١٩١٧، كان هو تروتسكي وليس أي أحد سواه.

إن كل الغاية من النظرية الثورية، وبناء الحزب الثوري، هي القيام بالثورة. خلال «عواصف الثورة» على وجه التحديد، عندما تقع الحركة الثورية تحت ضغوط حادة من قوى طبقية أخرى، حيث توضع جميع النظريات والرجال والأحزاب على محك الاختبار الحاسم. إن السبب في أن «البلاشفة القدماء» فشلوا في هذا الاختبار، والسبب في أنهم وجدوا أنفسهم تائهين بشكل يرثى له في عاصفة الثورة، **هو على وجه التحديد، لأنهم في كل الفترة السابقة فشلوا في استيعاب وفهم طرق وأفكار لينين التي كانت طرق وأفكار الماركسية الثورية.**

كان «البلاشفة القدماء» مكتفين، في الفترة السابقة، بـ «تجهيز أنفسهم داخل الحزب»، عبر إتباع خطى لينين بخطوات عرجاء، وبتكرار ميكانيكي لأفكاره، التي كانت تتحول بين أيديهم إلى تمائم لا معنى لها. وكانت النتيجة هي أنهم في اللحظة الحاسمة، عندما صار من الضروري القيام بانعطاف جذري، ترددوا و«فقدوا رؤوسهم» وعارضون لينين... وسقطوا في معسكر المنشفية. بينما تروتسكي، من ناحية أخرى، الذي سار في طريق مختلف، وصل إلى نفس الاستنتاجات التي توصل إليها لينين عبر طريق آخر. منذ تلك اللحظة، صارت جميع الخلافات القديمة إلى مزبلة التاريخ... لينبش عنها مرة أخرى الستالينيون بعد وفاة لينين، في محاولة لإطاحة تروتسكي من القيادة.

منذ اللحظة الأولى لوصول تروتسكي إلى بتروغراد في شهر ماي ١٩١٧، تحدث وتصرف بتضامن مع البلاشفة. وفي تعليقه على ذلك، قال المناضل البلشفي راسكولينكوف ما يلي:

«ليون دافيدوفيتش [تروتسكي] لم يكن رسميا في ذلك الوقت عضوا في حزبنا، لكنه في واقع الأمر كان يعمل داخله باستمرار منذ يوم وصوله من الولايات المتحدة. وعلى أية حال، فمباشرة بعد أول خطاب له في مجلس السوفييت، نظرنا إليه جميعا كواحد من قادة حزبنا». (Proletarskaya Revolutsia، ١٩٢٣، الصفحة ٧١)

وعن خلافات الماضي يقول نفس الكاتب:

«أصداء خلافات الماضي خلال فترة ما قبل الحرب اختفت تماما. لم تعد هناك أي اختلافات موجودة بين خط لينين التكتيكي وخط تروتسكي. صار ذلك الانصهار، الذي كان في الإمكان ملاحظته بالفعل خلال مرحلة الحرب، تاما ونهائيا منذ لحظة عودة تروتسكي إلى روسيا. منذ أول خطاب علني له شعرنا جميعا نحن اللينينيين القدماء بأنه واحد منا.» (المرجع نفسه، ص ١٥٠)

وإذا كان تروتسكي لم ينضم رسميا على الفور إلى الحزب البلشفي، فإن ذلك لم يكن بسبب أي خلافات سياسية (كان قد أعلن استعداده للانضمام فورا خلال مناقشة مع لينين ورفاقه)، بل لأن تروتسكي كان يرغب في كسب تنظيم ميزرايونتسي (مجموعة ما بين الجهات) التي كانت تضم حوالي ٤٠٠٠ عامل من بتروغراد والعديد من الشخصيات البارزة مثل أوريتسكي وجوفي ولوناتشارسكي وريازانوف وفولودارسكي، وغيرهم من المناضلين الذين لعبوا لاحقا أدوارا بارزة في قيادة الحزب البلشفي. وعن هذه المجموعة تؤكد مذكرة للينين نشرت في روسيا بعد الثورة ما يلي:

«فيما يتعلق بمسألة الحرب تبنت مجموعة ميزرايونتسي موقفا أمميا، وقد كانوا قريبين في تكتيكاتهم من البلاشفة». (الأعمال الكاملة، المجلد ١٤، الصفحة ٤٤٨)

وعن مؤتمر سوفييتات عموم روسيا الذي عقد في مطلع شهر يونيو، والذي كان ما يزال تحت سيطرت المناشفة والاشتراكيين الثوريين، لاحظ أ. هـ كار (E. H. Carr) ما يلي:

«كان تروتسكي ولوناتشارسكي بين المندوبين العشرة «للاشتراكيين الديمقراطيين المتحدين» الذين دعموا بقوة البلاشفة طوال الأسابيع الثلاثة للمؤتمر.» (الثورة البلشفية، المجلد ١، الصفحة ٨٩)

من أجل تسريع انضمام مجموعة ميزرايونتسي إلى البلاشفة، وهو الشيء الذي جرت معارضته من قبل بعض القيادات، كتب تروتسكي في «برافدا» البيان التالي:

«**ليست هناك** من وجهة نظري في الوقت الحاضر [أي يوليوز] أي **خلافات سواء من حيث المبدأ أو في التكتيكات بين «مجموعة ما بين الجهات» وبين المنظمات البلشفية**. وبالتالي لا توجد أسباب تبرر الوجود المستقل لهذه المنظمات». (التشديد من عندنا)

في هذا الوقت الصعب والخطير، كتب تروتسكي رسالة إلى الحكومة المؤقتة، تستحق أن تنشر بنصها الكامل، بالنظر إلى الضوء الذي تسلطه على العلاقات بين تروتسكي والبلاشفة في ١٩١٧. الرسالة مؤرخة في ٢٣ يوليوز ١٩١٧:

«الوزراء المواطنون:

«لقد علمت أنه في علاقة مع أحداث ١٦-١٧ يوليوز[7]، صدر أمر قضائي بالقبض على لينين وزينوفييف وكامينيف، لكن ليس علي. وأود، بالتالي، أن ألفت انتباهكم إلى ما يلي:

١- أنا أتفق مع الأطروحات الرئيسية للينين وزينوفييف وكامينيف، ودعوت لها في جريدة «فبريود» وفي خطاباتي العامة.

٢- كان موقفي تجاه أحداث ١٦-١٧ يوليوز نفس موقفهم.

أ) علمنا: كامينيف وزينوفييف وأنا لأول مرة بالخطط المقترحة لفرقة سلاح المدفعية وغيرها من الفرق خلال الاجتماع المشترك للمكاتب [اللجان التنفيذية] في ١٦ يوليوز. وقد اتخذنا خطوات فورية لمنع الجنود من الخروج. أبلغ زينوفييف وكامينيف البلاشفة، وأبلغت أنا تنظيم ما بين الجهات [أي مجموعة ميزرايونتسي] الذي أنتمي إليه.

ب) لكن عندما خرجت المظاهرات، على الرغم من الجهود التي بذلناها ألقينا، رفاقي البلاشفة وأنا، العديد من الخطب أمام قصر توريد، والتي دافعنا خلالها عن الشعار الرئيسي للجماهير: «كل السلطة للسوفييتات»، لكننا، في الوقت نفسه، دعونا هؤلاء المتظاهرين، سواء منهم الجنود أو المدنيين، إلى العودة إلى ديارهم وثكناتهم بطريقة سلمية ومنظمة.

ج) وفي كونفرانس انعقد في قصر توريد في وقت متأخر من ليلة ١٦-١٧ يوليوز، بين بعض البلاشفة ومنظمات الأحياء، دعمت فكرة كامينيف بأنه ينبغي القيام بكل شيء لمنع تكرار التظاهر يوم ١٧ يوليوز. عندما، مع ذلك، علم من طرف المحرضين، الذين وصلوا من مختلف الأحياء، أن الفيالق وعمال المصانع قد قرروا بالفعل أن يخرجوا، وأنه كان من المستحيل منع الحشود من الخروج حتى انتهاء الأزمة الحكومية، وقد اتفق جميع الحاضرين على أن أفضل شيء يفعلونه هو توجيه المظاهرة في مسارات سلمية، ويطلبون من الجماهير ترك أسلحتهم في المنزل.

---

٧ «أحداث ١٦-١٧ يوليوز»: الإشارة هنا إلى المظاهرة المسلحة التي نظمتها وحدات الجيش المناهضة لكيرينسكي، ولا سيما فوج المدفعية. حاول البلاشفة إقناع الجنود بأن تحركهم سابق لأوانه، لكنهم فشلوا في منع المظاهرة من الحدوث. وقد تم استغلال الحدث من طرف كيرينسكي وشركائه للتحضير لقمع البلاشفة، في ردة أيام شهر يوليوز.

د) خلال يوم ١٧ يوليوز، والذي قضيته في قصر توريد، قمنا أنا والرفاق البلاشفة أكثر من مرة بحث الجماهير في هذا الاتجاه.

٣- إن واقع أنني لا علاقة لي مع «برافدا» ولست عضوا في الحزب البلشفي لا يعود إلى وجود خلافات سياسية، ولكن لظروف معينة في تاريخ حزبنا فقدت الآن كل معنى.

٤- ومحاولة الصحف خلق الانطباع بأنني «لا علاقة لي» مع البلاشفة تملك من الحقيقة بقدر ما يملك ذلك التقرير الذي يزعم أنني طلبت من السلطات حمايتي من «عنف الغوغاء»، **ومئات الشائعات الكاذبة الأخرى التي تنشرها تلك الصحافة نفسها.**

«بناء على كل ما قلته، من الواضح أنه لا يمكنكم استبعادي منطقيا من أمر القبض الذي أصدرتموه على لينين وكامينيف وزينوفييف[8]. ولا يمكن أيضا أن يكون هناك أي شك في أذهانكم حول أني معارض سياسي عنيد مثل هؤلاء الرفاق المذكورين أعلاه. إن تركي في الخارج يؤكد فقط على الغطرسة المضادة للثورة التي تكمن وراء الهجوم على لينين وزينوفييف وكامينيف.»

(من: عصر الثورة الدائمة، صفحات ٩٨- ٩٩، التشديد من عندنا)

طوال هذه الفترة كلها، أعرب تروتسكي، في عشرات المناسبات، عن اتفاقه مع موقف البلاشفة. في الأيام الأكثر صعوبة، عندما اضطر الحزب إلى العمل السري، وعندما اضطر لينين وزينوفييف إلى مغادرة البلد إلى فنلندا، وكان كامينيف في السجن، وتعرض البلاشفة للافتراءات المخزية بكونهم «عملاء لألمانيا»، تحدث تروتسكي علنا للدفاع عنهم، وربط موقفه بموقفهم. مونتي جونستون يعرف كل هذا. إنه يعرف ذلك ويمر عليه في صمت. كل ما لديه ليقوله حول هذا هو:

«بسبب «عجرفته الهائلة» يبدو أن تروتسكي اعتقد حقا أن الحزب البلشفي قد تخلص من النزعة البلشفية («de-bolshevised»)، وعلى هذا الأساس، قرر الانضمام إليه.» (Cogito، صفحة ١٤)

لم تكن عبارة «تخلص من النزعة البلشفية» من إنتاج تروتسكي، بل من إنتاج «المحايد» إسحاق دويتشر، أما «العجرفة الهائلة» فنجدها في كتاب لوناتشارسكي «ظلال ثورية» حيث نقرأ ما يلي:

«تروتسكي شخصيا سريع الغضب وذو طبع استبدادي. لكن وبعد انضمامه إلى البلاشفة، كان لينين هو الشخص الوحيد، الذي اتخذ تروتسكي إزاءه موقفا يتسم بمرونة لبقة مؤثرة. وبذاك النوع من التواضع الذي يتسم به جميع الرجال العظام حقا يعترف [تروتسكي] بأسبقية لينين.»

وفي الصفحة ٤٣ من نفس المؤلف نجد:

«وعندما مرض لينين، مرض موته، أصبنا بالرعب، ولا احد أعرب عن مشاعرنا أفضل من تروتسكي. ووسط الاضطرابات المروعة للأحداث العالمية كان تروتسكي، الزعيم الآخر للثورة الروسية، الرجل الذي لا يميل أبدا إلى العاطفة، هو من قال: «عندما تدرك أن لينين قد يموت، يبدو أن حياتنا جميعا عديمة الجدوى، وتفقد الرغبة في الحياة.»»

نترك لقارئ هذه السطور حرية اتخاذ القرار بشأن الجزء الذي تظهر فيه «العجرفة الهائلة» في تصوير العلاقة بين اثنين من أعظم الثوار في عصرنا.

بعد ذلك بعامين، أشار لينين إلى أن البلشفية في عام ١٩١٧ «استقطبت جميع أفضل العناصر في تيارات الفكر الاشتراكي التي كانت قريبة إليها.» لمن تشير هذه الأسطر أيها الرفيق جونستون؟ إلى المناشفة اليساريين والاشتراكيين الثوريين اليساريين؟ لكن معظم تلك العناصر كانت قد قطعت بالفعل مع البلشفية بحلول عام ١٩١٨. إن هذه السطور تشير بوضوح إلى تروتسكي ومجموعة ميزرايونتسي. إن موقف لينين المتميز

٨ وصلت السلطات إلى الخلاصات اللازمة وألقت القبض على تروتسكي بعد ذلك بوقت قصير

تجاه مجموعة ميزرايونتسي يظهر من حقيقة أنه في الوقت الذي كان يحث على تشديد شروط العضوية لحماية الحزب من تدفق عناصر غير موثوق بها، **ألغيت فترة الاختبار بالنسبة لمجموعة ميزرايونتسي، التي سمح لأعضائها بحساب مدة عضويتهم داخل الحزب البلشفي ابتداء من الوقت الذي انضموا فيه إلى مجموعتهم**.

كان هذا الإجراء دليلا على اتفاق البلاشفة مع تأكيد تروتسكي على أنه **لا توجد أي اختلافات تكتيكية أو سياسية بين المجموعتين**. وخلال المؤتمر نفسه الذي أنظمت فيه مجموعة ميزرايونتسي إلى الحزب البلشفي، انتخب صاحب «العجرفة الهائلة» تروتسكي إلى اللجنة المركزية، وكان واحدا من الأسماء الأربعة (مع لينين وزينوفييف وكامينيف) الذين أعلن أنهم حصلوا على أعلى عدد من الأصوات (١٣١ صوت من أصل ١٣٤).

مدرسة ستالين للتزوير

«سيكون من غير التاريخي في الواقع، إذا ما قمنا، عند تقييمنا لتروتسكي، بتجاهل نضاله ضد البلشفية خلال السنوات الأربع عشرة الأولى من وجودها - أو النظر إلى أن هذه المسألة منتهية عبر الاستشهاد بملاحظة يزعم أن لينين قالها عن سلطة تروتسكي في ١٩١٧ (في خضم الثورة وبعد أن لم يقض هذا الأخير في الحزب سوى أقل من أربعة أشهر) بأنه منذ أن فهم تروتسكي استحالة الوحدة مع المنشفيك، «لم يعد هناك بلشفي أفضل منه».» (Cogito، صفحة:٨)

هكذا ينهي مونتي جونستون الجزء الأول من كتابه «البعيد المدى والمعقد، لكن المفيد للغاية» عن تاريخ البلشفية. وبما أن لديه طريقته الخاصة في استخدام المصادر، فإنه يرفض الاعتراف بملاحظة «يزعم» أن لينين أدلى بها «عن سلطة تروتسكي». ما هي تلك الملاحظة، ولماذا قالها لينين؟

خلال اجتماع للجنة بتروغراد في ١٤ نوفمبر ١٩١٧، تحدث لينين عن خطر النزعات التوفيقية داخل قيادة الحزب، **والتي ما زالت تشكل تهديدا حتى بعد ثورة أكتوبر**. يوم ١٤ نوفمبر، وبعد أحد عشر يوما على نجاح الانتفاضة، استقال ثلاثة من أعضاء اللجنة المركزية (كامينيف وزينوفييف ونوغين) احتجاجا على سياسات الحزب، وأصدروا إنذارا نهائيا (ultimatum) للمطالبة بتشكيل حكومة ائتلافية تضم المناشفة والاشتراكيين الثوريين، «وإلا فإن الطريق الوحيد الذي سيبقى هو الحفاظ على حكومة بلشفية بحتة عن طريق الإرهاب السياسي». وأنهوا بيانهم بتوجيه نداء إلى العمال من أجل «المصالحة الفورية» على أساس شعارهم «تحيا حكومة مشكلة من كل الأحزاب السوفييتية»!. بدا أن هذه الأزمة ستدمر كل المكاسب التي حققتها ثورة أكتوبر. وردا على خطورة الوضع، دعا لينين إلى طرد هؤلاء القادة. في ظل هذا الوضع حيث ألقى لينين خطابه الذي ينتهي بعبارة: «لا تصالح! من أجل حكومة بلشفية متجانسة». وفي النص الأصلي لخطاب لينين نجد الكلمات التالية:

«أما بالنسبة للائتلاف فإنني لا أستطيع أن أتحدث عنه بجدية. لقد قال تروتسكي منذ فترة طويلة إن الاتحاد مستحيل. لقد فهم تروتسكي هذا الأمر، ومنذ ذلك الوقت فصاعدا **لم يعد هناك بلشفي أفضل منه**».

بعد وفاة لينين، شنت الزمرة الحاكمة: ستالين وكامينيف وزينوفييف، حملة منهجية لتزوير التاريخ، تهدف إلى التقليل من شأن دور تروتسكي في الثورة وتعزيز أدوارهم. وللقيام بذلك، كان عليهم أن يخترعوا أسطورة «التروتسكية»، لحفر هوة بين موقف تروتسكي وموقف لينين و«اللينينيين» (أي هم أنفسهم). وبدأ المؤرخون المبتذلون في النبش في ركام قمامة الجدالات القديمة التي كانت قد نسيت منذ فترة طويلة من قبل أولئك الذين شاركوا فيها: **نسيت لأن جميع المسائل التي أثيرت خلالها كانت قد حلت بفضل تجربة**

أكتوبر وبالتالي لم يعد لها سوى أهمية تاريخية مجردة. لكن العقبة الخطيرة في طريق المزيفين كانت هي ثورة أكتوبر نفسها. وقد تمت إزالة هذه العقبة عن الطريق حذف اسم تروتسكي تدريجيا من كتب التاريخ، من خلال إعادة كتابة التاريخ، **وأخيرا من خلال المنع الصريح لكل إشارة تظهر ولو بشكل بسيط دور تروتسكي.**

مونتي جونستون نفسه يسوق مثالا جيدا على ذلك: في طبعة ١٩٣٤ لكتاب ستالين «ثورة أكتوبر» نجد العبارة التالية:

«كل المهام العملية في العلاقة مع تنظيم الانتفاضة أنجزت في ظل القيادة المباشرة للرفيق تروتسكي، رئيس مجلس سوفييت بتروغراد. ويمكن القول بالتأكيد أن الحزب مدين في المقام الأول وبشكل أساسي إلى الرفيق تروتسكي في الانتقال السريع للحامية العسكرية إلى جانب السوفييت والطريقة الفعالة التي نظم بها عمل اللجنة الثورية العسكرية».

يقول مونتي جونستون: «لقد تم شطب هذا المقطع **بشكل غير مبرر** من نص المقال المنشور في أعمال ستالين، موسكو، ١٩٥٣، الجزء الرابع، ص ١٥٧» (التشديد من عندنا)

«شطب **بشكل غير مبرر**» هي لغة رجل **تفاجئ** وغضب بسبب بعض التفاصيل البسيطة وغير المتوقعة. لكن لا يوجد شيء يثير الدهشة حيال ذلك، ودهشة الرفيق جونستون كاذبة تماما. فهو يدرك جيدا أن كل كتب التاريخ السوفياتية **حتى وقتنا الحاضر لا تتألف إلا من الروايات الخاطئة والكاذبة تماما حول الثورة الروسية، وخاصة حول دور تروتسكي.** كانت تشويهات ١٩٢٤ شديدة الوقاحة على الرغم من أنها لم تكن سوى ممهد للحظة التي سيستبدل فيها ستالين ما كتب أعلاه ويكتب ما يلي:

«لم يلعب الرفيق تروتسكي أي دور خاص، سواء داخل الحزب أو في انتفاضة أكتوبر، ولم يكن في مقدوره أن يلعب أي دور باعتباره كان عضوا جديد نسبيا في حزبنا في فترة أكتوبر». (ستالين: الأعمال الكاملة، موسكو، طبعة ١٩٥٣)

ولم يكن هذا بدوره سوى خطوة أخرى نحو الانحطاط الشامل للبيروقراطية الستالينية التي اتهمت ليس فقط تروتسكي، بل كل القيادة «البلشفية القديمة» بكونها متعاونة مع الفاشية الألمانية من أجل إسقاط الاتحاد السوفياتي. ومن بين التهم التي تم توجيهها خلال محاكمات الثلاثينات السيئة الذكر، اتهام بوخارين، الذي وصفه لينين في وصيته المحضورة «المفضل لدى الحزب كله»، بالتخطيط لاغتيال لينين في عام ١٩١٨!

وقد نشرت هذه الملاحظة التي «يزعم أن لينين قالها عن سلطة تروتسكي» في الطبعة الأصلية من محضر لجنة بتروغراد، لكنها اختفت في وقت لاحق على أساس أنه قد تم نسخ خطاب لينين بشكل غير صحيح من قبل مقرر اللجنة. مما لا شك فيه إن النص كله، كما هو الحال مع العديد من خطب لينين، قد تم تحريره بشكل سيء، مليء بالثغرات والجمل غير المكتملة. **لكن لم يتم حذف سوى صفحة واحدة: الصفحة التي تحتوي على تصريحات لينين حول تروتسكي.** في كتابه: «مدرسة ستالين في التزوير»، استنسخ تروتسكي صورة للصفحة المذكورة. ويوجد الأصل في محفوظات تروتسكي، إلى جانب قدر كبير من المواد الأخرى التي تم حضرها في الاتحاد السوفياتي. مونتي جونستون لا يشكك في صحة الوثيقة. إنه لا يجرؤ على ذلك: فلقد أكد صحتها ليس فقط كل المؤرخين الجديين للثورة الروسية، **بل أيضا تلك الوثائق المنشورة من قبل البيروقراطية السوفياتية بعد المؤتمر العشرين، بما في ذلك «وصية» لينين المحضورة، والتي نشرت من قبل المعارضة اليسارية في روسيا، والتروتسكيين في الخارج قبل ثلاثين عاما من قيام الزمرة السوفياتية الحاكمة**

بنشرها للعموم. بطبيعة الحال، لم يعملوا على نشر سوى جزء صغير من الوثائق التي تظهر معارضة لينين لستالين. لكن ما زالت الكمية الأكبر من الوثائق وراء الأبواب الموصدة بإحكام، في القسم «المغلق» من مكتبة لينين، المتاح فقط لـ «مؤرخي» الحزب المأجورين.

يمكن التأكد من صحة ما قاله لينين من خلال السياق الذي كان يتحدث فيه. كان يتحدث بشأن مسألة النزعة التوفيقية، لم يكن هناك قبل الحرب مدافع مفوه عنها أكثر من تروتسكي. كان تروتسكي يعتقد، على أساس تجربة ثورة ١٩٠٥، أن نهوضا ثوريا جديدا سيدفع أفضل العناصر من بين المناشفة إلى اليسار، ويمكن من تحقيق الوحدة مع البلاشفة. ولقد أثبتت الأحداث نفسها عدم صحة هذا الموقف. تروتسكي، في عام ١٩١٧، اعترف بخطئه دون تردد وألغى من ذهنه بشكل نهائي أي فكرة للتوحيد مع المناشفة. لكن كتلة «البلاشفة القدماء»، من جهة أخرى، تشبثوا بعناد بأوهامهم التوفيقية **حتى بعد الاستيلاء على السلطة**. إن ما كانوا يطالبون به في نوفمبر ١٩١٧ كان بمثابة الردة (restoration)، أو الثورة المضادة بثوب ديمقراطي. سنطرح على مونتي جونستون سؤالا مباشرا: من الذي تصرف كبلشفي حقيقي في عام ١٩١٧، هل هو تروتسكي أم من كانوا يسمون أنفسهم «البلاشفة القدامى»؟ إنه لن يجيب. لكن لا مشكلة فقد قدم لينين الجواب عن هذا السؤال في اجتماع لجنة بتروغراد في نوفمبر ١٩١٧.

في الصفحة ٢١ من مؤلفه يستشهد جونستون بفقرات من رسالة لينين الأخيرة إلى المؤتمر -الوصية المحضورة الشهيرة- والتي لم تصبح متاحة لقواعد الأحزاب الشيوعية من قبل قادة الاتحاد السوفياتي إلا بعد المؤتمر العشرين. نقل جونستون ما قاله لينين حول السمات الشخصية لتروتسكي، ولكنه يغفل جملة واحدة وثيقة الصلة جدا بمؤلفه. **لقد أكد لينين، في كلمته الأخيرة للحزب الشيوعي الروسي، على انه لا ينبغي أن يستخدم ماضي تروتسكي غير البلشفي ضده.**

وقد خصص مونتي جونستون أكثر من نصف مؤلفه للنبش عن كل ما يمكن أن يجده من الجدل الأكثر غموضا الذي يعود إلى الفترة السابقة لـ ١٩١٧. لكنه تغافل عن الاستشهاد **بكلمة لينين الأخيرة عن تروتسكي وعلاقته بالحزب البلشفي، قبل عام ١٩١٧.**

بالنسبة للينين، كما هو الشأن بالنسبة لتروتسكي، شكل عام ١٩١٧ نقطة تحول حاسمة، مما يجعل كل الجدل القديم مع تروتسكي بدون معنى. وهذا هو السبب الذي جعل لينين لم يشر إليها مطلقا بعد عام ١٩١٧. وهذا هو السبب أيضا الذي جعل تروتسكي، في ١٩٢١، يخبر أولمينسكي أنه لا معنى لنشر رسالته إلى شخيدزه. مونتي جونستون يلمح، على هذه الأسس، إلى أن تروتسكي كان مذنبا باستعمال نفس أساليب التزوير التي كان يستعملها ستالين!

يقول جونستون: «عندما سأله أولمينسكي، رئيس لجنة تاريخ الحزب، عما إذا كان ينبغي نشر [الرسالة إلى شخيدزه]، أجابه أن ذلك «غير مناسب»، مضيفا بطريقة أبوية أن: «القارئ اليوم لن يفهم، ولن يجري التعديلات التاريخية اللازمة، وسوف يشعر فقط باللبس». **كان هذا بالضبط هو السبب الذي دفع ستالين إلى حضر وتزييف الوثائق التاريخية، وهو ما ندد به تروتسكي في السنوات اللاحقة بشكل صحيح**» (Cogito صفحة ٧، التشديد من عندنا)

بما أن مونتي جونستون لم يقم أيضا بأدنى محاولة لشرح السياق التاريخي لهذه الرسالة - أو أي وثيقة أخرى- فإن دوافعه لاستخدامها واضحة تماما. نأمل أن نكون قد قدمنا بعض الأفكار حول «الدافع» الحقيقي لتروتسكي في هذه الفترة (١٩١٣)، أي رغبته في توحيد الحركة الماركسية. وفي كتابه «دفاعا عن الماركسية»، يفسر

تروتسكي بشكل واضح أسباب موقفه. جونستون يقتبس من هذا العمل، لكن بنفس الطريقة الانتقائية المعتادة، حيث لم يستشهد سوى بجملة واحدة وهي: «لم أكن قد تخلصت في تلك الفترة وخصوصا في المجال التنظيمي من سمات ثوري برجوازي صغير». دعونا نستشهد بكلمات تروتسكي دون الاختصارات «المناسبة»:

«لدي في ذهني ما كان يسمى بكتلة غشت لسنة ١٩١٢. لقد شاركت بنشاط في هذا التكتل. وبمعنى ما كنت أنا من خلقها. من الناحية السياسية كنت اختلف مع المناشفة حول جميع المسائل الأساسية. وكنت اختلف أيضا مع البلاشفة اليساريين المتطرفين، الفبريوديين. في الاتجاه السياسي العام كنت أقرب كثيرا إلى البلاشفة. لكنني كنت ضد «النظام» اللينيني لأنني لم أكن قد تعلمت بعد أنه من أجل تحقيق الهدف الثوري لا بد من حزب ملتحم وممركز بحزم. لذلك شكلت تلك الكتلة المؤقتة التي كانت مكونة من عناصر غير منسجمة والتي كانت موجهة ضد الجناح البروليتاري للحزب.

«كان للتصفويين فرقتهم داخل كتلة غشت، كما كان للفبريوديين أيضا ما يشبه الفرقة. كنت أنا من كتب معظم الوثائق وقد كان الهدف من خلال تجنب الخلافات المبدئية خلق ما يشبه الإجماع حول «المسائل السياسية الملموسة». لم تتضمن كلمة واحدة عن الماضي! وقد عرض لينين كتلة غشت لانتقادات لا ترحم ووجهت أقسى الضربات إلي. لقد أثبت لينين أنه ما دمت لا أتفق سياسيا لا مع المناشفة ولا مع الفبريوديين فإن السياسة التي كنت أتبعها كانت مغامرة. كان هذا قاسيا لكنه كان صحيحا.

«لأبدي «ظرف التخفيف» اسمحوا لي أن أشير إلى واقع أن المهمة التي وضعتها على كاهلي لم تكن دعم الفرقة اليمينية أو اليسارية المتطرفة ضد البلاشفة، بل توحيد الحزب ككل. لقد استدعي البلاشفة أيضا إلى كونفرانس غشت. لكن بما أن لينين رفض رفضا قاطعا الوحدة مع المناشفة (وهو الموقف الذي كان محقا فيه بشكل كامل) وجدت نفسي في كتلة غير طبيعية مع المناشفة والفبريوديين. وظرف التخفيف الثاني هو هذا: إن ظاهرة البلشفية باعتبارها الحزب الثوري الحقيقي كانت تنمو لأول مرة - حيث لم يكن لها في ممارسة الأممية الثانية أي نظير. لكنني لا أسعى بذلك لتبرئة نفسي من الذنب. فعلى الرغم من مفهوم الثورة الدائمة الذي ظهر بلا شك باعتباره وجهة النظر الصحيحة، لم أكن قد تخلصت في تلك الفترة وخصوصا في المجال التنظيمي من سمات ثوري برجوازي صغير. كنت مصابا بمرض التوفيقية تجاه المناشفة وبعدم الثقة في المركزية اللينينية. مباشرة بعد كونفرانس غشت بدأت الكتلة تتفكك إلى الأجزاء المكونة لها. وفي غضون أشهر قليلة لم أصبح خارج الكتلة من حيث المبدأ فقط، بل وتنظيميا أيضا» (دفاعا عن الماركسية، الصفحة ١٤١)

هكذا يكشف تروتسكي بشكل مباشر وبنزاهة، أخطائه ويشرحها. ليست لجونستون، بطبيعة الحال، أي مصلحة في ترك تروتسكي يتحدث عن نفسه، بل فقط اقتطاع عبارات معزولة («مرض التوفيقية»، «ثوري برجوازي صغير») والتي يستخدمها بطريقة غير نزيهة تماما، وستالينية تماما. إنه يحاول **الخلط** (الوسيلة المفضلة لمدرسة التزوير الستالينية) بين ستالين وتروتسكي، الشيء الذي يعتبر إهانة. إن «هدفه» مزدوج: تشويه اسم تروتسكي بتصويره ككاذب ومزيف يخفي عمدا خلافاته السابقة مع لينين[!]؛ ومن جهة أخرى، محاولة أكثر بشاعة لتجميل الجرائم الستالينية الدموية، المبنية على عظام وأعصاب كائنات بشرية، من خلال وضع تلك الجرائم على نفس مستوى رسالة تروتسكي إلى أولمينسكي!

يستخدم مونتي جونستون هذه الرسالة من أجل تأكيد حججه حول «معارضة تروتسكي العنيفة» للينين. ويبدو أن بعض التعبيرات التي يستخدمها تروتسكي تؤكد ما يدعيه جونستون. لكن الاستشهاد بالرسالة كاملة تؤكد ما كتبه تروتسكي لأولمينسكي، حول أن القارئ لن يفهم الظروف التي تمت كتابة هذه الرسالة فيها، وأنه سوف يخرج باستنتاجات خاطئة، أي **بالضبط نفس الاستنتاجات الخاطئة التي يحاول مونتي جونستون أن يقنع قرائه بها اليوم**.

متى كتب تروتسكي هذه الرسالة ولماذا؟ يشرح تروتسكي بنفسه هذا في كتابه «حياتي»:

«لقد نشرت رسالتي ضد لينين إلى شخيدزه خلال هذه الفترة. يعود تاريخ تلك الرسالة إلى ابريل ١٩١٣، وسببها هو أن الجريدة الرسمية للبلاشفة التي كانت تصدر في سان بطرسبرغ أخذت عنوان جريدتي التي كنت أصدرها من فيينا، «برافدا- جريدة عمالية». وقد أدى ذلك إلى واحدة من تلك الصراعات الحادة الكثيرة الحدوث في حياة المنفيين. وفي رسالة خطية إلى شخيدزه، الذي وقف مرة بين البلاشفة والمناشفة، نفست عن غضبي على القيادة البلشفية وعلى لينين. بعد مرور أسبوعين أو ثلاثة كنت بدون شك سأخضع رسالتي لتنقيح كامل، أما بعد مرور سنة أو سنتين فقد صارت تبدو لي غريبة. لكن كان لتلك الرسالة مصير غريب. فقد تم اعتراضها من قبل الشرطة وبقيت في محفوظات الشرطة حتى اندلاع ثورة أكتوبر، حيث ذهبت إلى معهد تاريخ الحزب الشيوعي. كان لينين يعرف جيدا هذه الرسالة؛ وقد كانت تبدو له كما هو الحال بالنسبة إلي، من «بقايا ثلوج الأمس» لا أكثر. لقد كتبت الكثير من الخطابات من مختلف الأنواع خلال سنوات المنفى! وفي عام ١٩٢٤، أخرج رجال الصف الثاني تلك الرسالة من الأرشيف ورموا بها في وجه الحزب، الذي كان ثلاثة أرباع أعضائه آنذاك منخرطين جدد. ولم يكن من قبيل المصادفة أن الوقت الذي تم اختياره لهذا هو الأشهر القليلة مباشرة بعد وفاة لينين. كان هذا شرطا ضروريا لسببين: ففي المقام الأول، لم يعد في إمكان لينين أن ينهض ويسمي هؤلاء السادة بأسمائهم الحقيقية، وفي المقام الثاني، كانت جماهير الشعب غارقة في الحزن على وفاة زعيمها. ولا تملك أي علم عن ماضي الحزب. قرأ الناس تصريحات تروتسكي المعادية للينين وتفاجئوا. صحيح أن تلك الملاحظات كتبت قبل اثني عشر عاما، لكن لا معنى للتسلسل الزمني أمام الاقتباسات العارية. إن الاستغلال الذي قام به رجال الصف الثاني لرسالتي إلى شخيدزه هو واحد من أكبر عمليات الاحتيال في تاريخ العالم. إن الوثائق المزورة التي استعملها الرجعيون الفرنسيون في قضية دريفوس ليست شيئا بالمقارنة مع سياسة التزوير التي ارتكبها ستالين ورفاقه.» («حياتي»، صفحات ٥١٥- ٥١٦)

إن استخدام الستالينيين لهذه الرسالة هو مجرد واحد من أمثلة لا تحصى عن الأسلوب الخسيس الذي طوروه إلى درجة عالية من الإتقان. يمكننا القول إن الكثير من التعابير المستخدمة في تلك الرسالة، والتي يستغلها مونتي جونستون بشكل كبير، حادة وخاطئة. لكن هناك فرق كبير جدا بين كلمات قيلت في لحظة غضب مفاجئ أو في حرارة الجدل، وبين الافتراءات المدروسة والخبيثة التي يلجأ إليها الستالينيون بدم بارد. يرفع مونتي جونستون يديه بسخط ورع ضد عمليات التطهير الستالينية. لكنه لا يتردد في الرجوع إلى التزوير الذي طبخ من قبل زمرة ستالين وزينوفييف وكامينيف، بعد وفاة لينين. إن مونتي جونستون بترديده لهذه الأكاذيب والتزوير الخبيث، يكون بعيدا عن القطيعة مع أساليب ستالين، بل يعيد بعثها في ثوب جديد وبشكل أكثر «احتراما». لكنها ليست مختلفة مطلقا.

ليست «قضية» مونتي جونستون ضد تروتسكي جديدة ولا هي أصيلة. إنه فقط يغير افتراءات الثلاثينات القذرة التي انفضحت حول «تروتسكي الفاشي»، بالافتراءات «الخفية» السياسية المزعومة التي تعود إلى الفترة الأولى من صعود البيروقراطية في الاتحاد السوفياتي، في ١٩٢٤-١٩٢٩. في ذلك الوقت كانت أحداث أكتوبر ١٩١٧ ما تزال ماثلة في أذهان الناس مما يجعل من المستحيل توجيه الاتهام فورا إلى تروتسكي

بأنه عميل للإمبريالية الألمانية، وإلى بوخارين بمحاولة اغتيال لينين في عام ١٩١٨. بدلا من ذلك، تم تشجيع المؤرخين المأجورين السوفييت على التنقيب في الأرشيفات، لإيجاد نفس الحجج بالضبط حول «معارضة تروتسكي العنيفة» للحزب البلشفي التي يستعملها مونتي جونستون الآن باعتبارها مساهمته الفريدة في العلوم التاريخية. وبما أن مونتي جونستون لم يضف شيئا إلى تلك الافتراءات المنافقة التي قيلت قبل أربعين عاما، فمن المناسب السماح لتروتسكي بالدفاع عن نفسه، تماما كما فعل في رسالته إلى مكتب تاريخ الحزب في عام ١٩٢٤:

«كما سبق لي أن ذكرت عدة مرات، خلال خلافاتي مع البلشفية حول سلسلة من المسائل الأساسية، كان الخطأ في جانبي. للإشارة، بشكل تقريبي ومختصر، إلى طبيعة ومدى خلافاتي السابقة تلك مع البلشفية، سوف أقول ما يلي: خلال ذلك الوقت الذي وقفت فيه خارج الحزب البلشفي، وخلال تلك الفترة التي وصلت فيها خلافاتي مع البلشفية إلى أعلى مستوى لها، لم تكن أبدا المسافة التي تفصل بين وجهة نظري وبين وجهة نظر لينين أكبر من المسافة التي تفصل بين الموقف الحالي لستالين وبوخارين وبين أسس الماركسية واللينينية.»

الفصل الرابع: نظرية الثورة الدائمة

خصص مونتي جونستون ما لا يقل عن ثمانية صفحات من مؤلفه (حوالي الربع) من أجل «فضح» نظرية تروتسكي عن الثورة الدائمة، والتي يعارضها بشعار لينين «الديكتاتورية الديموقراطية للبروليتاريا والفلاحين». لقد طرحت هذه النظريات أول الأمر سنوات ١٩٠٤- ١٩٠٥، وتأكدت صحتها بشكل كامل على أساس التجارب الثورية لعام ١٩٠٥. سبق لنا أن رأينا أهمية الأفكار التي عرفتها النقاشات التي جرت بين صفوف الحركة الماركسية الروسية قبل عام ١٩١٤. لكن مونتي جونستون لا يخصص ولو جملة لكل ذلك. من الواضح أنه يرى أن أعضاء رابطة الشباب الشيوعي العاديين «غير مهتمين» بالصراعات الإيديولوجية التي شهدتها سنوات تكوّن البلشفية. نحن نختلف عن الرفيق جونستون بهذا الخصوص. نحن لا نقتصر في تحليلنا على الاقتباسات «الانتقائية للغاية» والمعزولة من سياقاتها، لأننا متأكدون أن جميع الأعضاء الجديين لرابطة الشباب الشيوعي والحزب الشيوعي، وجميع الأعضاء الواعين داخل الحركة العمالية عموما، يريدون أن يعرفوا **الحقيقة بخصوص هذه المسائل. وما هي بالضبط الخلافات حولها؟**

يصور مونتي جونستون المسألة كما لو أن الخلاف **الرئيسي** كان بين موقف لينين وموقف تروتسكي. إنه يقفز بسرعة على موقف المناشفة، وبالتالي يطرح النقاش **بطريقة خاطئة تماما**. دعونا نفحص المواقف الثلاثة ونرى العلاقة بين بعضها البعض.

اتفقت جميع تلك المواقف الثلاثة حول أن الثورة القادمة ستكون ثورة **ديمقراطية برجوازية**، أي ثورة ناتجة عن التناقض بين الاقتصاد الرأسمالي المتنامي وبين الدولة القيصرية الاستبدادية الشبه إقطاعية. لكن مجرد القبول **العام** بالطبيعة البرجوازية للثورة لا يجيب عن **السؤال الملموس** حول **من هي الطبقة** التي ستقود النضال الثوري ضد الاستبداد. افترض المناشفة، من خلال إجراء قياس على الثورات البرجوازية الكبرى في الماضي، أن الثورة الروسية ستكون بقيادة الديمقراطيين البرجوازيين والبرجوازيين الصغار، الذين على الحركة العمالية دعمهم.

لينين، من جهة أخرى، انتقد بقسوة المناشفة لكبحهم الحركة المستقلة للعمال وصب جام غضبه على محاولاتهم تملق البرجوازية «التقدمية». منذ عام ١٨٤٨، لاحظ ماركس أن البرجوازية الألمانية «الديمقراطية الثورية» لم تكن قادرة على لعب دور ثوري في النضال ضد الإقطاع، والذي فضلت القيام بصفقة معه خوفا من الحركة الثورية للعمال. كانت هذه هي المرة الأولى التي استعمل فيها ماركس نفسه شعار «الثورة الدائمة».

وسيرا على خطى ماركس، الذي كان قد وصف «الحزب الديمقراطي» البرجوازي بأنه «أكثر خطورة على العمال من الليبراليين السابقين»، أوضح لينين أن البرجوازية الروسية ليست حليفا للعمال، بل ستكون **لا محالة** إلى جانب الثورة المضادة.

كتب عام ١٩٠٥: «إن البرجوازية في مجموعها، ستنتقل حتما إلى معسكر الثورة المضادة، إلى معسكر الاستبداد، ضد الثورة وضد الشعب، وبمجرد ما سيتم تحقيق مصالحها الضيقة والأنانية، سوف «تنكص» عن الديمقراطية المتناسقة (وقد بدأت بالفعل تنكص عنها!)» (الأعمال الكاملة، المجلد ٩، الصفحة ٩٨)

ما هي الطبقة التي ستقود الثورة الديمقراطية البرجوازية من وجهة نظر لينين؟

«يبقى «الشعب»، أي البروليتاريا والفلاحون. وحدها البروليتاريا من يمكن الاعتماد عليها للسير حتى النهاية، لأن أفقها يتجاوز بكثير الثورة الديمقراطية. وهذا هو السبب الذي يجعل البروليتاريا تناضل في الطليعة من أجل الجمهورية وترفض بازدراء النصيحة الغبية والتافهة حول ضرورة أن تأخذ في الاعتبار احتمال نكوص البرجوازية». (المرجع نفسه)

ضد من وجهت هذه الكلمات؟ هل ضد تروتسكي والثورة الدائمة؟ دعونا نرى ما كان تروتسكي يكتبه في نفس الوقت الذي كتب فيه لينين ذلك:

«يؤدي هذا إلى واقع أن الصراع من أجل مصالح كل روسيا وقع على كاهل **الطبقة الثورية الوحيدة الموجودة الآن في البلد**، أي البروليتاريا الصناعية. لهذا السبب تكتسب البروليتاريا الصناعية أهمية سياسية بالغة، ولهذا السبب أيضا تحول الصراع من أجل تحرير روسيا من نير الحكم المطلق الذي يخنقها إلى **معركة واحدة بين الحكم المطلق وبين البروليتاريا الصناعية**، معركة واحدة يمكن للفلاحين أن يقدموا فيها مساعدة هامة، لكنهم لا يستطيعون أن يلعبوا دورا قياديا». (نتائج وتوقعات، الصفحة ١٩٨)

ويضيف أيضا:

«إن تسليح الثورة في روسيا يعني أولا وقبل كل شيء تسليح العمال. والليبراليون الذين يعلمون هذا ويخافونه يتفادون مسألة إنشاء الميليشيا من أساسها. بل إنهم يتخلون عن مواقعهم للحكم المطلق بدون قتال مثلما تخلى البرجوازي تير عن باريس وفرنسا لصالح بسمارك فقط للحيلولة دون تسليح العمال.» (المرجع نفسه، الصفحة ١٩٣)

في مسألة الموقف من الأحزاب البرجوازية (كما رأينا بالفعل) كانت أفكار لينين وتروتسكي تتلاقيان في تضامن كامل ضد المناشفة الذين اختبأوا وراء الطبيعة البرجوازية للثورة كستار لإخضاع حزب العمال للبرجوازية. وفي صراعهما ضد التعاون الطبقي أوضح كل من لينين وتروتسكي أنه **وحدها الطبقة العاملة، بتحالف مع جماهير الفلاحين، من يمكنها أن تنجز مهام الثورة البرجوازية الديمقراطية.**

وسيرا وراء الروايات الكاذبة تماما لدويتشر في «النبي المسلح»، يستنسخ مونتي جونستون كل الهراء القديم حول أن نظرية تروتسكي عن الثورة الدائمة مستمدة من بارفوس، الاشتراكي الديمقراطي الألماني الشهير، الذي انتقد لينين شعاره «لا قيصر بل حكومة العمال»، في عدة مناسبات. لم يطرح تروتسكي في أي وقت من الأوقات شعارا من هذا القبيل، وهو الذي أشار مرارا وتكرارا، سواء قبل أو بعد عام ١٩٠٥، إلى **الطبيعة الديمقراطية البرجوازية** للثورة.

لم تكن المسألة التي تناقش بين صفوف الحركة الاشتراكية الديمقراطية الروسية هي طبيعة الثورة (فلا أحد كان ينازع فيها)، **بل من هي الطبقة التي ستقودها.** وحول هذا السؤال تبلور **اتجاهان اثنان واضحا المعالم** داخل صفوف الحركة الاشتراكية الديمقراطية الروسية: من جهة رأى المناشفة، الذين كانوا يقولون إن الثورة «برجوازية»، وكأنهم يرددون ابتهالا دينيا، أنه على الحركة الماركسية تقديم التنازلات من أجل الاتفاق مع «الليبراليين»؛ ومن جهة أخرى كان هناك الذين أشاروا إلى جبن وضعف وخيانة البرجوازية، وطالبوا بالعمل المستقل للجماهير، تحت قيادة الطبقة الوحيدة الثورية المنسجمة: البروليتاريا، **ضد** البرجوازية إذا لزم الأمر. كانت هذه هي **خطتا الاشتراكية الديمقراطية** الشهيرة اللتان ناقشهما لينين في كتابه الذي ينقل منه مونتي جونستون، والذي يشوهه إلى درجة لا تصدق.

ويصل جونستون إلى قاع المستنقع حقا عندما يكرر الافتراءات القديمة حول أن نظرية تروتسكي تجاهلت دور الفلاحين في الثورة. يكرر جونستون افتراءات ستالين بأن تروتسكي في عام ١٩٠٥ «نسي ببساطة كل شيء عن الفلاحين كقوة ثورية، وطرح شعار «لا قيصر بل حكومة العمال»، والذي هو شعار لثورة دون طبقة الفلاحين.» (ستالين: الأعمال الكاملة، المجلد ٤، صفحة ٣٩٢)

إن ستالين، والآن مونتي جونستون، «نسي ببساطة» الشعار الذي طرحه تروتسكي **فعلا** في عام ١٩٠٥. **لا قيصر ولا زيمتسي (أي الليبراليين)، بل الشعب!** أي شعار يضم العمال والفلاحين. ويمكن إيجاد المنشور الذي يتحدث عن هذا، إضافة إلى العديد من النداءات إلى الفلاحين الذين «نسيهم» تروتسكي في الأعمال الكاملة لتروتسكي (المجلد ٢، الصفحة ٢٥٦) والتي طبعت في روسيا بعد ثورة أكتوبر.

أممية لينين

ماذا كان موقف لينين تجاه الفلاحين في الثورة؟ لقد أكد انه ينبغي تعبئة الفلاحين من طرف العمال من أجل إنجاز المهام الديمقراطية المناهضة للإقطاعية. لكن في اللحظة التي سيبدأ العمال فيها بالمضي قدما نحو الاشتراكية، ستبدأ التناقضات الطبقية في الظهور على السطح، وستبدأ الميولات البونابارتية الرجعية بين الفلاحين، والتي حذر لينين منها مرار، في التحول ضد البروليتاريا. وفي بلد حيث الغالبية العظمى من السكان تتألف من الفلاحين سوف يواجه النضال من أجل الاشتراكية أكثر أشكال المعارضة قوة وعنادا من جانب الفئات الغنية بين الفلاحين. إلا أن مونتي جونستون يقول إن لينين قد تصور بالفعل، في عام ١٩٠٥، «تنامي» الثورة الديمقراطية إلى الاشتراكية في روسيا حيث يقول:

«بينما تحدث لينين في هذه الفترة عن بداية النضال من أجل الثورة الاشتراكية بعد «النصر الكامل» للثورة الديمقراطية، مع «تحقيق المطالب الآنية للفلاحين»، وبالتأكيد [!] لم يتوقع أن تأتي الثورة الاشتراكية في غضون ثمانية أشهر اللاحقة، لكنه كان يعتبر أن العامل الرئيسي في تحديد نقطة الانتقال من الواحدة إلى الأخرى هي «درجة قوتنا، قوة البروليتاريا المنظمة والواعية طبقيا». لقد أثبت التاريخ أنه كان على حق في رفضه استراتيجية تروتسكي التي تتوخى أساسا [؟] القيام بقفزة [؟] من القيصرية إلى أكتوبر، وتخطي فبراير[!]».(Cogito الصفحة ١٣)

يتلوى مونتي جونستون بشكل غير مريح فوق فخ نصبه للإيقاع بتروتسكي! إن التأكيد على أن نظرية الثورة الدائمة تتألف «أساسا» من «قفزة» من القيصرية إلى الثورة الاشتراكية، من دون أي مرحلة وسيطة، هو هراء بكل ما في الكلمة من معنى، وهو يثبت فقط أن مونتي جونستون إما لم يكلف نفسه عناء قراءة تروتسكي، أو أنه عاد إلى أساليبه «الموضوعية العلمية» القديمة. نود أن نسأل مونتي جونستون، وبصرف النظر عن أي شيء آخر، أين تكمن الطبيعة «الدائمة»، «وغير المنقطعة» للثورة إذا كان الأمر يتعلق بـ... «قفزة» من القيصرية إلى الاشتراكية؟

ولأن تشويهه لموقف تروتسكي في عام ١٩٠٥، لم يكفه حاول مونتي جونستون أن ينتقل إلى لينين أيضا! حيث جعله يقول أشياء تتناقض بشكل صارخ مع مواقفه، محولا زعيم ثورة أكتوبر إلى مهرج. فمن جهة يكرر جونستون إلى درجة تثير الغثيان أن لينين اعتبر الثورة **برجوازية** (بدون جدوى لأن الجميع، ما عدا رجال الصف الثاني الستالينيين، يتفقون على هذا)، ومن جهة أخرى، ينسب إلى لينين أنه قال في عام ١٩٠٥ بأن «الديكتاتورية الديمقراطية للبروليتاريا والفلاحين» سوف «تنمو» في اتجاه دكتاتورية البروليتاريا! دعونا نرى ماذا قال لينين حقا بشأن مسألة الطبيعة الطبقية لـ«الديكتاتورية الديمقراطية»:

«لكن بالطبع ستكون دكتاتورية ديمقراطية وليس اشتراكية. وستكون غير قادرة (دون سلسلة من مراحل وسيطة من التطورات الثورية) على التأثير على أسس الرأسمالية. يمكنها في **أحسن الأحوال** أن تحقق إعادة توزيع جذرية لملكية الأرض لصالح الفلاحين، وتقيم ديمقراطية ثابتة وكاملة، بما في ذلك تشكيل جمهورية، والقضاء على كافة المظاهر القمعية للعبودية الآسيوية... وإرساء الأسس لتحسين شامل في أوضاع العمال وارتفاع في مستوى معيشتهم، وأخيرا وليس آخرا ستحمل الحريق الثوري إلى أوروبا». (الأعمال الكاملة، المجلد ٩، الصفحة ٥٧)

موقف لينين واضح لا لبس فيه على الإطلاق: إن الثورة القادمة ستكون ثورة **برجوازية**، بقيادة البروليتاريا بالتحالف مع جماهير الفلاحين. **وأفضل** ما يمكن توقعه منها هو إنجاز المهام الديمقراطية البرجوازية الأساسية: توزيع الأراضي على الفلاحين، وجمهورية ديمقراطية، وما إلى ذلك. هذا، بالضرورة، لأن أي محاولة «للتأثير على أسس الرأسمالية» سيؤدي بالضرورة إلى دخول البروليتاريا في صراع مع جماهير صغار الفلاحين. ويحسم لينين المسألة قائلا: «إن الثورة الديمقراطية ثورة برجوازية في طبيعتها. وشعار التوزيع العام، أو «الأرض والحرية» هو شعار برجوازي.» (المرجع نفسه، ص ١١٢)

وبالنسبة للينين لم يكن هناك من مخرج آخر ممكن **على أساس بلد متخلف شبه إقطاعي مثل روسيا.** إن الحديث عن «نمو» الديكتاتورية الديمقراطية إلى الثورة الاشتراكية هو تحويل لكل تحليل لينين لعلاقة القوى بين الطبقات في الثورة إلى هراء.

بأي معنى كان لينين يشير إلى إمكانية الثورة الاشتراكية في روسيا؟ في الاقتباس الوارد أعلاه من «خطتا الاشتراكية»، يؤكد لينين أن الثورة الروسية لن تكون قادرة على التأثير على أسس الرأسمالية «دون سلسلة من مراحل وسيطة من التطورات الثورية». يسارع مونتي جونستون إلى ملء الحلقة المفقودة للينين: إن الشرط المسبق لعملية الانتقال من الثورة الديمقراطية إلى الثورة الاشتراكية هو: «درجة قوتنا، قوة البروليتاريا المنظمة والواعية طبقيا»، ويضيف أن التاريخ أثبت أن لينين كان على حق. إن التاريخ قد اثبت بالفعل أن لينين كان على حق، أيها الرفيق جونستون، لكن ليس لشيء لم يقله. دعونا نستغني عن خدمات الترجمة التي يقوم بها مونتي جونستون، ونسمح للينين بأن يتكلم بلسانه.

يواصل لينين الاقتباس أعلاه على النحو التالي؛ إن الثورة البرجوازية الديمقراطية في روسيا:

«ستحمل، أخيرا وليس آخرا، الحريق الثوري إلى أوروبا. إن مثل هذا النصر لن يحول بعد، بأي شكل من الأشكال، ثورتنا البرجوازية إلى ثورة اشتراكية؛ إن الثورة الديمقراطية لن تتجاوز على الفور حدود العلاقات الاجتماعية والاقتصادية البرجوازية، غير أن أهمية مثل هذا النصر على التطور المستقبلي لروسيا والعالم كله سوف تكون هائلة. لا شيء سيرفع الطاقة الثورية للبروليتاريا العالمية كثيرا، ولا شيء سيقصر الطريق المؤدي إلى انتصارها الكامل إلى ذلك الحد، مثل الانتصار الحاسم للثورة التي بدأت الآن في روسيا». (المرجع نفسه، الصفحة ٥٧)

تبرز هنا أممية لينين بجرأة في كل سطر. إنها أممية بالأفعال وليست بالكلمات فقط. أممية بعيدة كل البعد عن خطابات العطل التي يلقيها القادة الحاليون لحزب العمال والستالينيون. لم تكن الثورة الروسية بالنسبة للينين عملا مكتفيا ذاتيا، لم تكن «الطريق الروسي إلى الاشتراكية»! **لقد كانت بداية الثورة البروليتارية العالمية.** في هذا الواقع بالضبط تكمن الإمكانية المستقبلية للتحول من الثورة الديمقراطية البرجوازية إلى الثورة الاشتراكية في روسيا.

أبدا لم يحمل لا لينين ولا أي ماركسي آخر على محمل الجد الفكرة القائلة بأنه من الممكن بناء «الاشتراكية في بلد واحد»، وخاصة في بلد آسيوي فلاحي متخلف مثل روسيا. في مكان آخر يفسر لينين، الموقف الذي يعتبر ألف باء الماركسية، بأن الشروط اللازمة للتحول الاشتراكي للمجتمع كانت غائبة في روسيا، على الرغم من أنها نضجت تماما في أوروبا الغربية. وفي جداله ضد المناشفة في «خطتا الاشتراكية» كرر لينين موقف الماركسية الكلاسيكي بخصوص الأهمية الأممية للثورة الروسية:

«إن الفكرة الأساسية هنا هي فكرة تكررت مرارا من قبل فبريود [جريدة لينين] والتي أكدت أنه يجب علينا أن لا نخاف... من الانتصار الكامل للاشتراكية الديمقراطية في الثورة الديمقراطية، أي من الديكتاتورية الديمقراطية الثورية للبروليتاريا والفلاحين، **لأن مثل هذا الانتصار سوف يتيح لنا إيقاظ أوروبا؛ وبعد تخلصها من نير البرجوازية سوف تساعدنا البروليتاريا الاشتراكية في أوروبا بدورها على تحقيق الثورة الاشتراكية** «(المرجع نفسه، صفحة ٨٢، التشديد من عندنا)

هذا هو جوهر تشخيص لينين للثورة المقبلة في روسيا: لا يمكن للثورة أن تكون إلا برجوازية ديمقراطية (وليس اشتراكية)، لكن وفي نفس الوقت، وبسبب أن البرجوازية عاجزة عن لعب دور ثوري، فإن الثورة لا يمكن أن تُنجز إلا من طرف الطبقة العاملة، بقيادة الاشتراكية الديمقراطية، التي سوف تحرّض جماهير الفلاحين على دعمها. الإطاحة بالقيصرية، واقتلاع كل آثار الإقطاع، وإنشاء جمهورية سيكون له تأثير ثوري هائل على البروليتاريا في بلدان أوروبا الغربية المتقدمة. لكن الثورة في الغرب لا يمكنها أن تكون إلا ثورة **اشتراكية**، بسبب التطور الهائل للقوى المنتجة التي تراكمت في ظل الرأسمالية نفسها، والقوة الهائلة للطبقة العاملة والحركة العمالية في هذه البلدان. وأخيرا سوف تثير الثورة الاشتراكية في الغرب المزيد من الانتفاضات في روسيا، وبمساعدة البروليتاريا الاشتراكية في أوروبا، سيقوم العمال الروس بتحويل الثورة الديمقراطية، بالرغم من معارضة البرجوازية والفلاحين المعادين للثورة، إلى ثورة اشتراكية.

سيهز الرفيق جونستون رأسه بغضب قائلا «هذه ليس اللينينية، بل التروتسكية! لقد شوهتم أفكار لينين!» كلا على الإطلاق أيها الرفيق جونستون. إن المعنى واضح تماما. فلندع لينين يتحدث بلسانه:

«وهكذا، في هذه المرحلة، [بعد الانتصار النهائي لـ«الديكتاتورية الديمقراطية»] سوف تُنظّم البورجوازية الليبرالية، وكذلك الفلاحون الميسورون إضافة جزئيا إلى الفلاحين المتوسطين، الثورة المضادة. وستُنظّم البروليتاريا الروسية **إضافة** إلى البروليتاريا الأوروبية الثورة.

«في مثل هذه الظروف يمكن للبروليتاريا الروسية أن تحقق نصرا ثانيا. إن القضية لم تعد ميئوسا منها. إن النصر الثاني سيكون هو **الثورة الاشتراكية في أوروبا.**

«عمال أوروبا سيبينون لنا بعد ذلك «كيفية القيام بذلك»، عندها وبالتعاون معهم سنقوم بإنجاز الثورة الاشتراكية» (الأعمال الكاملة، المجلد ١٠، الصفحة ٩٢)

هنا وفي عشرات المناسبات الأخرى أعرب لينين عن فكرته بأوضح العبارات أن انتصار «ثورتنا البرجوازية العظيمة... سوف يعلن عصر الثورة الاشتراكية في الغرب» (الأعمال الكاملة، المجلد ١٠، صفحة ٢٧٦، التشديد من عندنا) ومهما لف مونتي جونستون ودار وحاول أن يضع الكلمات في فم لينين، فإنه لا يمكنه أن يغير حقيقة أن لينين، في عام ١٩٠٥، لم يرفض فقط فكرة «بناء الاشتراكية في روسيا وحدها» (حيث لم تتبادر إلى ذهنه هذه الفكرة قط)، **بل رفض حتى إمكانية إقامة العمال الروس لدكتاتورية البروليتاريا قبل الثورة الاشتراكية في الغرب.**

لينين وتروتسكي

ما هي الاختلافات بين أفكار لينين وتروتسكي؟ كما سبق لنا أن رأينا، كلاهما اتفقا حول **المسائل الجوهرية** للثورة: دور البرجوازية المعادي للثورة؛ الحاجة إلى العمال والفلاحين لإنجاز الثورة الديمقراطية؛ الأهمية الأممية للثورة، الخ. نشأت الخلافات من توصيف لينين للحكومة الديمقراطية الثورية التي ستنفذ مهام الثورة باعتبارها «الديكتاتورية الديمقراطية للبروليتاريا والفلاحين».

لقد انتقد تروتسكي هذه الصيغة بسبب غموضها؛ لأنها لم توضح **من هي الطبقة** التي ستمارس الديكتاتورية. كان غموض لينين متعمدا. لم يكن مستعدا ليقول مسبقا ما هو الشكل الذي ستتخذه الديكتاتورية الثورية. **إنه لم يستبعد حتى إمكانية أن يسود الفلاحون في الائتلاف.** وهكذا فإن صيغة «الديكتاتورية الديمقراطية للبروليتاريا والفلاحين» حملت، منذ البداية، طابعا رياضيا متعمدا - مع عدد غير معروف من المجاهيل التي على التاريخ أن يحلها. وقد أوضح لينين هذا في كتابه خطتا الاشتراكية:

«سيأتي الوقت عندما سينتهي النضال ضد الاستبداد الروسي، وتمر مرحلة الثورة الديمقراطية في روسيا، سيكون من السخافة آنذاك الحديث عن «وحدة الإرادة» بين البروليتاريا والفلاحين، حول الدكتاتورية الديمقراطية، إلخ. عندما سيحين ذلك الوقت سنتطرق لمسألة ديكتاتورية البروليتاريا الاشتراكية، وسنتحدث عنها بمزيد من التفصيل» (الأعمال الكاملة، المجلد ٩، الصفحة ٨٦)

وقد رد تروتسكي على فكرة لينين هذه قائلا إن الفلاحين لم يكونوا في أي وقت في التاريخ قادرين على لعب دور مستقل. وسوف يتقرر مصير الثورة الروسية من خلال نتيجة الصراع بين البرجوازية والبروليتاريا حول قيادة جماهير الفلاحين. إن الفلاحين إما أن يُستخدموا كأداة للثورة أو أداة للثورة المضادة. وفي جميع الحالات إن الأفق الوحيد الممكن للثورة هو إما ديكتاتورية البرجوازية، التي من شأنها أن تسقط في أحضان الرجعية القيصرية، أو **ديكتاتورية البروليتاريا بالتحالف مع الفلاحين الفقراء.**

ولا يمكن للحكومة الثورية، التي يسود فيها العمال تحت راية الماركسية، أن تتوقف في منتصف الطريق، وتقتصر على المهام البرجوازية، بل سوف تمر بالضرورة من مهام الثورة الديمقراطية إلى الاشتراكية. من أجل البقاء على قيد الحياة، سيكون على الديكتاتورية الثورية أن تشن الحرب ضد الرجعية داخل البلاد وخارجها. بعد ذلك يتفق تروتسكي مع لينين حول أن انتصار الثورة الروسية سيعطي زخما هائلا للثورة الاشتراكية في الغرب، التي ستأتي لمساعدة الدولة العمالية الروسية وتنجز مهام التحول الاشتراكي.

هذه، إذن، هي الجريمة البشعة التي ارتكبها تروتسكي ونظريته حول الثورة الدائمة في عام ١٩٠٥! كان هذا، وفقا لمونتي جونستون، هو ما وضعه «خارج الحزب»... أي التكهن مسبقا بما حدث بالفعل في عام ١٩١٧: شرح أن منطق الأحداث سيضع حتما الطبقة العاملة في السلطة! حتى لينين نفسه لم يكن مستعدا ليلزم نفسه بهذه المسألة في عام ١٩٠٥، كما سبق لنا أن رأينا.

من بين جميع الماركسيين كان تروتسكي وحده هو من توقع قيام ديكتاتورية البروليتاريا في روسيا قبل الثورة الاشتراكية في الغرب:

كتب تروتسكي سنة ١٩٠٥ قائلا: «من الممكن للعمال أن يصلوا إلى الحكم في بلد متخلف اقتصاديا قبل وصولهم إليه في بلد متقدم... إن الثورة الروسية سوف تخلق، من وجهة نظرنا، الظروف التي يمكن خلالها انتقال السلطة إلى أيدي العمال... وفي حال انتصار الثورة عليها أن تقوم بذلك... **قبل** أن يتمكن السياسيون البرجوازيون الليبراليون من فرصة استعراض كل مواهبهم في الحكم». (نتائج وتوقعات، الصفحة ١٩٥)

هل يعني هذا، أن تروتسكي كان ينفي الطبيعة البرجوازية للثورة، كما يزعم مونتي جونستون؟ يقول تروتسكي نفسه:

«أما بالنسبة للثورة في بداية القرن العشرين، **والتي مهامها المباشرة برجوازية هي أيضا** [التشديد من عندنا]، يظهر التوقع الأقرب هو حتمية، أو على الأقل احتمال، السيطرة السياسية للبروليتاريا. وسوف تعمل البروليتاريا على ألا تصير هذه السيطرة مجرد «مرحلة» عابرة، كما يأمل بعض الأدعياء الواقعيين. لكن يمكننا منذ الآن أن نتسائل: هل من الحتمي تحطم الديكتاتورية البروليتارية نتيجة اصطدامها بحدود الثورة البرجوازية؟ أم أنه من الممكن، في ظل الظروف التاريخية العالمية الحالية، أن تجد أمامها إمكانية اختراق هذه الحدود؟ ها نحن ذا أمام مسائل تكتيكية: **هل علينا العمل الواعي من أجل إقامة حكومة عمالية بقدر ما يؤدي تطور الثورة إلى جعل هذه المرحلة قريبة، أم علينا في هذه الفترة أن ننظر إلى السلطة السياسية على أنها بلية تلقي بها الثورة البرجوازية على كاهل العمال وسيكون من الأفضل لهم أن يتفادوها؟**» (نتائج وتوقعات، الصفحات ١٩٩- ٢٠٠، التشديد من عندنا)

هل أفكار تروتسكي موجهة حقا ضد لينين أيها الرفيق جونستون؟ أم هي موجهة ضد «الأدعياء الواقعيين»، مثل بليخانوف، الذين كانوا يخشون العواقب المترتبة عن الحركة المستقلة للعمال؟ وأين هي هنا «القفزة» من القيصرية إلى الثورة الاشتراكية، التي يؤكد لنا الرفيق جونستون أنها تشكل جوهر نظرية الثورة الدائمة؟

تتلخص توقعات تروتسكي لعام ١٩٠٥ في ما يلي: إن البرجوازية في روسيا عاجزة عن لعب أي دور ثوري. وحتما، سيؤدي تطور الثورة، في مرحلة معينة، إلى استيلاء العمال على السلطة، وبدعم قسم من الفلاحين. وحدها حكومة العمال والفلاحين من يمكنها إنجاز المهام التاريخية للثورة البرجوازية الديمقراطية. لكن وبمجرد وصولها إلى السلطة فإن البروليتاريا لن تتنازل عنها لصالح البرجوازية أو البرجوازية الصغيرة. يجب عليها أن تحكم قبضتها على السلطة عن طريق الانتقال من المهام البرجوازية الديمقراطية إلى التدابير الاشتراكية. أو بعبارة أخرى لا يمكن للحكومة الثورية، من وجهة نظر تروتسكي، أن تتخذ أي شكل آخر ما عدا **ديكتاتورية البروليتاريا**. عليها أن تشن حربا لا هوادة فيها ضد الثورة المضادة الداخلية، وللقيام بذلك لا بد لها أن تدفع بالعمال الاشتراكيين في الغرب إلى دعمها. لقد دافع تروتسكي، مثله مثل لينين، عن أفكار الماركسية الأممية ضد ضيق الأفق المنشفي. وفي مواجهة الأطروحة الانتهازية القائلة بأن الشروط «من أجل الاشتراكية غير موجودة في روسيا، **ولذلك** ينبغي على الثورة أن تبقى ضمن الحدود البرجوازية، أكد كل من تروتسكي ولينين على أن **شروط الاشتراكية ناضجة تماما على الصعيد العالمي**. لقد اعتبر كلا هذان الماركسيان العظيمان الثورة الروسية مجرد **حلقة أولى في سلسلة الثورة الاشتراكية العالمية**.

الثورة الدائمة في الممارسة: الجزء الأول

كل النظريات حول طبيعة الثورة الروسية التي طرحت قبل عام ١٩١٧ من قبل الماركسيين كانت بالضرورة ذات طابع **عام ونسبي** إلى هذا الحد أو ذاك. لم تكن مخططات معدة مسبقا أو توقعات فلكية، بل كانت **توقعات** تهدف إلى تمكين الحركة من دليل للعمل، من منظور، وهو ما يعتبر المهمة الأساسية للنظرية الماركسية.

ويمكن قياس صحة، أو خطأ، هذه النظريات ليس من خلال الاطلاع على **جدالات عام ١٩٠٥، بل فقط في ضوء ما حدث بالفعل**. كان انجلز مولعا جدا بالمثل القائل: «إن الدليل على وجود الكعكة أكلها»، في حين كان لينين كثيرا ما يستشهد بمقولة غوته: «إن النظرية رمادية اللون يا صديقي، لكن شجرة الحياة خضراء». وبالتالي فإنه بالنسبة للماركسي لا يمكن إثبات صحة أي نظرية ثورية إلا من خلال **تجربة الثورة نفسها**.

لقد أثبتت تجربة عام ١٩١٧ بشكل لافت للنظر توقع لينين وتروتسكي حول الدور الجبان والمعادي للثورة المضادة للبرجوازية، كما ظهر في ممارسات الحكومة المؤقتة التي جاءت إلى السلطة بعد ثورة فبراير. إن الاستيعاب العميق لأسلوب الماركسية هو ما جعل كلا من لينين وتروتسكي يفهمان على الفور، **وباستقلال عن بعضهما البعض**، طبيعة نظام كيرينسكي والموقف الذي ينبغي على العمال أن يتخذوه تجاهه. لقد وصل لينين في سويسرا، وتروتسكي في نيويورك، في وقت واحد إلى **الخلاصة** نفسها، أي إلى ضرورة المعارضة الحازمة للحكومة المؤقتة البرجوازية، والإطاحة بها من قبل الطبقة العاملة.

ماذا كان موقف «البلاشفة القدماء» الذين لعبوا «دور مهما» سنة ١٩١٧؟ **جميعهم دعوا إلى دعم الحكومة المؤقتة**. من بين كل الكوادر البلشفية الذين، على حد قول مونتي جونستون، «دربوا أنفسهم في صفوف الحزب» و«تربوا على الانضباط الجماعي» طيلة مرحلة كاملة، **لا أحد صمد أمام المحك الحاسم للأحداث.** نود أن نطرح على مونتي جونستون السؤال التالي: ماذا كانت فائدة كل الإعداد خلال الفترة الماضية: **ماذا كان الهدف من نضال لينين طيلة «الثلاث عشر أو أربع عشر سنة» لبناء «حزب ماركسي مستقر ومنضبط»، عندما فشل جميع «البلاشفة القدماء» في اللحظة الحاسمة في أن يكونوا في مستوى الحدث؟**

في عام ١٩٠٩، كتب تروتسكي:

«إذا كان المناشفة، الذين ينطلقون من الفكرة المجردة القائلة بأن «ثورتنا برجوازية»، قد وصلوا إلى تكييف كل تكتيكات البروليتاريا تبعا لسلوك البرجوازية الليبرالية قبل الاستيلاء على سلطة الدولة، فإن البلاشفة، وانطلاقا من فكرة مجردة مشابهة، «دكتاتورية ديمقراطية وليست اشتراكية»، وصلوا إلى فكرة تقييد البروليتاريا لذاتها، بعد استيلائها على سلطة الدولة، بحدود الديمقراطية البرجوازية. صحيح إن هناك فرقا كبيرا جدا بينهما في هذا الصدد: فبينما الجوانب المعادية للثورة في الفكرة المنشفية تبرز بقوة كاملة حاليا، فإن الصفات المعادية للثورة في الفكرة البلشفية ستشكل خطرا هائلا فقط في حال انتصار الثورة» (تروتسكي، ١٩٠٥، صفحة ٢٨٥)

مونتي جونستون الذي بتر السطرين الأخيرين في هذا المقطع من سياقهما، يحاول استخدامها كدليل آخر على عداء تروتسكي لموقف لينين. في الواقع **تمكن تروتسكي، في هذه الكلمات، من أن يتوقع في عام ١٩٠٩ بشكل صحيح الأزمة التي شهدتها صفوف الحزب البلشفي في عام ١٩١٧ والتي نتجت بالضبط عن التفسير الرجعي الذي قدمه «البلاشفة القدماء» لشعار لينين «الديكتاتورية الديمقراطية للبروليتاريا والفلاحين».**

عندما قدم لينين **موضوعات أبريل** الشهيرة للحزب، والتي دعا فيها إلى الإطاحة بالحكومة المؤقتة، نشرت باسمه وحده: لم يكن أحد من «قادة» الحزب مستعدا لربط اسمه مع موقف يتعارض بصورة مباشرة مع جميع النداءات والبيانات والمقالات والخطب التي أصدروها منذ ثورة فبراير. وبالضبط في اليوم التالي بعد نشر موضوعات لينين كتب كامينيف افتتاحية لجريدة برافدا تحت عنوان «خلافاتنا»، شدد فيها على أن الموضوعات لا تمثل سوى «الرأي الشخصي» للينين وحده. وانتهى المقال بالعبارات التالية:

«إن مخطط لينين العام يبدو أمرا غير مقبول، لأنه ينطلق من الافتراض بأن الثورة البرجوازية قد **انتهت** ويعول على التحول الفوري للثورة إلى ثورة اشتراكية».

لاحظ هذه الكلمات جيدا أيها القارئ: إنها ليست كلمات لينين وهو يجادل تروتسكي عن الثورة الدائمة، بل كلمات «البلشفي القديم» كامينيف وهو يوجه الاتهام إلى لينين بجريمة التروتسكية البشعة! تمثل حجج كامينيف وشركائه في عام ١٩١٧ محاكاة ساخرة لكلام بليخانوف في مؤتمر ستوكهولم لعام ١٩٠٦: لا بد للبروليتاريا من الاستيلاء على السلطة في الثورة **البروليتارية**، لكن الثورة **برجوازية**، وبالتالي **فعلينا ألا**

نأخذ السلطة! لقد دارت العجلة دورة كاملة، وظهر «ارتباك» «البلاشفة القدماء» بجلاء سنة ١٩١٧ في العودة إلى أفكار المناشفة الإصلاحية البالية. بقيت معادلة لينين «الجبرية» مفتوحة لسوء الفهم من هذا القبيل، في حين أن معادلة تروتسكي «الحسابية» كانت دقيقة للغاية.

سبق لماركس أن أشار منذ زمن بعيد إلى أن الانتهازية تحاول في الكثير من الأحيان أن تخبئ نفسها في زي الشعارات الثورية البالية، الشعارات التي استنفذت صلاحيتها الثورية. لذلك حاول «البلاشفة القدماء» سنة ١٩١٧، استخدام شعار «الديكتاتورية الديمقراطية للبروليتاريا والفلاحين» كقناع لإخفاء انتهازيتهم. في هذا السياق حيث كتب لينين ما يلي:

«لقد اثبت التاريخ بشكل تام صحة أفكار البلاشفة وشعاراتهم، **بوجه عام**؛ بيد أن الأمور قد جرت، في الواقع الملموس، بصورة **تختلف** عما كان بوسع المرء (أيا كان) توقعه: لقد جرت بصورة أكثر أصالة وأكثر تحديدا وأكثر تنوعا... إن «ديكتاتورية البروليتارية والفلاحين الثورية» قد صارت **بالفعل** واقعا، في شكل معين وإلى حد ما، في الثورة الروسية.» (مقتبسة من قبل مونتي جونستون، الصفحة ١١، لينين، المؤلفات المختارة، المجلد ٦، صفحة ٣٣)

يستنسخ مونتي جونستون هذا النص، من دون شرح السياق، من أجل إثبات أن لينين واصل الدفاع عن فكرة «الدكتاتورية الديمقراطية» في عام ١٩١٧. لكن كل المؤلف الذي اقتبس منه هذا الكلام - رسائل حول التكتيك- هو جدال ضد كامينيف وشركائه **هدفه إثبات العكس تماما!** إن اقتباس مونتي جونستون غير دقيق. إنه يدمج فكرتين معا، بينما هما في الأصل مفصولتان بفقرة كاملة، على النحو التالي:

«فإذا نسينا هذه الحقيقة، سنصير شبيهين بهؤلاء «البلاشفة القدماء» الذين لعبوا، أكثر من مرة، دورا مشؤوما في تاريخ حزبنا بترديدهم صيغة **محفوظة عن ظهر قلب** بغباء، بدلا من دراسة الصيغة المحددة والمميزات الجديدة للواقع الحي.» (المرجع نفسه. التشديد من عند لينين)

إن هذه الفقرة الصغيرة التي استبعدها جونستون «بطريق الخطأ» من منتصف الاقتباس توضح كل المسألة باختصار. يحاول لينين أن يشرح لـ «البلاشفة القدماء» أن شعار «الديكتاتورية الديمقراطية» ليس «صيغة فوق تاريخية» لكي يردد عند كل منعطف، بغض النظر عن التطور الفعلي للصراع الطبقي.

أكد لينين مرارا وتكرارا أنه ليست هناك حقيقة مجردة، **فالحقيقة دائما ملموسة**. إن محاولة البحث عن الخلاص في تكرار شعار استنفذ ضرورته شكلت قطيعة تامة مع الماركسية، وتراجعا عن المهام الملحة للثورة نحو السكولاستيكية. كان التجسيد التاريخي الملموس لـ «الديكتاتورية الديمقراطية» هو حكومة رأسمالية، تشن حربا إلحاقات امبريالية، حكومة عاجزة عن حل، أو حتى التعامل بجدية مع أي من المهام الأساسية للثورة الديمقراطية. لقد ملأ التاريخ الصيغة الجبرية «الديكتاتورية الديمقراطية» بمضمون **سلبي**.

يحاول مونتي جونستون، بسلسلة من اللف والدوران، أن يفسر أن حكومة كيرينسكي مثلت تحقيق الدكتاتورية الديمقراطية البرجوازية، كما هي منصوص عليها من قبل لينين في عام ١٩٠٥. لكن مهلا أيها الرفيق جونستون! ما هي مهام الديكتاتورية الديمقراطية التي حددها لينين في خطتنا الاشتراكية؟ أولا وقبل كل شيء إيجاد حل جذري للمسألة الزراعية، على أساس تأميم الأرض؛ ثانيا، إقامة جمهورية ديمقراطية على أساس الاقتراع العام والجمعية التأسيسية؛ واستبدال الجيش الحالي بالشعب المسلح. وإلى هذه النقاط يجب أن نضيف، في الظروف السائدة في عام ١٩١٧، التحقيق الفوري لسلام ديمقراطي. أليس الأمر كذلك أيها الرفيق جونستون؟ لكن إذا كانت حكومة كيرينسكي هي «الديكتاتورية الديمقراطية للبروليتاريا والفلاحين» (أي حكومة الثورة البرجوازية الديمقراطية)، **فلماذا لم تحل أيا من هذه المهام الأساسية للثورة البرجوازية الديمقراطية، ولم تكن قادرة على حل أي منها؟**

يقول مونتي جونستون إن ثورة فبراير كانت هي الثورة البرجوازية الديمقراطية (وإن «تروتسكي لا يحاول إنكار هذا»)، لكنه في نفس الوقت يقول إنها لم تتمكن من حل أي من مهام الثورة البرجوازية الديمقراطية. حقا أيها الرفيق جونستون، إن تروتسكي لم يحاول نفي ذلك. لقد فهم كل من لينين وتروتسكي أن حكومة كيرينسكي عاجزة عن معالجة هذه المشاكل بجدية؛ **لكن هذا يعود بالضبط إلى أنها كانت حكومة برجوازية، وليست حكومة للعمال والفلاحين. وحدها ديكتاتورية البروليتاريا، بالتحالف مع الفلاحين الفقراء، من يمكنها البدء في حل مهام الثورة الديمقراطية البرجوازية في روسيا.**

يقول مونتي جونستون بطريقة تفكير غريبة (إن أردنا وصفها بأدب):

«لم تكن ثورة فبراير ١٩١٧ نضالا للبروليتاريا ضد الوطن البرجوازي كما توقع تروتسكي، بل كانت إسقاطا للقيصرية بثورة برجوازية أنجزت من طرف العمال والفلاحين، كما توقع لينين. لم تنتقل السلطة إلى أيدي حكومة عمالية. بل تم تقاسمها بين سوفييتات (مجالس) نواب العمال والجنود، الذين يمثلون الديكتاتورية الديمقراطية للبروليتاريا والفلاحين [!] (كان الجزء الأكبر من الجنود فلاحين) وبين الحكومة المؤقتة الرأسمالية التي كانت تسلم لها طوعا [!] سلطتها» Cogito)، الصفحة١١)

هذا رائع حقا! كانت ثورة فبراير ثورة برجوازية أنجزت من قبل العمال والفلاحين الذين شرعوا «طوعا» يسلمون **سلطتهم** إلى الرأسماليين. لكن السؤال هو: كيف وصل العمال والفلاحون إلى تسليم السلطة «طوعا»، إلى البرجوازية التي، «كما توقع لينين»، كان من المحتم أن تلعب، وقد لعبت فعلا، دورا معاديا للثورة؟ إن الجواب على هذا السؤال يقدمه لينين نفسه. لقد تعامل لينين بازدراء مع هؤلاء الذين كانوا يأكدون على أنه يجب على البروليتاريا أن تطيع «القانون الحديدي للمراحل التاريخية»، وأنه لا يمكنها «تخطي فبراير»، وعليها أن «تمر من مرحلة الثورة البرجوازية»، والذين حاولوا بذلك إخفاء جبنهم وارتباكهم وعجزهم، من خلال الاختباء وراء «العوامل الموضوعية».

«لماذا لا يأخذون السلطة؟ يقول ستيكلوف: لهذا السبب وذاك. إن هذا هراء. الحقيقة هي أن **البروليتاريا ليست منظمة وواعية طبقيا بما فيه الكفاية**. يجب أن نعترف بهذا: **إن القوة المادية في يد البروليتاريا لكن اتضح أن البرجوازية مستعدة وواعية طبقيا**. هذه حقيقة بشعة، وينبغي أن نعترف بها بصراحة ووضوح، وينبغي أن نقول للشعب بأنهم لم يأخذوا السلطة لأنهم كانوا غير منظمين وغير واعين بما فيه الكفاية». (لينين، الأعمال الكاملة، المجلد ٣٦، الصفحة ٤٣٧، التشديد من عندنا)

لم يكن هناك أي سبب **موضوعي** لعدم قيام العمال - الذين امسكوا بزمام السلطة في أيديهم- بإسقاط البرجوازية في فبراير ١٩١٧، لا سبب سوى عدم الاستعداد، والافتقار إلى التنظيم وقلة الوعي. لكن هذا، كما أوضح لينين، كان مجرد الوجه الآخر للخيانة البشعة لثورة العمال من طرف كل تلك الأحزاب التي كانت تسمى أحزاب العمال والفلاحين. لولا تواطؤ المناشفة والاشتراكيين الثوريين داخل السوفييتات، لم يكن يمكن للحكومة المؤقتة أن تستمر ولو ساعة واحدة. هذا هو السبب الذي جعل لينين يوجه أشد الانتقادات اللاذعة لتلك العناصر داخل القيادة البلشفية الذين ربطوا الحزب البلشفي نفسه بعربة المناشفة والاشتراكيين الثوريين، مما أدى إلى نشر البلبلة واللبس بين صفوف الجماهير، وانحرف بهم عن الطريق إلى السلطة.

في محاولة للتشكيك في موقف تروتسكي، الذي صار الآن متطابقا مع موقف لينين، لا يعمل مونتي جونستون سوى على تكرار كل الهراء القديم الذي **استخدمه كامينيف وشركائه ضد لينين** في عام ١٩١٧. إن محاولاته الحفاظ على شعار «الديكتاتورية الديمقراطية» في وجه الثورة الدائمة غير نزيهة على الإطلاق. وبالتالي، فإن نفس المؤلف الذي يحاول أن يستخلص منه الاقتباسات للدفاع عن هذا الشعار - رسائل حول التكتيك- هو على وجه التحديد المؤلف الذي دفن فيه لينين نهائيا ذلك الشعار:

«كل من يتحدث **اليوم** عن «الديكتاتورية الديمقراطية للبروليتاريا والفلاحين» يتأخر عن موكب الحياة، وينتقل، بالتالي عمليا، إلى معسكر البرجوازية الصغيرة ضد الصراع الطبقي البروليتاري. إنه يستحق أن يرسل إلى أرشيف التحف «البلشفية» ما قبل الثورة (الذي يمكن أن يسمى أرشيف «البلاشفة القدماء»)». (لينين: رسائل حول التكتيك، المؤلفات المختارة، المجلد ٦، الصفحة ٣٤)

وفي إشارة منه إلى قوة الطبقة العاملة وعجز الحكومة المؤقتة، قال لينين:

«هذا الواقع لا ينطبق على المخططات القديمة. ينبغي على المرء أن يعرف كيف يكيف المخططات وفقا للوقائع، لا أن يردد كلمات حول «ديكتاتورية البروليتاريا والفلاحين»... كلمات صارت عموما بدون معنى» (لينين، المؤلفات المختارة، المجلد ٦، الصفحة ٣٥)

وأضاف:

«هل تعكس صيغة الرفيق كامينيف البلشفية القديمة التي تعلن أن «الثورة البرجوازية الديمقراطية لم تنته بعد» هذا الواقع؟ كلا إن هذه الصيغة قد شاخت. ولم تعد تصلح لشيء. إنها صيغة ميتة. وكل محاولة لبعثها وإحيائها ستكون بدون جدوى.» (المرجع نفسه، الصفحة ٤٠)

جميع جهود مونتي جونستون هي من دون جدوى. لينين نفسه تجاهل تماما شعار «الديكتاتورية الديمقراطية» في أبريل ١٩١٧. وأولئك الذين تعلقوا به لم يفعلوا ذلك بنية الدفاع عن «اللينينية» ضد «التروتسكية»، بل من أجل تغطية استسلامهم المذل لإصلاحية المناشفة. وإذا كان بإمكان لينين، في عام ١٩١٧، أن يزدري كثيرا أولئك الذين حاولوا إحياء صيغة «الديكتاتورية الديمقراطية للبروليتاريا والفلاحين» «الميتة... بدون معنى...بالية»، ماذا يمكننا أن نقول عن مونتي جونستون وقادة ما يسمى بالأحزاب الشيوعية، الذين يواصلون بعد مرور خمسين عاما على ذلك استخدام الشعار لأغراضهم الكلبية الخاصة والمعادية للثورة؟

الثورة الدائمة في الممارسة (٢)

إذا كانت الإشارات إلى نظرية الثورة الدائمة في أعمال لينين قبل ١٩١٧ شحيحة، فإن الإشارات إليها بعد الثورة منعدمة. وقد نشر كتاب تروتسكي عن الثورة الدائمة في روسيا وترجم إلى العديد من اللغات (بما في ذلك الإنجليزية) من قبل الأممية الشيوعية أثناء حياة لينين، من دون كلمة احتجاج أو انتقاد من طرف لينين أو «أغلبية أعضاء اللجنة المركزية» الأسطورية. ومع ذلك، فإنه في الأعمال الكاملة للينين، التي نشرتها الحكومة السوفياتية بعد الثورة، تظهر ملاحظة عن تروتسكي تحتوي على المقطع التالي:

«قبل ثورة ١٩٠٥ قدم نظريته الفريدة والتي تستقبل الآن بحفاوة حول الثورة الدائمة، مؤكدا أن الثورة البرجوازية عام ١٩٠٥ ستنتقل مباشرة إلى ثورة اشتراكية والتي ستكون الحلقة الأولى في سلسلة من الثورات الوطنية».

نجد هنا وصفا دقيقا لنظرية الثورة الدائمة بعيدا عن لف جونستون ودورانه. «استقبلت بحفاوة» بعد ثورة أكتوبر لأنها توقعت بدقة أحداث عام ١٩١٧.

في الصفحات ١٤-١٥ من مقالته، يحاول مونتي جونستون ضرب مصداقية نظرية الثورة الدائمة بطريقته المعتادة القائمة على بتر «متوازن» للاقتباسات:

«من الغريب ألا نجد في أي مكان من الكتابات التي ألفها لينين والخطب التي ألقاها في الفترة ما بين أبريل ١٩١٧ وحتى وفاته (والتي تستغرق ٢٣ مجلدا من المجلدات الـ ٥٥ في الطبعة الروسية الجديدة) ولو تلميحا على أن لينين كان على علم «بتحوله» إلى تبني نظرية تروتسكي «الثورة الدائمة» - مع العلم أن لينين لم يتردد أبدا في الاعتراف بأخطاء الماضي. ومن جهة أخرى نجد أن تروتسكي يعترف في أكثر من مناسبة بالعكس.

وهكذا أعادت أرضية المعارضة اليسارية سنة ١٩٢٧ نشر إعلان تروتسكي ورفاقه إلى الأممية الشيوعية في ١٥ دجنبر ١٩٢٦: «أكد تروتسكي للأممية أنه بخصوص تلك المسائل المبدئية التي تنازع على أساسها مع لينين، كان **لينين على حق**، وخصوصا **حول مسألة الثورة الدائمة والفلاحين**». وفي رسالة إلى العضو السابق في «المعارضة اليسارية» بريوبراجينسكي، الذي لم يتقبل نظريته، اعترف تروتسكي قائلا: «لقد بقي شعار الديكتاتورية الديمقراطية للبروليتاريا والفلاحين تقدميا من الناحية التاريخية حتى فبراير ١٩١٧». وحتى في كتابه «دروس أكتوبر» كتب قائلا إن لينين كان يهاجم من خلال شعار الديكتاتورية الديمقراطية للبروليتاريا والفلاحين مسألة التقدم نحو ديكتاتورية البروليتاريا الاشتراكية، بدعم من الفلاحين بطريقة ‹قوية وثورية شاملة› - في تناقض تام مع بيان له عام ١٩٠٩ حول أن: «سمات البلشفية المعادية للثورة تهدد بأن تصبح خطرا كبيرا... في حال انتصار الثورة».»(Cogito، الصفحات ١٤-١٥)

إن حجة جونستون في ما يتعلق بغياب تعليق في مؤلفات لينين بعد عام ١٩١٧ بخصوص مسألة الثورة الدائمة تدين نفسها. لقد كان لينين دائما دقيقا بشأن المسائل النظرية. ولم يكن ليسمح لمسألة نظرية حول أي قضية هامة أن تبقى دون حل. فبما أنه لم يكتب أي جدال سياسي ضد نظرية الثورة الدائمة بعد عام ١٩١٧، وسمح بنشر أعمال تروتسكي حول هذه المسألة من دون تعليق، ووافق على إشارة في الطبعة الرسمية لأعماله المختارة معربا عن الاتفاق مع هذه النظرية، فقد كان هذا ممكنا فقط لأنه بعد أن تم حل تلك المسائل من خلال ثورة أكتوبر، كان متفقا تماما مع تروتسكي حول هذه المسألة. لم تكن المسألة متعلقة «بتبني» لينين لأفكار تروتسكي، كما سبق لنا أن أوضحنا. فبعد عام ١٩١٧، لم يعد لكل الخلافات السابقة بينهما حول تقييم الثورة الروسية (وهي الخلافات التي، على أية حال، كانت ذات طابع ثانوي) سوى مغزى تاريخي بحت. أما بالنسبة إلى «أخطاء» تروتسكي المزعومة، فإن تروتسكي كان دائما على استعداد، ليس فقط للاعتراف بالأخطاء التي ارتكبها، بل بشرحها (وهو الشيء الذي لا يمكن بالتأكيد أن يقال عن قادة الحزب الشيوعي اليوم!) لقد شرحنا سابقا كيف أوضح تروتسكي خطأه بخصوص مسألة الحزب البلشفي. لكن فيما يتعلق بنظرية الثورة الدائمة، فإن «جريمة» تروتسكي الوحيدة التي لا يمكن للستالينيين أن يغفروها له أبدا - كانت هي أن **نظريته تأكدت بشكل باهر من خلال الأحداث.**

في الواقع، إن ما يهاجمه مونتي جونستون وغيره من «منظري» الحزب الشيوعي، تحت ستار انتقاد نظرية الثورة الدائمة، هو جوهر البلشفية الثوري وأسلوبها. في عام ١٩٢٤ اخترع كامينيف وزينوفييف وستالين بكلبية أسطورة «التروتسكية» لخدمة مصالح صراعهم التكتلي ضد تروتسكي. وقد كسبوا في هذا الصراع تأييد قويا من قبل بيروقراطية الدولة والحزب، التي رأت فيه نهاية للاضطراب الثوري وبداية مرحلة من السلام و«النظام» يمكنهم خلالها التمتع بالامتيازات التي كانوا قد اكتسبوها خلسة. وكان تبني ستالين لـ «نظرية» الاشتراكية في بلد واحد أمرا لم يتمكن كامينيف وزينوفييف، الذين تربيا بروح الأممية عند لينين، من هضمه. قطعا مع ستالين - لكن الضرر كان قد حدث بالفعل. التزمت البيروقراطية بقوة أكبر بكتلة ستالين و«نظرية» الاشتراكية في بلد واحد. وقد كانت هجماتها الخبيثة والساخطة على «التروتسكية» و«الثورة الدائمة» مجرد تعبير عن رفضها للتقاليد الثورية البلشفية التي تتعارض مع مصالحها المادية.

أما ما يخص الاقتباس من أرضية المعارضة اليسارية فإن جونستون يعرف أن هذه الوثيقة لم تكن تعبيرا عن آراء تروتسكي الشخصية، بل عن أفكار كل المعارضة اليسارية - بما في ذلك زينوفييف وكامينيف. وفي حين كان هناك اتفاق على المسائل الجوهرية في الصراع ضد الستالينية - التصنيع والتجميع والديمقراطية العمالية والأممية، وغيرها- فإن كامينيف وزينوفييف استمروا يتبنون موقفا مختلفا بخصوص المسائل الأخرى. وقد كان المقتطف بخصوص الثورة الدائمة الذي نقله مونتي جونستون واحدا من المواقف العديدة التي عارضها

تروتسكي لكن نتيجة التصويت كانت ضده لصالح كامينيف وزينوفييف. ومن أجل الوحدة حول المسائل الأساسية ضد ستالين، وافق تروتسكي على هذا. تتضمن كتاباته دفاعا ثابتا عن هذه النظرية، التي كان كامينيف وزينوفييف غير مستعدين لقبولها جزئيا بسبب الدور الذي اضطلعا به في أكتوبر بخصوص مسألة «الديكتاتورية الديمقراطية للبروليتاريا والفلاحين».

أما فيما يتعلق بالاقتباس من الرسالة إلى بريوبراجنسكي، فسيجد القارئ أنه ليس هناك أي تناقض على الإطلاق بين الموقف المتضمن في هذه الرسالة وبين نظرية الثورة الدائمة. لقد اعتبر تروتسكي دائما موقف لينين موقفا تقدميا، وقريبا من موقفه، في مقابل موقف المناشفة. ويظهر هذا بشكل واضح جدا في كتاب «دروس أكتوبر». مونتي جونستون يقتبس (مع «الإيجاز» المعهود) من هذا الكتيب، لكنه لا يفسر **لماذا** كتب، **ومتى** كتب، أو ماذا جاء فيه. لقد كتب المؤلف عام ١٩٢٣، بعد هزيمة الحركة الثورية في ألمانيا، والتي تعود إلى حد كبير إلى تخبط ستالين وزينوفييف.

يشرح تروتسكي في هذا الكتيب حتمية وقوع أزمة القيادة في وضع ثوري بسبب الضغط الهائل من قبل «الرأي العام» البرجوازي حتى على القيادة الثورية الأكثر صلابة. سبق لإنجلز أن أوضح أنه قد تمر أحيانا عقود قبل اندلاع وضع ثوري، ثم يمكن أن يتكثف عقدان أو ثلاثة عقود في أيام قليلة؛ فإذا ما فشلت القيادة الثورية في الاستفادة من الوضع فقد تضطر إلى الانتظار عشرة أعوام أو عشرين عاما لكي يعود مثل ذلك الوضع إلى الظهور. إن التاريخ الحديث مليء بالأمثلة عن هذا، رغم أن هذا لا يظهر في عمل مونتي جونستون أو تقاليد الأحزاب الشيوعية التي اكتشفت وحتى تبنت «الطريق المنشفي إلى الاشتراكية».

يفسر تروتسكي سلوك قادة الحزب الشيوعي الألماني وقيادة ستالين زينوفييف بكونه استبدالا للبلشفية بالمنشفية، على طريقة فبراير عام ١٩١٧. وكما كان الحال في عام ١٩١٧، برر الانتهازيون موقفهم من خلال نظريات بالية - بما في ذلك «الديكتاتورية الديمقراطية للبروليتاريا والفلاحين». لا يعدم الانتهازيون أبدا **بعض** «النظريات» الملائمة لتبرير جبنهم: وهكذا فإن «منظري» الحزب الشيوعي، برروا خيانتهم لثورة ماي عام ١٩٦٨ بفرنسا، من خلال تشويه مقدمة إنجلز لكتاب الحرب الأهلية في فرنسا، والتي استخدمت لتشويه سمعة الثوريين من قبل التحريفيين الاشتراكيين الديمقراطيين طيلة ثمانين سنة!

ولكي نوضح بشكل جلي ملامح «موضوعية» الرفيق جونستون، دعونا نقتبس بالكامل ما قاله تروتسكي في كتابه دروس أكتوبر عن «الديكتاتورية الديمقراطية للبروليتاريا والفلاحين»:

«لقد عبر لينين، حتى قبل ١٩٠٥، عن الطبيعة الخاصة للثورة الروسية في صيغة: «الديكتاتورية الديمقراطية للبروليتاريا والفلاحين»، إن هذه الصيغة في حد ذاتها لا تستمد معناها، كما أبان عن ذلك التطور التاريخي المستقبلي، إلاّ باعتبارها مرحلة نحو الديكتاتورية الاشتراكية للبروليتاريا التي يسندها الفلاحون. لقد كان تحديد لينين للمسألة، ثوريا وديناميكيا جدا، يتعارض جذريا مع الصيغة المنشفية القائلة بأن روسيا لا يمكن لها أن تطمح سوى إلى تكرار تاريخ البلدان المتقدمة، أي بأن تكون البرجوازية في الحكم، والاشتراكيون الديمقراطيون في المعارضة. إلا أن هناك في حزبنا من يشدد ليس على كلمة **ديكتاتورية** البروليتاريا والفلاحين في صيغة لينين، بل على طبيعتها **الديمقراطية** كنقيض لطبيعتها الاشتراكية. ومرة أخرى لا يمكن لهذا أن يعني سوى أن الشيء الوحيد المعقول في روسيا، البلد المتأخر، هو الثورة الديمقراطية. الثورة الاشتراكية يجب أن تبدأ في الغرب أولا، أما نحن فلا نستطيع أن نسير في الطريق الاشتراكي إلا بعد إنجلترا وفرنسا وألمانيا. ولكن وجهة النظر هذه تلتقي بصاحبها بصورة حتمية بين أحضان المنشفية، وهذا ما تجلى تماما سنة ١٩١٧ عندما طرحت مهام الثورة أمامنا، ليس للتشخيص بل لاتخاذ إجراءات حاسمة.

«أن يتبنى المرء، في ظل الأوضاع الحالية للثورة، موقف دعم الديمقراطية مدفوعا إلى خلاصته المنطقية التي هي معارضة الاشتراكية، **على أساس أنه لم يحن أوانها بعد**، معناه في السياسة الانتقال من موقف بروليتاري إلى موقف برجوازي صغير. معناه الانتقال إلى الجناح اليساري في الثورة الوطنية.» (The Essential Trotsky الصفحة ١٢٢)

ماذا حدث في روسيا عام ١٩١٧؟ وفقا لمونتي جونستون شهدت ثورة فبراير **انجاز** المرحلة البرجوازية الديمقراطية للثورة. ومثلت ثورة أكتوبر المرحلة الاشتراكية. لكن ثورة فبراير، من جهة، لم تحل أيا من مهام المرحلة البرجوازية الديمقراطية. ومن جهة أخرى بدأت الثورة الاشتراكية بإنجاز التدابير الديمقراطية البرجوازية، وبخاصة الثورة الزراعية. يخفي مونتي جونستون حيرته (ويعمق حيرة قراءه!) من خلال الاستيلاء على اقتباسات مبتورة من لينين - من خلال خلط تعسفي وغير صحيح مطلقا لأجزاء مبتورة من كتابات لينين لعام ١٩٠٥ بجدالاته ضد «البلاشفة القدماء» عام ١٩١٧! إننا نسأل الرفيق جونستون: كيف يمكن للثورة الديمقراطية البرجوازية أن **تكتمل**، بينما هي لم تعالج أيا من المسائل الأساسية المطروحة أمامها؟

كيف تمكن البلاشفة من حشد الدعم للثورة الاشتراكية على أساس **شعارات ديمقراطية برجوازية:** («السلام، الخبز، والأرض»)؟

في ذروة اليأس قال مونتي جونستون بدون تفكير:

«لقد تطلب الأمر ثورة أكتوبر وإقامة دكتاتورية البروليتاريا، لتنفيذ تلك المهام الديمقراطية البرجوازية التي لم يتم إنجازها أو إكمالها ما بين فبراير وأكتوبر» (Cogito الصفحة ١٢)

صحيح أيها الرفيق جونستون! لكن هذا هو بالضبط جوهر نظرية الثورة الدائمة. ففي ثورة أكتوبر قامت البروليتاريا، بالتحالف مع الفلاحين الفقراء، أولا بحل المشاكل الأساسية للثورة البرجوازية الديمقراطية، ثم انتقلت، دون انقطاع، إلى تنفيذ التدابير الاشتراكية. هنا تكمن الطبيعة «الدائمة» وغير المنقطعة للثورة الروسية.

يمكننا أيضا أن نسأل مونتي جونستون عن **المهام** التي تمت «معالجتها أو تم إنجازها بين فبراير وأكتوبر»؟ لم تنجز مهمة توزيع الأراضي على الفلاحين. ولا إقامة السلام الديمقراطي. ولا حتى إقامة نظام حكم ديمقراطي حقيقي! هل قامت بإلغاء النظام الملكي؟ ولكن حتى **هذا** بقي معلقا: فالهدف الأصلي لأبطال «الديمقراطية» الروسية كان هو إنشاء نظام ملكي دستوري.

كان «حلفاء» الطبقة العاملة البرجوازيون الديمقراطيون، الذين يقف مونتي جونستون أمام «انجازاتهم» بخشوع ديني، هدفا دائما للنقد اللاذع من قبل لينين، الذي سخر صراحة من عجزهم:

«هؤلاء الجبناء، والنرجسيون المختالون وأشباه هاملت التافهون يلوحون بسيوفهم الخشبية، لكنهم لم يحطموا حتى النظام الملكي! لقد قمنا بتطهير كل الوحل الملكي كما لم يفعله أحد في أي وقت مضى. إننا لم نبق ولو حجرا واحدا ولو طوبة من ذلك الصرح القديم ومن النظام العقاري الاجتماعي القائم (حتى في البلدان الأكثر تقدما، مثل بريطانيا وفرنسا وألمانيا، لم يتم القضاء تماما على بقايا هذا النظام حتى يومنا هذا!). لقد اجتثثنا النظام العقاري الاجتماعي، الذي هو بقايا الإقطاع والقنانة في نظام ملكية الأرض من أعمق جذوره. «قد يقول قائل»: (وهناك الكثير من الكتاب الصاخبين والكاديت والمناشفة والاشتراكيين الثوريين في الخارج من يطرحون مثل هذه الحجج) ما هي «على المدى الطويل» نتائج الإصلاح الزراعي الذي ستنفذه ثورة أكتوبر العظمى. ليست لدينا الرغبة حاليا في إضاعة الوقت في مثل هذه الجدالات، لأننا نقرر في ذلك، وكذلك في جملة من الجدالات المصاحبة لها، عن طريق النضال. لكن لا يمكن إنكار حقيقة أن

الديمقراطيين البرجوازيين الصغار «تصالحوا» مع ملاك الأراضي، مع الأوصياء على تقاليد القنانة، طيلة ثمانية أشهر، في حين أننا كنسنا تماما كبار ملاك الأراضي وجميع تقاليدهم من الأرض الروسية في غضون أسابيع قليلة.» (لينين، الأعمال المختارة، المجلد ٣٣، الصفحات ٥٢-٥٣)

كانت الحقوق الديمقراطية التي تمكن العمال من تحقيقها في عام ١٩١٧ ثمرة لنضالاتهم، وليس «هدية» من «أشباه هامليت التافهين» والبرلمانية البرجوازية! في واقع الأمر، تحت غطاء الحكومة المؤقتة «الديمقراطية» كانت الردة الرجعية تحضر (تماما مثلما حصل لاحقا في ظل حكومات الجبهة الشعبية في فرنسا واسبانيا) لهجوم مضاد دموي ضد حركة الجماهير الذين ذهبوا «أبعد مما يجب». وقد أشارت محاولة انقلاب كورنيلوف المعادي للثورة في غشت- شتنبر ١٩١٧، بدعم وتشجيع من قبل البرجوازية، إلى إفلاس كل نظام الديمقراطية البرجوازية الفاسد في روسيا. ومن أجل إلحاق هزيمة ساحقة بالقوى الرجعية وإنجاز مهام الثورة الديمقراطية البرجوازية، كان من الضروري على العمال والفلاحين انتزاع زمام السلطة من الأيدي المرتجفة «للديمقراطيين» الخونة المتذبذبين. هذا هو الدرس الذي ما يزال القادة «الشيوعيون» اليوم يرفضون بعناد تعلمه ؛ إن «جبهاتهم الشعبية» في اليونان، وإسبانيا وفرنسا وغيرها ستمهد الطريق لهزائم دموية جديدة للطبقة العاملة ما لم يتم القطع بشكل حاسم مع سياسات التعاون الطبقي المنشقية الفاسدة.

خلال ثورة فبراير، أطيح بالقيصرية **بالضبط** بفضل حركة العمال في المدن، الذين انضم إليهم بعد ذلك الفلاحون بالزي العسكري. أما بالنسبة للبرجوازية وأحزابها «الديمقراطية الليبرالية» فلم تلعب أي دور على الإطلاق. كانت السلطة الحقيقية في أيدي سوفييتات العمال والجنود. بينما كانت الحكومة المؤقتة معلقة في الهواء، محرومة من أي قاعدة دعم، لكن المناشفة والاشتراكيون الثوريون الجبناء كانوا مستعدين لتسليمها السلطة طوعا! الشيء الذي كان ضروريا بالنسبة للعمال والفلاحين، كما فهم لينين وتروتسكي بشكل واضح، هو الانتظام من اجل تحويل «ازدواجية السلطة» هذه (التي نتجت عن خيانة المناشفة والاشتراكيين الثوريين) إلى سلطة عمال **حقيقية**.

كان ماركس وانجلز قد أوضحا طبيعة الدور الجبان والمعادي للثورة للبرجوازية الألمانية في عام ١٨٤٨ بسبب خوفها من حركة الطبقة العاملة التي وقفت بتهديد وراءها في صراعها ضد الإقطاع والاستبداد. وقد كانت البرجوازية الروسية، بعد ستين عاما، أكثر عجزا عن التشبه ببطولة إخوتها الطبقيين عام ١٧٨٩. في كتابه «تاريخ الثورة الروسية» شرح تروتسكي أن تأخر التطور الرأسمالي في روسيا استبعد إمكانية لعب البرجوازية الروسية أي دور ثوري. فمن جهة تميزت الصناعة الروسية، التي استفادت من التقنيات المكتسبة من الرأسمالية الغربية، بتمركز عال للغاية مع عدد كبير من العمال مكدسين معا، في ظل ظروف سيئة، في مدن قليلة، يهددون البرجوازية بشبح كومونة باريس جديدة في حالة اندلاع انتفاضة ثورية جماهيرية.

ومن جهة أخرى، كانت البرجوازية الروسية تعتمد اعتمادا كبيرا على الاستثمار والقروض من خزائن الرأسمال الدولي:

«لقد تحددت الطبيعة الاجتماعية للبرجوازية الروسية وشكلها السياسي من قبل ظروف نشأة الصناعة الروسية وبنيتها. والتركيز الشديد لهذه الصناعة وحده يعني انعدام أي تدرج لفئات انتقالية بين القادة الرأسماليين وبين الجماهير الشعبية. ونضيف إلى هذا أن ملكية القطاعات الصناعية الرئيسية والبنوك ومؤسسات النقل كانت في أيدي الأجانب، الذين لم يكونوا يكتفون بالحصول على الأرباح من وراء استثماراتهم في روسيا، بل كانوا يسعون أيضا إلى النفوذ السياسي في برلمانات البلدان الأجنبية، ولذلك فإنهم لم يستنكفوا فقط عن دعم النضال من أجل نظام برلماني في روسيا، بل إنهم عارضوه في كثير من الأحيان: ويكفي أن نشير إلى الدور المخجل الذي لعبته الحكومة الفرنسية. كانت تلك هي الأسباب الأساسية المتأصلة للعزلة

السياسية للبرجوازية الروسية وطبيعتها المعادية لمصالح الشعب. بينما كانت في فجر تاريخها غير ناضجة بما يكفي لانجاز الإصلاح، فإنها عندما حان الوقت لكي تقوم بقيادة الثورة كانت قد تعفنت». (تروتسكي، تاريخ الثورة الروسية، المجلد ١، الصفحة ٣٢)

وهذه الميزات ليست شيئا خاصا بالبرجوازية الروسية، **إنها، مع اختلافات طفيفة وصف دقيق لطبيعة البرجوازيات «الوطنية» في كل البلدان المتخلفة، والشبه مستعمرة.** لقد صب لينين جام غضبه على المناشفة بسبب تبنيهم لسياسة التعاون الطبقي، وتبنيهم لسياسة «الجبهة الشعبية» (التي كانت كذلك على الرغم من أن المناشفة لم يستخدموا هذه الكلمة لوصفها)، وانبطاحهم لما يسمى بالأحزاب «اللبرالية البرجوازية الديمقراطية»، بحجة أن البرجوازية قوة «تقدمية» في النضال ضد الاستبداد. لكن ماذا كان ليقول لو شهد سياسة التعاون الطبقي الأكثر وقاحة التي تتبناها الأحزاب الشيوعية في كل مكان في العالم اليوم: في اليونان وإسبانيا وإندونيسيا والهند؟ **لم تلعب البرجوازية «الديمقراطية» في أي مكان أي دور سوى أسوء أدوار الفساد ومعاداة الثورة. وحتى الآن لم تتبن قيادات الأحزاب الشيوعية، سياسة طبقية لينينية مستقلة تجاه السياسيين الديمقراطيين البرجوازيين.**

إن «نظرية» «المراحل» الستالينية، والتي تغنى بها بشكل ممل «منظرو» الحزب الشيوعي بمن فيهم مونتي جونستون، هي تشويه كاريكاتوري فظ وميكانيكي لأفكار لينين. ما الذي يمكن لمونتي جونستون أن يقوله عن الثورة الألمانية عام ١٩١٨ أو الإضرابات الايطالية المصاحبة بالاعتصامات عام ١٩٢٠؟ في الحالة الأولى، استولى العمال الألمان على السلطة بثورة غير دموية، لكنهم تعرضوا للخيانة من طرف «الزعماء» الاشتراكيين الديمقراطيين، الذين وباختبائهم وراء الطبيعة «البرجوازية الديمقراطية» للثورة «سلموا طوعا» (!) السلطة للبرجوازية! هل كانت تلك، كما ادعى القادة الاشتراكيون الديمقراطيون، «المرحلة الديمقراطية» للثورة الألمانية، أيها الرفيق جونستون؟ إذا كان الأمر كذلك، لماذا إذن ندد لينين بالقادة الاشتراكيين الديمقراطيين لخيانتهم للثورة الاشتراكية؟

وقد جرت سيرورة مماثلة في ايطاليا عام ١٩٢٠، حيث خلقت موجة هائلة من الإضرابات المصاحبة بالاعتصامات وضعا ثوريا: وقد أدى فشل القادة الاشتراكيين في تقديم مخرج ثوري واضح إلى هزيمة العمال الإيطاليين وتسبب بشكل مباشر في صعود موسوليني إلى السلطة. وكما كان الحال بالنسبة للقادة الاشتراكيين الديمقراطيين الألمان، برر القادة الإيطاليون عجزهم بحجة أن الجماهير «ليست مستعدة» للثورة الاشتراكية. لكن إذا كان لينين قد هاجم بشدة قادة الحزب الاشتراكي الإيطالي لعجزهم عن تقديم برنامج ثوري، ما الذي كان ليقوله بخصوص «قادة» الحزب الشيوعي الفرنسي في الإضراب العام في مايو ١٩٦٨ والذي كان أكثر عمقا وأوسع نطاقا من الحركة في ايطاليا عام ١٩٢٠؟

لقد وضع الانتهازيون من مختلف المشارب مسؤولية الهزائم دائما على كاهل الجماهير الذين يزعمون أنها «غير مستعدة» للاشتراكية. لكن كل تاريخ السنوات الخمسين الماضية يظهر مرارا وتكرارا استعداد الطبقة العاملة للنضال وتقديم التضحيات البطولية من أجل تحقيق التحول الاجتماعي. «لماذا نلقي باللوم دائما على القادة؟» يتسائل «منظرو» الحزب الشيوعي لعام ١٩٦٨، مرددين صدى العبارات الساخطة لأمثال كاوتسكي وشيدمان وسيراتيس سنوات ١٩١٨- ١٩٢٠. فبعد أن فقدوا كل ذرة ثقة في قدرة الشعب العامل على تغيير المجتمع، يقف البيروقراطيون المتعجرفون عاجزين عن تصور أي علاقة بين **غبائهم البرلماني** وبين عجز الجماهير، بدون قيادة ثورية واعية، عن تطوير حركتها إلى نهاية ظافرة.

ما هي الدروس التي استخلصها قادة الحزب الشيوعي من كل هذا؟ يستخدم مونتي جونستون اقتباسات من بعض جدالات لينين. لكنه لم يختر الاقتباس من بعض جدالات لينين العديدة ضد المناشفة، الذين حاولوا تقييد البروليتاريا الروسية بعربة البرجوازية «التقدمية»، «الليبرالية». لماذا لا يقتبس من هجمات لينين العديدة ضد **التعاون الطبقي** وتأكيده على أن العمال والفلاحين الثوريين هما الطبقتان الوحيدتان القادرتان على إنجاز مهام الثورة الديمقراطية؟

مونتي جونستون لا يرى، في كل كتابات لينين، على ما يبدو، سوى إدانة طويلة لبدعة الثورة الدائمة. انه لا يرى شيئا ذا صلة بالسياسات المنشفية الوقحة لستالين في الصين خلال ١٩٢٥-١٩٢٧. انه لا يرى شيئا متصلا بالحزب الشيوعي الكوبي الذي دعم نظام باتيستا باعتباره «قوة تقدمية معادية للولايات المتحدة» في الثلاثينات، والذي ندد بكاسترو باعتباره «مغامرا برجوازيا صغيرا»، ولا بالحزب الشيوعي العراقي الذي أشاد بقاسم، باعتباره المحرر العظيم، حتى اللحظة التي بدأ في إطلاق النار عليهم، وإجبارهم على السرية! وقد تبنى الرفاق السوفيات سياسة حسن الجوار تجاه شاه بلاد فارس «التقدمي»، والتي تضمنت تسليم اللاجئين السياسيين من اجل إعدامهم رميا بالرصاص. والرفاق الإندونيسيون، بسياستهم «اللينينية» المتمثلة في كتلة «الفلاحين والعمال والمثقفين والبرجوازية الوطنية والأرستقراطيين التقدميين وجميع العناصر الوطنية» انبطحوا أمام الديكتاتور «التقدمي» سوكارنو، وهو الشيء الذي نتج عنه ذبح نصف مليون شيوعي دون مقاومة. وقد تنافست الصين وروسيا مع بعضهما البعض في مدح أيوب خان «المناضل الباسل المعادي للامبريالية»، حتى أطيح به من قبل العمال والفلاحين الباكستانيين.

ليست هذه سوى عينات قليلة من التوجه «اللينيني» لقيادات الأحزاب «الشيوعية» اليوم. وتحت ذريعة الولاء لشعار «الديكتاتورية الديمقراطية للبروليتاريا والفلاحين»، يسعون في كل مكان لتطبيق سياسة التعاون الطبقي التي هي نفس ما أطلق عليه تروتسكي، «صورة كاريكاتورية خبيثة للمنشفية».

سيصاب العديد من الرفاق في الحزب الشيوعي ورابطة الشيوعيين الشباب بالارتباك بسبب ترهات مونتي جونستون حول الثورة الدائمة. ونأمل أن نكون قد وضحنا بعض النقاط هنا. إن نظرية الثورة الدائمة ليست تلك المسألة النظرية المعقدة والقاحلة كما يظهرها جونستون، بل **هي خلاصة كامل تجربة الحركة الثورية في روسيا خلال ثورة أكتوبر**. ومن دون فهم واضح لهذه المسائل، لن يكون في مقدور أي ماركسي أن يفهم الوضع العالمي الحالي. وسوف تتكرر مآسي اندونيسيا واليونان وباكستان. على جميع الاشتراكيين الجادين تعلم الدروس المستفادة من هذه الأحداث لإعداد أنفسهم من الناحية النظرية للدور المستقبلي الذي يجب عليهم أن يضطلعوا به في بريطانيا وعالميا.

الفصل الخامس- تروتسكي وصلح بريست ليتوفسك

«على الرغم من أن تروتسكي أيد لينين ضد معارضة كامينيف وزينوفييف بخصوص ضرورة تنظيم الانتفاضة في أكتوبر ١٩١٧، فإنه سرعان ما وجد نفسه على خلاف معه في بداية عام ١٩١٨ بخصوص توقيع معاهدة السلام مع ألمانيا. إن الطريقة التي تصرف بها في هذه المسألة تبرز في نفس الآن نقاط قوته ونقاط ضعفه» (Cogito، الصفحة ١٧)

هذه هي الإشارة الأولى والأخيرة في مقال جونستون لنضال لينين ضد «البلاشفة القدماء» في عام ١٩١٧. إن كونها جاءت على الهامش دلالة على المكان الذي تحتله في نظرة مونتي جونستون للأشياء. لقد كان لتروتسكي، «عرضا» بطبيعة الحال، نفس موقف لينين بشأن مسألة ثورة أكتوبر التافهة، في مواجهة معارضة كامينيف وستالين وزينوفييف، لكنه وجد نفسه مرة أخرى في معارضة «الخط الصحيح» بخصوص «المسائل الجوهرية» الأخرى.

يحاول مونتي جونستون هنا تطبيق نفس الخدعة التي استخدمها في الجزء المتعلق بـ «الثورة الدائمة». في هذا المقطع، ومن خلال «نسيانه» لموقف المناشفة، يبالغ في تضخيم جميع الاختلافات بين لينين وتروتسكي. ومرة أخرى لا يعرف جونستون في مسألة بريست ليتوفسك سوى موقفين فقط: موقف لينين (أي القبول فورا بالشروط الألمانية) وموقف تروتسكي (الذي وصفه بكونه موقف «لا سلام ولا حرب»). لكن مونتي جونستون يعرف جيدا أنه بخصوص هذه المسألة لم يكن هناك موقفان فقط، بل **ثلاثة**: موقف لينين وموقف تروتسكي، وموقف بوخارين الذي دافع ليس فقط عن رفض الشروط الألمانية، **بل أيضا عن شن حرب ثورية ضد ألمانيا**. وقد نسي [جونستون] أيضا أن يشير إلى نقطة صغيرة وهي أن موقف بوخارين كان أصلا موقف **أغلبية الحزب** في فترة مفاوضات بريست ليتوفسك.

ماذا كان موقف البلاشفة تجاه الحرب؟ في عام ١٩١٥، وفي سياق نقاشه لإمكانية وصول البلاشفة إلى السلطة في روسيا، كتب لينين مقالا في جريدته (Sotsial-Democrat) «الاشتراكي الديمقراطي» تحت عنوان «بعض الموضوعات»:

«وردا على سؤال عما سيفعل حزب البروليتاريا لو أن الثورة وضعته في السلطة خلال الحرب الحالية، نرد: سنقترح السلام على **جميع** الأطراف المتحاربة بشرط تحرير المستعمرات، وجميع الشعوب التابعة والمضطهدة التي لا تتمتع بالحقوق الكاملة. لن تقبل لا ألمانيا ولا بريطانيا ولا فرنسا في ظل حكوماتها الحالية بهذا الشرط. عندها يجب علينا أن نستعد لخوض حرب ثورية، أي أنه لا يجب علينا فقط أن نطبق بشكل كامل التدابير الأكثر حسما لبرنامج الحد الأدنى، بل ينبغي علينا أن نحرض على العصيان بشكل منتظم كافة الشعوب المضطهدة الآن من قبل روسيا العظمى، وجميع المستعمرات والبلدان التابعة في آسيا (الهند والصين وبلاد فارس، الخ) ونحرض أيضا - وقبل كل شيء- البروليتاريا في أوروبا على التمرد ضد حكوماتها وتحدي اشتراكييها الشوفينيين». (الأعمال الكاملة، المجلد ٢١، صفحة ٤٠٣)

كانت تلك هي الإستراتيجية الثورية الجريئة التي طرحها لينين مسبقا للثورة الروسية. وهي إستراتيجية لا يجمعها أي شيء مع النزعة المسالمة التي يعظنا بها اليوم كهنة الحزب الشيوعي، والتي يحاولون إلصاقها بزعيم أكتوبر. كان لينين والبلاشفة، قبل عام ١٩١٧، يتبنون موقف الحرب الثورية، أي حرب الثورة ضد الامبريالية، والتي من شأنها أن تجمع بين الكفاح المسلح للجيش الأحمر وبين تمرد العمال في أوروبا وشعوب الدول المضطهدة.

في فترة التحريض والتحضير التي سبقت أكتوبر، أكد البلاشفة مرارا أنهم يتبنون موقف «السلام دون إلحاقات أو تعويضات»، وأنهم سيطرحون هذا السلام للإمبرياليين، وفي حال رفضهم له سيشن البلاشفة حربا ثورية ضدهم. وهكذا، كتب لينين في أواخر شتنبر ١٩١٧:

«إذا حدث المنظور الأقل احتمالا، أي إذا لم تقبل أي من الدول المتحاربة ولو بهدنة، عندها ستصبح الحرب من جانبنا ضرورية حقا، حربا عادلة ودفاعية حقا. ومجرد وعي البروليتاريا والفلاحين الأكثر فقرا بهذا سيجعل روسيا أقوى مرات عديدة من الناحية العسكرية، خصوصا بعد القطيعة التامة مع الرأسماليين الذين ينهبون الشعب، ناهيك عن أن الحرب من جانبنا ستكون آنذاك بالفعل، وليس بالكلمات، حربا بتحالف مع الشعوب المقهورة في العالم بأسره». (الأعمال الكاملة، المجلد ٢٦، الصفحة ٦٣)

لقد تم قبول فكرة الحرب الثورية دون جدال باعتبارها جزءا من الإستراتيجية الأساسية للحزب. وهكذا عندما كتب كامينيف وزينوفييف رسالتهما المفتوحة المعارضة لثورة أكتوبر، كانت واحدة من حججهما الرئيسية هي احتمال حرب ثورية، التي حاولوا تخويف العمال بها:

«إن جماهير الجنود يدعموننا لأننا لا نطرح شعار الحرب، بل شعار السلام... فإذا قمنا بالاستيلاء على السلطة وحدنا الآن، ووجدنا أنفسنا مضطرين بفعل الوضع العالمي بأسره إلى خوض حرب ثورية، فإن جماهير الجنود سيبتعدون عنا».

كانت هذه حجة جيدة لتوقيع سلام بريست ليتوفسك، **قبل أشهر عدة**. لكنها لم تكن دليلا على قدرة كامينيف وزينوفييف على التوقع التاريخي، بل فقط على هشاشة أعصابهما وتذبذبهما الانتهازي. وكان دعمهما لاحقا لتوقيع المعاهدة مجرد الوجه الآخر لمعارضتهما لانتفاضة أكتوبر: لا يمكن فصل المسألتين عن بعضهما. إن السؤال الهام بالنسبة للماركسي ليس فقط هو ماذا يقال، بل أيضا **من يقول ذلك ولأي سبب.**

ماذا كان موقف البلاشفة تجاه معاهدة بريست ليتوفسك؟ كان الجيش الذي ورثوه عن القيصرية قد تفكك تماما ؛ قامت وحدات كاملة بحل نفسها؛ وانهار الانضباط، وانتقل الضباط إلى معسكر الثورة المضادة. كانت هذه المعطيات الملموسة، وليس أي اعتبارات نظرية جوهرية هي التي حددت مواقف البلاشفة. إن تصوير الخلافات في الحزب بكونها أكثر من خلافات تكتيكية هو تشويه فضيع للحقيقة. في ظل ظروف مختلفة - لو أنه كان لديهم، على سبيل المثال، الوقت لبناء الجيش الأحمر- كان السؤال سيطرح بطريقة مختلفة تماما، كما اتضح خلال الحرب البولندية عام ١٩٢٠.

كانت أول سياسة انتهجها البلاشفة هي تمديد أمد المفاوضات لأطول وقت ممكن، على أمل أن تأتي الحركة الثورية في الغرب لمساعدة الثورة. إن هذه الفكرة التي يصفها «الواقعيون» الأدعياء اليوم بكونها «تروتسكية»، طرحت في عشرات المناسبات ليس فقط من قبل تروتسكي بل أيضا من قبل جميع القادة البلاشفة، بمن فيهم لينين. كامينيف، على سبيل المثال، الذي ساند في وقت لاحق موقف لينين حول توقيع اتفاق السلام، قال عن الدعاية التي نظمت في بريست ليتوفسك «أن كلماتنا ستصل إلى الشعب الألماني من فوق رؤوس الجنرالات الألمان، إن كلماتنا ستنتزع من أيدي الجنرالات الألمان الأسلحة التي يخدعون بها الشعب». ورغم أن الأحداث سارت بشكل مختلف عما كان يتوقعه كامينيف، فإنه في ذلك الوقت **كان يتحدث باسم الحزب البلشفي بأكمله.**

وقد كان الاعتماد الرئيسي من أجل القيام بدعاية ناجحة في بريست ليتوفسك على تروتسكي. لقد حول الكونفرانس إلى منبر لشرح أفكار الثورة للعمال الذين أنهكتهم الحرب في أوروبا. وقد جمعت خطب تروتسكي لاحقا ونشرت في عدة طبعات وبلغات عديدة من قبل الأممية الشيوعية أثناء حياة لينين. وفقط بعد ١٩٢٤ حيث اكتشف الستالينيون فيها فجأة «الجملة الثورية»، الشيء الذي برر إعدامها.

وقد تسبب تأخر اندلاع الثورة في الغرب، والضعف العسكري للثورة الروسية، في نشوء اختلاف في الرأي داخل صفوف قيادة الحزب، **وهو الاختلاف الذي وجد لينين نفسه خلاله في موقع الأقلية**. كانت أول مرة ظهرت فيها الاختلافات هي يوم ٢١ يناير ١٩١٨، عندما كانت المفاوضات تقترب من ذروتها. وخوفا من التعرض لهجوم جديد إذا ما رفض البلاشفة الإنذار الألماني الأخير، اقترح لينين التوقيع الفوري على اتفاقية السلام، ولو بالشروط الكارثية التي فرضها الألمان. اتفق تروتسكي حول مسألة أنه لا توجد أي إمكانية للاستمرار في الحرب، لكنه اعتقد أنه ينبغي وقف المفاوضات وأنه على البلاشفة ألا يستسلموا إلا في حالة هجوم جديد. بينما طالب بوخارين بشن حرب ثورية.

وبعيدا عن الصورة الخاطئة التي قدمها الستالينيون، ابتداء من ١٩٢٤ فصاعدا، عن تعرض لينين والبلاشفة لتحد من قبل تروتسكي غير المنضبط والمتطرف، فإن الحقيقة هي أن كلا من لينين وتروتسكي كانا يمثلان الأقلية «المعتدلة» بين صفوف القيادة بشأن هذه المسألة. وما كان صحيحا بالنسبة للقيادة كان **صحيحا بشكل مضاعف بالنسبة للقواعد. لقد عارضت الغالبية الساحقة من العمال التوقيع على المعاهدة**. وعندما دعت القيادة السوفييت لإعطاء وجهة نظره بشأن بريست ليتوفسك، انعقد أكثر من ٢٠٠ سوفييت، ومن بينها كلها أيد اثنان فقط من السوفييتات الكبيرة السلام (سوفييتا بتروغراد وسيفاستوبول - وهذا الأخير مع إبداء بعض التحفظات)، بينما جميع المراكز العمالية الكبيرة الأخرى: موسكو، ايكاترينبرغ، خاركوف، ايكاترينوسلاف، ايفانوفو- فوزويسنك»، كرونشتادت، الخ، **صوتت وبأغلبية ساحقة لصالح قطع المفاوضات**.

في اجتماع اللجنة المركزية يوم ٢٤ يناير ١٩١٨ تم اتخاذ قرار نهائي بشأن الخط الذي ينبغي على تروتسكي أن يعتمده في بريست ليتوفسك. قبل الاجتماع أجرى تروتسكي محادثة مع لينين، حيث وافق هذا الأخير على خطة تروتسكي بخصوص رفض التوقيع على المعاهدة وإعلان الأعمال الحربية في نهايته، شريطة قيام تروتسكي بدعم موقف التوقيع الفوري على المعاهدة **إذا ما قام الألمان بالهجوم مرة أخرى**، وعدم دعم موقف «الحرب الثورية». وقد وافق تروتسكي على هذا[9]. **هنا لم يطرح لينين مطلبه بالتوقيع فورا على المعاهدة**، بل فقط طرح مقترحا، تمت الموافقة عليه، يدعو تروتسكي إلى تمديد أمد المفاوضات لأطول وقت ممكن. **ثم أجري تصويت على اقتراح تروتسكي بوقف الحرب مع رفض التوقيع على المعاهدة، والذي قبل أيضا.**

وفقا لمونتي جونستون، «عندما وجد [تروتسكي] نفسه أمام الشروط القاسية التي طالب بها الألمان، طغت المبالغة في تقدير احتمالات اندلاع ثورة فورا، على تقديره لحقيقة الوضع وأدى به إلى رفض التوقيع على المعاهدة» (Cogito، الصفحة ١٧)

لقد رأينا سابقا ما الذي دفع «تروتسكي إلى رفض التوقيع على المعاهدة»، في سياق الحديث عن الخلافات داخل الحزب. لكن مونتي جونستون يقوم، هنا كما هو الحال في أماكن أخرى، بتطعيم «تحليله» بشذرات قليلة من الاقتباسات التي **لا علاقة لها بأي من القضايا الجوهرية المطروحة للنقاش، بل فقط بالجدالات الانفعالية للمشاركين فيها**، والتي تخلق انطباعا بأن موقف تروتسكي كان نزوة شخصية وليس وجهة نظر الحزب. يواصل جونستون قائلا:

---

٩ وقد أكد لينين صحة هذا التقرير، حيث أشار إليه لاحقا في كلمة ألقاها خلال المؤتمر الحادي عشر للحزب. (الأعمال الكاملة، المجلد ٢٧، صفحة ١١٣)

«أما لينين من جهته فقد أكد بأن الألمان أقوياء بينما القوات الروسية التي مزقتها الحرب والسيئة التجهيز والجائعة لا يمكنها الصمود في مواجهة الآلة العسكرية القوية. [!] وبالتالي [!] حث على القبول بالشروط الألمانية، التي اعتبرها مهينة، بمجرد ما وجه الألمان إنذارهم، محذرا من أن البديل سيكون هو قيام الألمان بالمزيد من التقدم داخل الأراضي السوفياتية، وفرض شروط أكثر سوءا». (Cogito، الصفحة ١٧)

يصور مونتي جونستون القضية كلها بمثابة صراع بين تروتسكي ولينين. إنه عازم على تصوير لينين كـ «واقعي» برجوازي صغير متعجرف، يعارض «أحلام» تروتسكي الثورية. واقتبس عبارات للينين معزولة عن سياقها حول أن الثورة العالمية مجرد «خرافة جميلة»، دون أن يوضح الأسباب التي أعطاها لينين ليوضح موقفه من بريست ليتوفسك، وهي ا**لأسباب التي كانت نابعة من نزعة أممية اشتراكية ثورية حازمة.**

في سياق هذا النقاش وجد لينين نفسه «مدعوما» من قبل زينوفييف وستالين. وقد أكد ستالين أنه «ليست هناك حركة ثورية في الغرب، لا وقائع تدل عليها، وليست سوى احتمال». وأعلن زينوفييف أنه بالرغم من أنه «بتوقيعنا لمعاهدة السلام سنعزز الشوفينية في ألمانيا وسنضعف لفترة من الزمن الحركة في الغرب» فإن ذلك أفضل بكثير من «خراب الجمهورية الاشتراكية». **وقد اضطر لينين إلى التبرؤ علنا من الدعم المستند إلى حجج هؤلاء «الواقعيين» الأدعياء، التي يحاول مونتي جونستون الآن إلصاقها به.**

في رده على زينوفييف أكد لينين بشكل قاطع أنه إذا كانت «الحركة العمالية الألمانية قادرة على التطور خلال مفاوضات السلام... فعلينا أن نضحي بأنفسنا لأن الثورة الألمانية ستكون أقوى بكثير من ثورتنا». وبالضبط من أجل حماية ظهره من هذا النوع من الانتهازية، أكد لينين مرارا وتكرارا أنه:

«ليس هناك مجال لأدنى شك في أنه لا أمل في النصر النهائي لثورتنا، في حالة ما إذا بقيت وحيدة، وإذا لم تندلع حركات ثورية في بلدان أخرى... وأكرر: إن خلاصنا من كل هذه الصعوبات، هو اندلاع ثورة أوروبية شاملة».

بعد عام ١٩٢٤، اخترعت أسطورة معارضة تروتسكي العنيدة للينين والقيادة من خلال رفضه التوقيع على معاهدة السلام التي كان الجميع يتوق إليها. في ١٤ فبراير وبعد أن أبلغ تروتسكي اللجنة التنفيذية المركزية السوفياتية بتقرير عن الإجراءات التي اتخذها، طرح سفيردلوف باسم البلاشفة التوصية التالية: «بعد الاستماع بشكل كامل إلى تقرير وفد السلام، تعلن اللجنة التنفيذية المركزية موافقتها التامة على عمل ممثليها في بريست ليتوفسك». وفي وقت لاحق، خلال شهر مارس ١٩١٨، قال زينوفييف في مؤتمر الحزب إن «تروتسكي على حق عندما يقول إنه تصرف وفقا لقرار أغلبية أعضاء اللجنة المركزية». ولم يحاول أحد أن ينكر ذلك.

مثله مثل لينين، لم يكن عند تروتسكي أي وهم بأن في إمكان «القوات الروسية التي مزقتها الحرب والسيئة التجهيز والجائعة» أن تتحمل هجوما جديدا، ناهيك عن شن حرب ثورية. ولكن، من جهة كان المزاج السائد بين العمال وغالبية قيادة الحزب ضد قبول شروط المعاهدة التي لم تكن «مذلة» فحسب، بل كارثة كبرى للدولة السوفياتية الفتية. ومن جهة أخرى، فإن شن ألمانيا لهجوم جديد من شأنه إقناع الجماهير في أوروبا الغربية بأن البلاشفة لم يوافقوا على عملية سلام تتضمن إلحاقات إلا تحت الإكراه. وقد كان هذا دافعا سياسيا مهما، بالنظر إلى حملة الافتراءات الخبيثة التي كانت تشنها «الحكومات الحليفة» (بريطانيا وفرنسا)، حول أن البلاشفة عملاء لألمانيا، دفع لهم القيصر من أجل إخراج روسيا من الحرب. كان هناك شعور قوي في روسيا بأن هذا كان تمهيدا لمفاوضات مع ألمانيا لتسوية سلمية على حساب روسيا. (وقد أثبت التاريخ أن الدوائر الحكومية البريطانية والفرنسية كانت تفكر في تطبيق مثل هذه السياسة).

بعد تجديد التهديد الألماني، دافع لينين مرة أخرى عن ضرورة التوقيع الفوري على معاهدة السلام، لكنه هزم أمام أغلبية ضئيلة في اللجنة المركزية. وقد صوت تروتسكي ضد التوقيع، بالنظر إلى أن الهجوم لم يكن قد بدأ. فقام لينين بإعادة طرح السؤال على النحو التالي: «إذا بدأ الهجوم الألماني، ولم يحدث أي نهوض ثوري في ألمانيا، هل سنواصل رفض توقيع معاهدة السلام؟» فامتنع الشيوعيون «اليساريون» (بوخارين وأنصار الحرب الثورية) عن التصويت على هذا. بينما صوت تروتسكي لصالح المقترح، الذي كان متماشيا مع الاتفاق الذي توصل إليه في وقت سابق مع لينين. وفي اليوم الموالي، عندما تلقى البلاشفة دليلا على التقدم الألماني، تحول تروتسكي إلى جانب لينين، **مما أتاح له أغلبية داخل اللجنة المركزية.**

في ٢١ فبراير، تم الإعلان عن شروط جديدة وأكثر قسوة من قبل الجنرال هوفمان، مع نية واضحة في جعل التوقيع على السلام مستحيلا. قامت هيئة أركان الجيش الألماني بعمل استفزازي في فنلندا، حيث سحقت الحركة العمالية الفنلندية. وأكد هذا الحدث مخاوف البلاشفة من أن الحلفاء قد توصلوا إلى اتفاق مع الإمبريالية الألمانية من اجل سحق الجمهورية السوفياتية. وقد كانت هناك إمكانية جدية بأنه حتى لو وقع البلاشفة على المعاهدة، فإن الألمان سيواصلون تقدمهم. تبنى تروتسكي في البداية وجهة النظر هذه، لكن عندما كرر لينين موقفه، أمام معارضة «اليساريين»، لم يلتحق تروتسكي بدعاة الحرب الثورية، بل امتنع عن التصويت، لتمكين لينين من الأغلبية.

يبدو غريبا أن يقوم شخص مولع جدا بـ«الجملة الثورية» بالتصويت في مناسبتين حاسمتين في اللجنة المركزية لتمكين لينين من الأغلبية! لكن بما أننا في سياق الحديث عن «الجملة الثورية» دعونا نلقي نظرة على كراسة كتبها لينين تحت نفس الاسم، والتي يقتبس منها جونستون بغزارة.

نشرت «الجملة الثورية» التي كتبها لينين كمقالة في جريدة برافدا في ٢١ فبراير ١٩١٨، باعتبارها بداية حملة شاملة لصالح التوقيع على معاهدة السلام. يستشهد جونستون بهذا المقال عدة مرات **كما لو أنه كان موجها ضد تروتسكي. في الواقع لم يظهر اسم تروتسكي ولو مرة واحدة في هذه المقالة.** ضد من كانت تلك المقالة موجهة؟ نجد الجواب عن هذا السؤال منذ السطر الأول:

«عندما قلت خلال اجتماع للحزب **إن الجملة الثورية حول الحرب الثورية** قد تدمر ثورتنا، انتقدت بكوني استعملت كلمات قاسية». (الأعمال الكاملة، المجلد ٢٧، الصفحة ١٩، التشديد من عندنا)

يمكن لأي شخص قرأ المقال أن يرى بوضوح شديد أنها موجهة ضد أولئك الذين دعوا إلى الحرب الثورية ضد ألمانيا، على الرغم من الضعف العسكري للجمهورية السوفياتية: أي مجموعة بوخارين الشيوعيين «اليساريين». هذا هو السبب الذي جعل لينين، خلال كل جدالاته، يوجه ٩٩٪ من هجماته ضد جماعة بوخارين، بينما لم تتم الإشارة إلى تروتسكي إلا بصورة عابرة وبطريقة خفيفة نسبيا. وينفضح التزوير بشكل واضح حين نتذكر أن مقالة لينين نشرت في ٢١ فبراير، أي **بعد** ثلاثة أيام من تصويت تروتسكي **لصالح** اقتراح لينين في اللجنة المركزية. إن قيام جونستون باقتباس كلمات لينين الموجهة ضد سياسة بوخارين اليسارية المتطرفة بطريقة تجعلها تظهر وكأنها كانت موجهة ضد تروتسكي، **عمل غير نزيه بالمطلق.** وقد صار هذا التزوير ممكنا بسبب أن جونستون لا يذكر بوخارين مطلقا، **مما يخلق انطباعا مبالغا فيه تماما وكاذبا ومضللا عن الخلافات بين لينين وتروتسكي.**

ويعلق إ. هـ كار، المؤرخ البرجوازي الشهير، الذي لا يمكن لمونتي جونستون أن يتهمه بكونه تروتسكيا أو «غير تاريخي»، على الاختلافات بين لينين وتروتسكي في بريست ليتوفسك على النحو التالي:

«كانت خلافات لينين مع تروتسكي حول بريست ليتوفسك أقل عمقا من تلك التي فصلت بينه وبين أتباع بوخارين. إن شخصية تروتسكي القوية ودوره البارز في قصة بريست ليتوفسك أعطيا لتلك الخلافات أهمية عملية أكبر وأكثر بروزا لا سواء في أعين المعاصرين أو الأجيال اللاحقة. **لكن الصورة الشعبية عن تروتسكي، باعتباره مدافعا عن الثورة العالمية والمتصارع مع لينين، بطل الأمن القومي أو الاشتراكية في بلد واحد**، صورة مشوهة تماما إلى درجة أنها تكاد تكون خاطئة بشكل مطلق». (الثورة البلشفية، المجلد ٣، الصفحة ٥٤، التشديد من عندنا)

إذا صدقنا تاريخ مونتي جونستون «المنتقى والمنقح بدقة» فإن كل تاريخ البلشفية والسلطة السوفياتية (مع استثناءات قليلة، مثل «حدث» ثورة أكتوبر الذي تكرم الرفيق جونستون وكرس له فقرة واحدة) يتألف من الصراع بين لينين وتروتسكي! هذا هو العمل «المتوازن» و«الموضوعي» العظيم الذي وعدنا به الرفيق جونستون في مقدمته.

لن يكون من قبيل الإطناب توضيح الطبيعة الأحادية الجانب «لموضوعية» جونستون من خلال نقل واقعتين تتعلقان بعلاقة الجمهورية السوفياتية بالعالم الرأسمالي، وموقف لينين وتروتسكي منها. مباشرة بعد الجدل حول بريست ليتوفسك، وجد تروتسكي نفسه في مواجهة قسم مهم من القيادة حول مسألة قبول المساعدات من بريطانيا وفرنسا. طرح تروتسكي اقتراح القبول بها، وعارضه بوخارين و«اليساريون»، إلى جانب سفيردلوف. بينما لينين لم يكن موجودا في الاجتماع، إلا أن مقرر الاجتماع يحتوي إشارة من طرفه تتضمن ما يلي:

«أطلب منك إضافة تصويتي لصالح أخذ البطاطا والذخيرة من اللصوص الامبرياليين البريطانيين والفرنسيين».

وبعد عامين من بريست ليتوفسك، وقع انقسام مماثل بين صفوف القيادة حول مسألة الحرب مع بولندا. عارض تروتسكي أي محاولة لنقل الحرب إلى بولندا بمجرد ما تم التصدي لهجوم بيلسودسكي، على المستوى العسكري والسياسي. بينما دافع لينين عن شن الهجوم، على أساس أن العمال في وارسو ومدن أخرى سيتشجعون بالحرب الثورية للنهوض ضد بيلسودسكي والقيام بالثورة. بعد تقدم باهر في البداية تعرض الجيش الأحمر للهزيمة على أبواب وارسو، وأجبر على العودة وراء خط كيرزون إلى موضع يقع وراء الخط الذي كان قد احتله في بداية القتال. وفي المعاهدة التي تلت ذلك، اضطر البلاشفة إلى التنازل عن مساحة واسعة من روسيا البيضاء لصالح بولندا، مما فصل ألمانيا وليتوانيا عن الجمهورية السوفياتية.

هل كان لينين في عام ١٩٢٠ قد افتتن بـ«الجملة الثورية»؟ هل ارتكب جريمة الانغماس في «خرافة» الثورة العالمية و«المتمنيات»؟ وحده ضيق الأفق البرجوازي الصغير من يجرؤ على قول ذلك. لقد كان لينين مناضلا ثوريا وأمميا. وقد كانت تحركاته موجهة، أولا وقبل كل شيء، بمصالح **الثورة البروليتارية العالمية**.

لم يدع لينين للسلام في بريست ليتوفسك إلا من أجل الحصول على **فرصة لالتقاط الأنفاس**، يمكن خلالها إعادة بناء الجيوش الروسية المحطمة، وإنشاء الجيش الأحمر **للدفاع والهجوم**، كوسيلة لمساعدة الثورة في الغرب، وفي نفس الوقت الذي دافع فيه عن توقيع معاهدة السلام، أضاف أنه «لا غنى عن التحضير لحرب ثورية».

إن توصيف لينين لموقفه من بريست ليتوفسك ترياق كاف ضد سموم النزعة المسالمة و«التعايش السلمي»، والاشتراكية الوطنية التي حاول الستالينيون إلصاقها به:

«خلال مفاوضات بريست ليتوفسك كان علينا أن ندخل في مواجهة مع النزعة الوطنية. قلنا: إذا كنت اشتراكيا فعليك التضحية بمشاعرك الوطنية باسم الثورة العالمية القادمة، التي لم تأت بعد، لكن التي يجب عليك أن تؤمن بها إذا كنت أمميا». (الأعمال الكاملة، المجلد ٢٨، نوفمبر / دجنبر ١٩١٨)

كان لينين أكبر سياسي واقعي. لقد كان دائما يبني تحركاته على فحص دقيق **لجميع** العناصر التي تشكل التوازن الدولي للقوى الطبقية. **لكن ليست هناك أي ضمانة للنجاح في الثورة**. إن تخيل إمكانية وجود تلك الضمانة هو انضمام إلى صفوف «الموضوعيين» الأدعياء، الذين كل موهبتهم هي أنهم دائما على حق، **بعد** وقوع الحدث. ومع ذلك، فإنه لا علاقة للأسباب التي جعلت لينين يدافع عن توقيع معاهدة بريست ليتوفسك بتلك التي يطرحها جونستون وقادة الحزب الشيوعي والتي يقصدون من ورائها ليس تسليط الضوء على موقف لينين في بريست ليتوفسك، بل تبرير سياساتهم الجبانة والمعادية للينينية اليوم.

الفصل السادس: صعود الستالينية

لا يضيع مونتي جونستون وقت قرائه بعرض أي تفاصيل، في «روايته المتوازنة» عن مسار تروتسكي، للحديث عن الدور الرئيسي الذي يعترف بأن تروتسكي قد لعبه خلال الحرب الأهلية، والذي خصص له فقرة واحدة. ربما سيؤذي حس الموضوعية عند القارئ اكتشافه، مثلا، أن لينين كان قد قدم لتروتسكي طيلة الحرب الأهلية تصاريح موقعة من طرفه على بياض للسماح للـ «الثرثار الثوري» بالقيام بأي عمل يراه مناسبا!

وبعد الالتفاف على مسألة الحرب الأهلية التافهة، يحيلنا جونستون على صديقه القديم إسحاق دويتشر الذي حكى القصة في نبيه المسلح «سواء عن أخطاء تروتسكي (الخطيرة في بعض الأحيان) أو انجازاته (التي كثيرا ما بالغ في تقديرها)»وهذا **طبعا** هو السبب الذي جعل مونتي جونستون لا يبالغ في الحرص على الخوض في مسألة الحرب الأهلية. فبعد أن خصص النصف الأول من عمله في محاولة لرسم صورة عن تروتسكي باعتباره فردانيا برجوازيا صغيرا، يفتقر إلى القدرات التنظيمية، وصل، دون أدنى حرج، إلى اقتباس عبارات غوركي التالية:

«قال (لينين) وهو يضرب الطاولة بيده: «أرني رجلا آخر قادرا، في عام واحد، على تنظيم جيش مثالي تقريبا، وعلاوة على ذلك كسب احترام الخبراء العسكريين»». (Cogito، الصفحة ١٧)

وخوفا منه من أن تؤدي هذه الكلمات إلى الإخلال بـ «التوازن» سارع مونتي جونستون على عجل إلى إضافة اقتباس آخر لغوركي، حيث من المفترض أن لينين قال عن تروتسكي:

«إنه ليس واحدا منا. إنه معنا، لكن ليس منا. إنه طموح، وهناك شيء من خصال لاسال فيه، شيء قبيح».

لقد سبق لنا أن أشرنا إلى مدى دقة مونتي جونستون في استخدام الاقتباسات. وهذا مثال جيد آخر. **لا يوجد الاقتباس الثاني في أي مكان في الطبعة الأصلية من مذكرات غوركي عن لينين، التي كتبت في عام ١٩٢٤**. إذ لم يكن من الممكن في ذلك التاريخ المبكر إقحام مثل ذلك الكذب المفضوح. لكن غوركي أجبر على إعادة كتابة مذكراته في عام ١٩٣٠. وبناء على أوامر ستالين، اختفت أجزاء من ذكريات غوركي، في حين ظهرت إلى الوجود «ذكريات» لأول مرة، من بينها هذا المثال عن التزوير الذي ساقه مونتي جونستون. وبما أن الرفيق جونستون مهتم برواية غوركي عن موقف لينين من تروتسكي، دعونا نسوق قطعة أخرى من مذكراته الأصلية الحقيقية، حيث يهاجم لينين النمامين الذين حاولوا الوقيعة بينه وبين تروتسكي: «نعم، نعم، إني أعلم أنهم يكذبون كثيرا بخصوص علاقتي معه».

الخلاف حول النقابات

«خلال أول نقاش كبير شهده الحزب بعد الثورة حول مشكلة البيروقراطية، اشتبك تروتسكي وجها لوجه مع غالبية اللجنة المركزية البلشفية. وقد انتقد لينين بشدة سياسته [تروتسكي] حول التضييق البيروقراطي على النقابات بكونها تعبر عن «أسوء ما في الخبرة العسكرية» وتتضمن «عددا من الأخطاء التي ترتبط مع جوهر ديكتاتورية البروليتاريا».» (Cogito، الصفحة ١٩)

مرة أخرى يلاحظ القارئ طريقة مونتي جونستون في «التحليل» والتي تتألف بكل بساطة من أخذ قصاصات معزولة من الاقتباسات، وبترها عن سياقاتها، وبدون أي إشارة إلى خلفية الحجج نفسها، أو حتى إلى التواريخ! إن الماركسيين، منذ ماركس، يصرون دائما على بعض الأشياء الصغيرة من قبيل تدقيق التواريخ والاقتباسات الدقيقة والكاملة، والتحليل النظري، وما إلى ذلك. ولا يمكن تفسير المسائل التاريخية إلا من خلال إتباع مقاربة نزيهة ودقيقة.

كان الخلاف النقابي حلقة واحدة في الأزمة العامة لنمط التنظيم السياسي والاقتصادي الذي عرف باسم شيوعية الحرب، ولا يمكن فهمه بمعزل عن هذه المسألة. وصف لينين شيوعية الحرب بكونها «الشيوعية في قلعة محاصرة». إن هذا النظام القائم على مركزية صارمة وتطبيق تدابير شبه عسكرية في جميع ميادين الحياة، جاء نتيجة للصعوبات التي واجهتها الثورة المعزولة في بلد متخلف مزقته الحرب، يعيش في ظل ظروف الحرب الأهلية والتدخل الأجنبي. لكن مونتي جونستون يطرح المسألة كما لو كان تروتسكي وحده من تبنى موقف «عسكرة العمل». تميزت السنوات الأولى من حياة السلطة السوفياتية بصعوبات اقتصادية حادة، وذلك من جهة نتيجة للحرب والحرب الأهلية، ومن جهة أخرى نتيجة النقص في كل من الثروات واليد العاملة الماهرة، ومن جهة ثالثة نتيجة معارضة الفلاحين أصحاب الممتلكات الصغيرة للتدابير الاشتراكية التي تبناها البلاشفة.

في عام ١٩٢٠، انخفض إنتاج خام الحديد والحديد الزهر إلى ١,٦٪ و٢,٤٪ على التوالي مقارنة مع مستوياتهما عام ١٩١٣. كان أفضل رقم هو الذي سجله النفط الذي بلغ إنتاجه ٤١٪ من مستوى ١٩١٣. وحقق الفحم معدل ١٧٪. **في ١٩٢٠ انهار الإنتاج العام للسلع المصنعة بشكل كامل إلى ١٢,٩٪ من قيمته عام ١٩١٣.** وانخفض الإنتاج الفلاحي خلال سنتين (١٩١٧-١٩١٩) بنسبة ١٦٪، وقد تم تسجيل أفدح الخسائر في المنتجات المصدرة من القرى إلى المدن: تراجع القنب بنسبة ٢٦٪ والكتان بنسبة ٣٢٪، والأعلاف بنسبة ٤٠٪. ودفعت ظروف الحرب الأهلية، إلى جانب التضخم المزمن الذي شهدته تلك الفترة، بالتجارة بين المدينة والريف إلى طريق مسدود.

أدت الظروف المروعة التي كان يعيشها العمال في المدن إلى نزوح جماعي من الصناعة إلى الأرض. وبحلول عام ١٩١٩ انخفضت نسبة العمال الصناعيين إلى ٧٦٪ من مستوى عام ١٩١٧، في حين انخفضت نسبة عمال البناء إلى ٦٦٪، وعمال السكك الحديدية إلى ٦٣٪. سنة ١٩٢٠، انخفض عدد العمال الصناعيين عموما من ثلاثة ملايين في عام ١٩١٧ إلى ١,٢٤٠,٠٠٠ - أي **إلى أقل من النصف**. في غضون عامين انخفض سكان بتروغراد من أبناء الطبقة العاملة إلى النصف. لكن حتى هذه الأرقام لا تنقل الحجم الكامل للكارثة نظرا لكونها لا تأخذ في الاعتبار **الانخفاض في إنتاجية العمالة** لأولئك العمال الجائعين البائسين الذين بقوا في المصانع.

والشيء الأكثر خطورة من النتائج الاقتصادية، من وجهة نظر البلاشفة، كان هو التآكل السريع **للقاعدة الطبقية للثورة**، وهو ما وصفه رودزتاك بشكل معبر في مؤتمر النقابات الثاني لعموم روسيا في يناير ١٩١٩ :

«نلاحظ في عدد كبير من المراكز الصناعية أن العمال، وبسبب تقلص الإنتاج في المصانع، يجري امتصاصهم من قبل جماهير الفلاحين، وبدلا من ساكنة مكونة من العمال، بدأنا نحصل على ساكنة من إنصاف الفلاحين أو في بعض الأحيان ساكنة من الفلاحين».

وبغية وضع حد لهذا التدهور الكارثي، اتخذت تدابير جذرية لتحريك الصناعة ولإطعام العمال الجائعين ووقف النزوح من المدينة إلى الريف. كان هذا هو المعنى الأساسي لـ «شيوعية الحرب». دعا المؤتمر السابع للحزب، الذي انعقد في شهر مارس سنة ١٩١٨، إلى «اتخاذ التدابير الأكثر نشاطا وحسما وصرامة وقسوة لرفع درجة الانضباط الذاتي والانضباط بين العمال والفلاحين». وفي رده على شكاوى المناشفة، أجاب لينين قائلا :

«علينا أن نكون طوباويين تافهين إذا كنا نتصور أنه من الممكن الاضطلاع بهذه المهمة بعد يوم من سقوط البرجوازية، أي في المرحلة الأولى من الانتقال من الرأسمالية إلى الاشتراكية، أو من دون إكراه».

كانت حجج المناشفة و«اليساريين»، التي استندت على أساس حجج برجوازية كاريكاتيرية حول «حرية العمل»، تعكس تصاعد مزاج الاستياء من ديكتاتورية البروليتاريا بين صفوف الفئات المتخلفة من البرجوازية الصغيرة، وخاصة الفلاحين الذين تحملوا وطأة سياسة شيوعية الحرب.

كان لينين قد توقع منذ ١٩٠٥، أن الفلاحين سيدعمون الثورة بقدر ما تعطيهم الأرض، إلا أن الفئات الغنية بينهم ستنتقل حتما إلى المعارضة حالما تبدأ الثورة في مهاجمة أسس الملكية الخاصة. وأنه سينشأ وضع خطير إذا ما بقيت الثورة معزولة. كانت البروليتاريا أقلية ضئيلة في بحر من الفلاحين الصغار. وبدون استمرار وصول إمدادات منتظمة من المواد الخام والمواد الغذائية من القرى، فإن الصناعة ستتوقف. لكن ونظرا للحالة المزرية للصناعة، لم تكن هناك أي إمكانية لإقامة ظروف تبادل سليم بين المدينة والريف، وتمكين الفلاحين من السلع المصنعة التي يطالبون بها في مقابل منتجاتهم. في المؤتمر التاسع للحزب طرح لينين المسألة باختصار قائلا :

«إذا تمكنا غدا من توفير ١٠٠,٠٠٠ جرار من الدرجة الأولى، وتزويدها بالبنزين وتزويدها بالميكانيكيين (وتعلمون جيدا أن هذا في الوقت الحاضر مجرد حلم)، فإن الفلاح المتوسط سيقول: «أنا مع الشيوعية». لكن من أجل القيام بذلك من الضروري أولا قهر البرجوازية الدولية، وإجبارها على إعطائنا هذه الجرارات».

أوضح لينين مرارا وتكرارا أن الحل الحقيقي **الوحيد** للمشاكل التي تواجه الثورة هو انتصار الثورة الاشتراكية في واحدة أو أكثر من البلدان المتقدمة. في غضون ذلك، كان يتعين مواجهة الأزمة الاقتصادية من خلال تدابير صارمة. وحتى بعد انتهاء الحرب الأهلية، ألقى لينين خطابا في مؤتمر سوفييتات عموم روسيا، عام ١٩٢٠، حيث أوضح أنه «في بلد مشكل من الفلاحين الصغار، تكون مهمتنا الرئيسية والأساسية هي اكتشاف كيفية تطبيق **إكراه الدولة من أجل رفع إنتاجية الفلاحين**». (التشديد من عندنا)

ومن أجل وقف تدفق العمال من المدينة إلى الريف اتخذت تدابير صارمة ضد «الفرار من أماكن العمل». في عام ١٩٢٠، قال أحد العاملين في مصانع كولومسكي لوفد لمندوبية العمال البريطانيين إن «حالات الفرار من أماكن العمل متكررة وأنه يلقى القبض على الفارين من قبل الجنود وتتم إعادتهم من القرى». وقد نص مرسوم صدر بعد مؤتمر الحزب التاسع، مارس ١٩٢٠، على إنزال عقوبات شديدة ضد «الفرار من أماكن العمل» قد تصل إلى الأشغال الشاقة. تم تنظيم العمل على أساس النظام العسكري. كانت «شيوعية الحرب» تعني «عسكرة العمل»، لفترة مؤقتة.

إن الذين يماهون بين لينين وتروتسكي وبين نظام ستالين وورثته، باستخدام حجج كاوتسكي والمناشفة حول «نظام الإكراه»، يتجاهلون الاختلافات في الزمان والمكان والأساليب والظروف. حتى في أكثر الدول البرجوازية ديمقراطية، مثل بريطانيا، اتخذت في ظروف الحرب تدابير تحظر الحركة الحرة للعمالة، وتغيير الوظائف، وما إلى ذلك كتدابير «استثنائية». وقد واجه البلاشفة الحرب الأهلية، تلتها أربع سنوات صعبة من الحرب الامبريالية المدمرة. دمرت البلاد بفعل النهب الذي مارسه الحرس الأبيض والجيوش الامبريالية. وفي ظل هذه الظروف كان من الضروري للغاية اتخاذ تدابير صارمة. لكن وكما كان عليه الحال دائما في ظل لينين وتروتسكي كانت حرية النقاش والنقد من جانب العمال والفلاحين، وخصوصا داخل الحزب البلشفي نفسه، مضمونة. حتى في بريطانيا الرأسمالية، خلال الحرب، كان العمال مستعدين لقبول تدابير «استثنائية»، اعتقدوا أنها ضرورية للدفاع عن حقوقهم. وفي روسيا، في ظل حكومة العمال والفلاحين، كان العمال مستعدين للقبول مؤقتا بالتدابير القاسية التي كانت ضرورية للحفاظ على الثورة.

تروتسكي «بيروقراطي شرس»؟

مونتي جونستون غير مرتاح لكونه يعرف أن تروتسكي والمعارضة اليسارية هما اللذان قادا النضال، بعد وفاة لينين، ضد الانحطاط البيروقراطي والستالينية. ولذلك فهو يسارع إلى فبركة تهمة لتروتسكي بكونه كان هو نفسه «بيروقراطيا شرسا»، وعدوا للديمقراطية العمالية والنقابات الحرة. انه يخلق الانطباع الخاطئ تماما بأن «عسكرة العمل» كانت وجهة نظر تروتسكي وحده، وباستعمال طريقته المعهودة يلمح إلى أن تروتسكي نفذ «سياساته» **ضد أغلبية** أعضاء اللجنة المركزية! لكن الرفيق جونستون لا يفسر لنا كيف تم إنجاز هذا العمل الفذ. وهو لا يستطيع ذلك لأنه **كذب صريح**.

في ١٥ يناير، ١٩٢٠، حول مرسوم حكومي جيش منطقة الأورال إلى أول «جيش ثوري للعمل». وصدر قرار آخر يلقي على عاتق المجلس الثوري لأول جيش عمل مهمة «الإدارة العامة للعمل لتعزيز وتقوية الحياة الاقتصادية والعسكرية الطبيعية في منطقة الأورال». ومنحت سلطات مماثلة لمجلس الجيوش العاملة في القوقاز وأوكرانيا. وتم إرسال الجيش للمساعدة في بناء خط للسكك الحديدية في تركستان، وفرقة أخرى للعمل بمناجم الفحم في دونيتز. وبينما ساعد الجيش الأحمر في تسيير الصناعة، تم تجنيد هؤلاء العمال الذين لم يتم استدعاؤهم للخدمة العسكرية في «جبهة العمل» كما هو مبين أعلاه.

هل كان هذا كله من عمل البيروقراطي الشرس تروتسكي؟ في ١٢ يناير ١٩٢٠، تحدث لينين وتروتسكي من فوق منصة واحدة خلال اجتماع لقادة النقابات البلاشفة. وقد كان الهدف من الاجتماع إقناعهم بقبول سياسة «عسكرة العمل». وقد تم رفض المقترح الذي طرح باسم لينين وتروتسكي، حيث لم يحصل سوى على صوتين اثنين فقط لصالحه: صوتا لينين وتروتسكي. فلنتخيل حدوث مثل هذا في أيام ستالين أو اليوم!

لم يكن هذا الحادث معزولا. فقد كان لينين وتروتسكي على اتفاق كامل حول كل المسائل الاقتصادية والسياسية الرئيسية التي طرحت آنذاك. وحول مسألة توظيف الخبراء البرجوازيين في الجيش والصناعة، خاض لينين وتروتسكي معركة صعبة لإقناع بقية قيادة الحزب البلشفي بالقبول بمقترحهما. نفس الشيء بخصوص مسألة الإدارة الأحادية والسياسة الزراعية، فقد كان لينين وتروتسكي متفقين تماما. لا ينبس مونتي جونستون ببنت شفة حول كل هذا. فمثل هذه المعلومات ستضر بـ «توازن» تحليله.

عن الخلاف حول النقابات مرة أخرى

«في عام ١٩٢٠ وبالإضافة إلى منصبه كمفوض للحرب، استولى [تروتسكي] على مفوضية النقل، ذات الأهمية الاقتصادية والعسكرية الحيوية. حيث أخضع عمال السكك الحديدية والعمال في ورش إصلاح السكك الحديد لطائلة الأحكام العرفية، وواجه الاعتراضات من طرف نقابة عمال السكك الحديدية بتسريح قادتها وتعيين آخرين أكثر خنوعا في مكانهم. وفعل الشيء نفسه مع نقابات عمال النقل الأخرى، وقد أثمرت جهوده حيث تم إعادة بناء السكك الحديدية في وقت قصير». (Cogito، الصفحة ١٩)

عن طريق هذه التلميحات الخبيثة، التي من المفترض ألا يستعملها في مؤلفه، يحاول جونستون خلق الانطباع عن تروتسكي، البيروقراطي الشرس، بكونه «استولى» على السكك الحديدية تحت تهديد السلاح، وقام، بناء على مبادرته الخاصة، بسحق العاملين فيها بأسلوب ستاليني محض. ما هي الحقائق؟

لقد كان تدمير شبكات السكك الحديدية في روسيا واحدة من أقسى الضربات التي تسببت فيها الحرب الأهلية للاقتصاد. فمن أصل ٧٠,٠٠٠ فرست[١٠] من السكك الحديدية لم ينج سوى ١٥,٠٠٠ فرست من الدمار. وكانت أكثر من ٦٠٪ من القاطرات معطلة. وبلغ تفكك الاقتصاد الناجم عن انهيار المواصلات نقطة الأزمة في عام ١٩٢٠، مما جعل أنه إذا لم يتم اتخاذ إجراءات جذرية، فإن كل الصناعة الروسية ستعاني كارثة لا رجعة منها. وبما أن هذا جاء في ذروة الحرب البولندية، فإنه كان يعني أن **مصير الثورة كان على المحك**.

أعلن مؤتمر الحزب التاسع، في قرار خاص، أن المشكلة الرئيسية التي تمنع التغلب على الأزمة في قطاع السكك الحديدية هي نقابة السككيين. كانت تلك النقابة اتحاد حرفيا قديما، ومعقلا تقليديا للمناشفة، الذين كانوا قد دخلوا فعلا في الصراع مع الحكومة البلشفية بشأن مسألة السيطرة على السكك الحديدية. إن المؤتمر التاسع للحزب الذي كلف تروتسكي بمسؤولية أعمال ترميم السكك الحديدية، أعطاه أيضا صلاحية تطعيم النقابة بعدد من العمال الفاعلين والمخلصين، لإعادتها إلى العمل. وعندما رفض المسؤولون في النقابة الانضباط للقرارات الجديدة، قررت **اللجنة المركزية للحزب**، وليس تروتسكي، تعويض المسؤولين القدماء بلجنة جديدة مؤلفة من شيوعيين مخلصين: لم يعترض على هذا القرار سوى **صوت واحد**، هو صوت الشيوعي «اليميني» والزعيم النقابي، تومسكي. بينما صوت البقية، بمن فيهم لينين وزينوفييف وستالين، لصالحه.

يصور جونستون تروتسكي بكونه «العبقري الشرير» الذي نظم «عسكرة العمل» وشيوعية الحرب. **ويفضل أن ينسى أن تروتسكي كان أول القادة البلاشفة الذين دعوا إلى التخلي عن شيوعية الحرب، منذ فبراير ١٩٢٠.** في ذلك الوقت، قدم تروتسكي إلى اللجنة المركزية للحزب مجموعة من الأطروحات أشارت إلى استمرار اختلال الاقتصاد، وضعف البروليتاريا، واتساع الفجوة بين المدينة والريف. ودعا إلى استبدال مصادرة الحبوب بفرض ضريبة الحبوب، وتدابير تهدف إلى استعادة جزء من اقتصاد السوق المنهار. **وهي من حيث الجوهر نفس السياسات التي قامت عليها لاحقا السياسة الاقتصادية الجديدة.**

مقترحات تروتسكي، التي عارضها لينين، رفضت من قبل اللجنة المركزية، التي فضلت الاستمرار في تطبيق سياسة شيوعية الحرب. وانضباطا منه لقرار الاستمرار في تطبيق أساليب «الحرب» لفترة أخرى، ضد وجهة نظره الخاصة، سعى تروتسكي إلى ضمان عمل المنظومة بأفضل ما يمكن. هذه هي الجريمة التي يتعرض تروتسكي بسببها مرة أخرى للتشهير على يد مونتي جونستون، الذي يتجاهل معارضة تروتسكي لأساس شيوعية الحرب نفسها.

يرسم جونستون صورة لتروتسكي بكونه الديكتاتور «البيروقراطي الشرس» اعتمادا على مقتطفات قليلة من خطاب له انتقد فيه التعامل الليبرالي المثالي مع «العمل الحر» بشكل مجرد، وأشار إلى أن العمل غير الحر يمكنه أيضا أن يكون مثمرا. ملاحظته القائلة بأن العبودية كانت تقدمية في مرحلتها، والتي لا جدال فيها من وجهة النظر الماركسية، بترت من سياقها، وأضيفت إليها لمسة شريرة على يد مونتي جونستون (سيرا على خطى دويتشر). إن الخطاب الذي اختطفه الرفيق جونستون بتلهف من بستان دويتشر المزهر، لم يلق خلال المؤتمر العاشر للحزب، بل في مؤتمر نقابات العمال الثالث لعموم روسيا، حيث كان تروتسكي، المتحدث باسم البلاشفة، يتحدث ليس ضد لينين، بل ضد **المناشفة**، الذين ذرفوا دموع التماسيح على «حرية العمل» التي يكررها مونتي جونستون الآن بشكل مؤثر جدا.

إن المناشفة، ومن أجل تشويه سمعة الحكومة البلشفية، استغلوا التدابير، التي كانت مفروضة على الجمهورية السوفياتية بسبب ظروف الحرب الأهلية والتدخل الامبريالي، بطريقة غير نزيهة بتاتا. وكانت حججهم كاريكاتورية بخصوص «الديمقراطية» و«العمل الحر». لقد دافع البلاشفة عن كل أشكال الحريات

---

١٠ وحدة قياس روسية تعادل ١,٠٦٦ كلمتر

الأكثر اكتمالا - بما في ذلك الحرية للأحزاب البرجوازية- شريطة ألا يحاولوا تنظيم تمرد مسلح ضد السلطة السوفياتية. لكن في ظل الظروف التي شهدت فرار البرجوازية «الليبرالية» إلى معسكر الجيش الأبيض، صار هذا الكلام بمثابة دعوة الثورة إلى التخلي عن الدفاع عن نفسها ضد الردة الرجعية البيضاء. لم يكن البديل عن ديكتاتورية البروليتاريا هو نوع من ديمقراطية فيمار، كما كان المناشفة يزعمون، بل الحكم الدموي للردة الرجعية. كان النقاد الاشتراكيون الديمقراطيون للبلشفية من ذلك النوع من الناس الذين هم على استعداد تام للتعاون مع الإمبريالية في الحرب العالمية الدامية، لكن الذين يصابون بالرعب أمام تدابير لينين وتروتسكي «القاسية». وقد كانت خيانتهم للحركات الثورية في ١٩١٧-١٩٢١ هي التي مهدت الطريق لصعود النازية واندلاع حرب عالمية جديدة أكثر همجية.

إن الخلافات بين البلاشفة حول النقابات، وعلى النقيض مما يمكن للمرء أن يفترض بناء على الصورة الكاذبة التي رسمها مونتي جونستون، لم تكن بين تروتسكي «البيروقراطي الشرس» وبين لينين المدافع عن «العمل الحر»، بل **كانت تعبيرا عن أزمة داخل الحزب سببها المأزق الذي وصلته شيوعية الحرب**. كانت الخلافات الأصلية غير ذات أهمية، كما أوضح لينين. لكن الخلافات الصغيرة بين صفوف القيادة أدت، في ظل ظروف معينة، إلى سلسلة من الانقسامات داخل الحزب، لم تسفر عن طرح أرضيتين فقط بل عن طرح خمسة على الأقل.

كان اهتمام لينين الرئيسي في ذلك الوقت منصبا على منع حدوث انشقاق في القيادة والحفاظ على الرابط الضعيف الذي يصل البروليتاريا وطليعتها بالجماهير غير البروليتارية وشبه البروليتارية. في ظل ظروف الأزمة الاقتصادية، والأمية الشاملة، والتراجع المستمر لأعداد الطبقة العاملة وانحطاط روحها المعنوية، وقبل كل شيء الكثرة الساحقة لجماهير الفلاحين البرجوازيين الصغار، صار الحزب البلشفي واقعا تحت ضغط متزايد من قوى طبقية أخرى. إن اضطرار البلاشفة، ضدا على رغبتهم، إلى حضر أحزاب المعارضة، كان يعني أن هذه الضغوط ستسعى حتما إلى العثور على تعبير لها من خلال الحزب البلشفي نفسه. وأكثر ما خافه لينين هو انشقاق الحزب على أساس طبقي. كان هذا هو أساس معارضة لينين لاقتراح تروتسكي الأصلي بـ«زعزعة» المسؤولين النقابيين وجعلهم ينضبطون للتخطيط المركزي، وهو ما تسبب في الاحتكاك مع الزعيم النقابي تومسكي.

يبدأ مونتي جونستون نقاشه حول الخلاف بخصوص النقابات باقتباس من مقالة لينين «أزمة الحزب». حاول لينين احتواء الخلافات داخل القيادة عن طريق تشكيل لجنة للتحقيق في النقابات العمالية. وفي أثناء مناقشة اللجنة المركزية، قام لينين بعدد من «الهجمات» المبالغ فيها بشكل واضح وبالتالي الخاطئة، كما قال بلسانه، مما أدى إلى زيادة حدة الصراع. رفض تروتسكي الانضمام إلى اللجنة. ويقتبس مونتي جونستون كلمات اللوم التي وجهها لينين له:

«هذه الخطوة **وحدها** هي التي تسببت في خطأ الرفيق تروتسكي الأصلي لتصبح فادحة وتتضخم وتؤدي لاحقا إلى التكتلية».

لكن هذه واحدة من استشهادات الرفيق جونستون المبتورة. دعونا نرى ما أضافه لينين **في الجملة التالية بالضبط:**

«بدون هذه الخطوة، يبقى خطأه (في تقديم أطروحات غير صحيحة) بسيطا جدا، مثل الأخطاء التي ارتكبها كل عضو من أعضاء اللجنة المركزية، من دون استثناء.» (الأعمال الكاملة، المجلد ٣٢، الصفحة ٤٥)

لا يسمح مونتي جونستون لقرائه بقراءة لينين إلا بقدر ما يراه مفيدا لصحتهم. ومن خلال اكتفاءه باقتباس **الجدالات الانفعالية**، «يساعد» مونتي جونستون لينين عبر «شحذ» نصله في صراعه ضد تروتسكي. وفي أماكن أخرى من هذا القسم يعرض مرارا وتكرارا الأفكار التي دافع عنها لينين و**جميع** القادة البلاشفة وكأنها وجهة نظر تروتسكي وحده. وفي سياق اقتباسه و«تحسينه» لحجج تروتسكي، كتب جونستون ما يلي :

«روسيا، كما قال [تروتسكي] مرارا وتكرارا، لا تعاني من الفائض بل من انعدام البيروقراطية الكفؤة [؟]، التي كان يفضل تقديم تنازلات معينة محدودة لها[؟]. ودويتشر الذي ساق هذا يعلق عليه قائلا: «وهكذا فإنه يجعل نفسه المتحدث باسم المجموعات الإدارية»». Cogito)، الصفحة ٢٠)

إن استعمال جونستون لكلمات دويتشر لا يضيف ذرة من القدسية لحججه. ويمكن لكل من قرأ دويتشر أن يعرف أنه لم يهاجم فقط أفكار تروتسكي «الديكتاتورية»، ب**ل أيضا أفكار لينين**، وهو في واقع الأمر لم يكن يميز بينهما. إن تقييمه الخاطئ لتروتسكي هو نفس تقييمه للينين، وللثوريين بصفة عامة.

إن الحجج التي ينسبها مونتي جونستون إلى تروتسكي تتطابق تماما مع وجهات النظر التي دافع عنها لينين مئات المرات حول الحاجة إلى الكفاءة، وإلى الإدارة الفعالة والحاجة إلى الاختصاصيين الذين كان لينين «يفضل تقديم تنازلات معينة محدودة لهم»، ليس «التنازلات» الفاحشة التي تتمتع بها البيروقراطية الستالينية الطفيلية في روسيا وأوروبا الشرقية اليوم، بل فقط تلك الضرورية للتمكن من إنعاش الاقتصاد المنهار، وتمكين الثورة من البقاء إلى حين تمكن البروليتاريا الثورية في أوروبا من أن تأتي لمساعدتها. مرة أخرى يعرض جونستون تحت يافطة «التروتسكية» أفكار لينين والحزب البلشفي والماركسية ذاتها. لكن هذا يؤكد فقط الهوة العميقة التي تفصل كل منظري الستالينية عن الأفكار والتقاليد البلشفية. بليه لعنق الحجج يضع جونستون كلمات لينين على لسان تروتسكي، ويضع على لسان لينين حجج المدافعين الحقيقيين عن كاريكاتور العمل الحر، أي المناشفة.

لينين حول النقابات

«قال لينين: إن الدولة السوفياتية في الممارسة العملية «دولة عمالية مع تشويهات بيروقراطية». وقال بأن النقابات تحتاج طيلة فترة طويلة إلى «النضال ضد التشوهات البيروقراطية في أجهزة الدولة السوفييتية»، ومن أجل «حماية المصالح المادية والمعنوية للجماهير الكادحة من خلال الطرق والوسائل التي لا يستطيع ذلك الجهاز استخدامها»». (Cogito، الصفحة ٢١)

ما معنى هذا الاقتباس؟ لا يعني أن لينين اختلف مع تروتسكي في فهمه لجهاز الدولة وتشوهاته البيروقراطية. كانت النقطة المطروحة على طاولة النقاش هي السياسة الواجب اعتمادها على الفور في حالة استمر نظام شيوعية الحرب. ومع ذلك فإن الشيء الهام والمثير للاهتمام حقا هو **كون مونتي جونستون، وفي كل هذا القسم من عمله، لا يوضح أيا من حجج لينين حول مسألة النقابات**. وهذا ليس من قبيل الصدفة.

يناقش لينين، بشكل جدلي، أنه يجب على النقابات في دولة العمال أن تكون مستقلة، من أجل أن تكون الطبقة العاملة قادرة على الدفاع عن نفسها ضد الدولة، وبالتالي الدفاع عن الدولة العمالية نفسها. كان لينين يؤكد على هذه النقطة لأنه رأى خطر قيام الدولة بالارتفاع فوق الطبقة العاملة وفصل نفسها عنها. **يمكن للعمال بذاتهم ومن خلال منظماتهم، أن يمارسوا الرقابة على جهاز الدولة وعلى البيروقراطية.**

من المضحك قراءة هجمات جونستون على «النزعة البيروقراطية» المزعومة عند تروتسكي، في ضوء ما حدث لـ «استقلال النقابات» في روسيا في عهد ستالين واليوم. عندما كان تروتسكي «في السلطة» كان بيروقراطيا؛ وعندما كان ستالين في السلطة، استسلم للأسف لنزعة «عبادة الشخصية». المسألة كلها مسألة «شخصيات!» ليس هذا أسلوب تحليل ماركسي، بل أسلوب تحليل مفكري الطبقة الوسطى المبتذلين، الذين يفهمون السياسة بمنطق الأفراد الذين «يخونون» بمجرد وصولهم إلى السلطة. وعلى الرغم من هذه المقاربة «النقدية» للغاية فإن قدرات مونتي جونستون النقدية سرعان ما تتبخر في الهواء بمجرد ما نصل إلى «المؤتمر العشرين» الشهير:

«مؤيدو تروتسكي[!] يصورونه كبطل للنضال ضد البيروقراطية في الاتحاد السوفياتي. وبما أن تروتسكي استمر طيلة السبعة عشر عاما الأخيرة من حياته يدين بلا كلل جوانب كثيرة [؟] من نظام ستالين البيروقراطي، والتي سيفضحها الحزب الشيوعي السوفياتي [؟] في عام ١٩٥٦، فإن مزاعم التروتسكيين تبدو معقولة، لكن وكما سنرى فإن الحقيقة أكثر تعقيدا بكثير». (Cogito الصفحة ١٩)

نعم في الواقع إن الحقيقة «أكثر تعقيدا بكثير!» أي نوع من «الفضح» قام به خروتشوف وشركائه في عام ١٩٥٦؟ هل فضحوا أن ستالين كان طاغية، وكان مجرما، وقاتلا جماعيا، ومجنونا، الخ؟ وأن خروتشوف وبريجنيف وكوسيغين والآخرين وقفوا مرعوبين أمام الدكتاتورية (التي لم «يكتشفها» الحزب «الشيوعي» السوفييتي على ما يبدو إلا في عام ١٩٥٦!). لكن بالنسبة للماركسيين هذا لا يحل المشكلة. إن ما هو أكثر أهمية هو العلاقات الاجتماعية التي يمكنها أن تنتج مثل ذلك المسخ. والسؤال الهام بخصوص المؤتمر العشرين هو: **ما الذي تغير منذ عام ١٩٥٦؟**

لقد رأى لينين منذ عام ١٩٢٠، العمليات التي تجري داخل جهاز الدولة السوفييتية. وجميع كتاباته حول مسألة النقابات، والتي لم يتطرق لها مونتي جونستون، مشغولة بفكرة رقابة العمال ومنظماتهم على البيروقراطية وميولها إلى المراكمة والفساد والهدر وسوء الإدارة. رأى لينين في تطوير ديمقراطية عمالية سليمة والاضمحلال التدريجي للدولة شرطا لا غنى عنه للحركة نحو الاشتراكية.

بالنظر إلى إعجاب مونتي جونستون الذي لا حدود له بأنشطة «الفضح» التي قام بها خروتشوف فإن روسيا وأوروبا الشرقية من وجهة نظره هي الآن بلدان اشتراكية سليمة، ومنشغلة بالقضاء على كل آثار البيروقراطية وعبادة الشخصية والستالينية عموما، باستثناء عدد من الحوادث «المؤسفة» (والتي لا يمكن تفسيرها على ما يبدو) من قبيل غزو تشيكوسلوفاكيا والمحاكمات الصورية ضد الكتاب، والتي من الواضح أنه لا علاقة لها على الإطلاق مع الوضع العام!

إن مونتي جونستون إذ يقتبس كلام لينين عن البيروقراطية في الدولة ودور النقابات يوجه صفعة لنفسه.

منذ عام ١٩٥٦، اضطرت البيروقراطية الروسية إلى إزالة عدد من الممارسات الأكثر همجية في نظام ستالين - وهي الممارسات التي لا يمكنها أن تكون في ظل الرأسمالية إلا في دولة فاشية - مثل عبودية العمل، الخ. لكن ما تزال الدولة البوليسية والإرهاب مستمرين؛ فقط الأسماء وحدها هي التي تغيرت. إن وضع النقابات العمالية في روسيا يبين زيف المزاعم حول أن البيروقراطية تصلح نفسها. ونسأل مونتي جونستون: **أين هي النقابات المستقلة في الاتحاد السوفياتي بعد ثلاثة عشر عاما على عقد المؤتمر العشرين؟**

في عهد ستالين تم القضاء على الحقوق الأساسية للطبقة العاملة السوفييتية. واليوم، في ظل ورثته: بريجنيف وكوسيغين، **ليس هناك حق الإضراب، ولا الحق في المفاوضات الجماعية، ولا الحق في الانتخاب الديمقراطي للجان المصانع** (وهي الحقوق التي كانت موجودة في ظل لينين وتروتسكي، حتى في أحلك فترة الحرب الأهلية). إن النقابات العمالية في روسيا وأوروبا الشرقية صورة كاريكاتورية: مجرد أداة لنقل أوامر

السادة البيروقراطيين إلى الطبقة العاملة. لقد وصل اليوم الفساد الفاحش والتبذير وسوء الإدارة، التي أراد لينين القضاء عليها عن طريق رقابة المنظمات العمالية، أبعادا تهدد بتقويض التقدم المحرز من قبل الطبقة العاملة السوفيتية على أساس الاقتصاد المخطط[١١].

إنه تناقض صارخ يمكن لكل عضو واع في رابطة الشباب الشيوعي أو الحزب الشيوعي أن يراه، كون الجمهورية السوفييتية الضعيفة والمنهكة في عهد لينين وتروتسكي، **وعلى الرغم** من التشوهات البيروقراطية التي أشار إليها لينين بصراحة، كانت تضمن مع ذلك حرية واستقلال كل من النقابات والحزب. ينبغي على أعضاء رابطة الشباب الشيوعي تكبد عناء قراءة أدبيات المؤتمر العاشر للحزب الشيوعي في أعمال لينين الكاملة ويسألوا أنفسهم بصراحة: هل يمكن لمثل تلك المناقشة الحرة للمسائل أن تحدث في أي حزب «شيوعي» اليوم؟

على النقيض من فترة الحرب الأهلية والسياسة الاقتصادية الجديدة، عندما اضطر البلاشفة، بسبب ضعف السلطة السوفييتية وخطر الردة الرأسمالية، إلى تقييد بعض الحقوق الديمقراطية كإجراء مؤقت واستثنائي، فإن الاتحاد السوفييتي اليوم هو الدولة الصناعية الثانية في العالم. ورغم ذلك فإن البيروقراطية تشعر بالرعب من احتمال منح حتى أبسط الحقوق الديمقراطية للعمال السوفييت. وهكذا فإن تمكن العمال في تشيكوسلوفاكيا من انتزاع استقلال نسبي للنقابات من يد البيروقراطية بعد سقوط نوفوتني، مهد لرد الفعل الروسي. لقد شعر البريجنيفيون والكوسيغينيون بالرعب الشديد من تأثير ذلك على الطبقة العاملة السوفييتية!

تبدو محاولة مونتي جونستون للظهور بمظهر صديق «حرية العمل» ضد تروتسكي «البيروقراطي الشرس» جوفاء أكثر عندما نقارن الوضع في الاتحاد السوفياتي اليوم بالوضع حتى في اسبانيا في ظل فرانكو. فهناك أيضا، نجد بعض «التنازلات» قدمت للطبقة العاملة، خوفا من الثورة. الفرق بينهما هو أنه في حين نجد حتى في إسبانيا، حيث النقابات العمالية غير شرعية، العمال يشكلون منظمات حقيقية - «اللجان العمالية» غير الشرعية، والتي تقود الإضرابات والنضال باسم الطبقة العاملة، بل وحتى التفاوض مع أرباب العمل، فإنه في روسيا «الاشتراكية»، كل من يحاول تنظيم مثل هذه الأجهزة سيجد نفسه وراء القضبان.

في الواقع، تنعكس في قضية النقابات كل مسألة العلاقات الاجتماعية في الاتحاد السوفياتي وبقية الدول المشوهة بيروقراطيا الأخرى. إن الحديث عن التقدم نحو الاشتراكية (أو «الشيوعية»!) يعني توفير كل شروط تطور وتحرر الطبقة العاملة باعتبارها الطبقة الحاكمة في المجتمع، ولها الحق في الرقابة والتسيير والمحاسبة. إنه يعني إشراك المجتمع كله في تخطيط وتسيير الإنتاج والدولة، والاضمحلال التدريجي للبيروقراطية. هذه هي الضمانة الوحيدة للانتقال إلى مجتمع بدون طبقات. إن التخطيط الاشتراكي يحتاج إلى الرقابة الديمقراطية العمالية كما يحتاج جسم الإنسان إلى الأوكسجين.

إن البيروقراطية الشمولية القائمة في الاتحاد السوفياتي ليست فقط نظاما قمعيا ضد الطبقة العاملة السوفييتية ومنفرا للعمال في الغرب. بل تشكل أيضا وعلى نحو متزايد عائقا أمام التطور الحر والمتناغم للقوى المنتجة في الاتحاد السوفييتي. إن أكبر اتهام للصورة الكاريكاتورية عن الاشتراكية هي كون العمال، وبعد مرور خمسين عاما على ثورة أكتوبر، يفتقرون حتى لتلك الحقوق الديمقراطية الموجودة في البلدان الرأسمالية المتقدمة. وفي حين أن البيروقراطية تفتخر بـ «بناء الشيوعية» نجد العودة إلى تطبيق عقوبة الإعدام - على الجرائم الاقتصادية - كالاحتيال والفساد والسرقة التي تضر بالاقتصاد السوفياتي - وهو الدليل

---

١١ للإطلاع على تحليل مفصل لهذه المسألة، أنظر: Bureaucratism or Workers› Power (البيروقراطية أو سلطة العمال)، بقلم تيد غرانت وروجر سيلفرمان.

الملموس على إفلاس النظام وضرورة الديمقراطية العمالية. سوف يصل العمال السوفييت لا محالة لأن يفهموا أن السبيل الوحيد للخلاص بالنسبة لهم هو برنامج لينين وتروتسكي. وعندما سيدركون ذلك، وسوف يدركون ذلك حتما، ستصير أيام البيروقراطية معدودة.

المؤتمر العاشر للحزب والسياسة الاقتصادية الجديدة

انعقد المؤتمر العاشر للحزب في جو من الأزمة؛ ودخلت سياسة «شيوعية الحرب» مرحلتها الأخيرة والأكثر اضطرابا. اندلعت انتفاضات الفلاحين المسلحة في سلسلة من المقاطعات، وبلغت ذروتها في انتفاضة خطيرة في تامبوف. انتشر السخط في المدن الجائعة. وفي شهر فبراير ١٩٢١ اندلعت سلسلة من الإضرابات في بتروغراد بسبب نقص الخبز. فاستغلت العناصر المنشفية هذه الاضطرابات من أجل طرح الشعار الرجعي: «من أجل سوفييتات بدون شيوعيين».

في هذا السياق كما قال لينين، كان النقاش حول النقابات «ترفا غير مسموح به»، يدفع «إلى الواجهة بمسألة لا يمكنها أن تطرح لأسباب موضوعية». لم تكن القضية الأساسية في النقاش هي النقابات، لكنها كانت بمثابة المحفز الذي أدى إلى تبلور عدد من التيارات الواضحة المعالم داخل الحزب.

أدت نهاية الحرب الأهلية، وبخاصة تسريح الجيش الأحمر، إلى تعميق الأزمة وسخط جماهير الفلاحين. وقد أوضح لينين أن بعض تيارات المعارضة داخل الحزب «مرتبطة بالهيمنة الكبيرة للفلاحين فى البلاد، وعدم رضاهم عن ديكتاتورية البروليتاريا». وقد تراجعت مسألة النقابات أمام القضايا التي انفجرت في خضم المؤتمر أثناء انتفاضة كرونشتادت.

كانت انتفاضة كرونشتادت تعكس بلا شك تزايد السخط على سياسة شيوعية الحرب بين الجماهير، وعلى الخصوص بين الفئات الأكثر تخلفا وبين الفلاحين، لكن أيضا بين صفوف العمال الذين تقوضت معنوياتهم بسبب سنوات الحرب العالمية والحرب الأهلية والمجاعة. وأمام المعارضة العنيفة لجماهير الفلاحين أجبرت الثورة على التراجع. ألغيت سياسة الاستيلاء على الحبوب واستعيض عنها بضريبة الحبوب، واتخذت تدابير لإعادة إنعاش اقتصاد السوق، لتشجيع التجارة الخاصة. بل وتم التراجع عن تأميم بعض القطاعات الصناعية، إلا أن الركائز الأساسية للاقتصاد والمصارف وشركات التأمين والصناعات الكبيرة إضافة إلى احتكار التجارة الخارجية، بقيت في يد الدولة.

لم تكن هذه التنازلات التي قدمت لـ«الحرية» البرجوازية انتصارا على «بيروقراطية» شيوعية الحرب، بل كانت تراجعا تحت الضغط، وتنازلات مؤقتة قدمت للجماهير البرجوازية الصغيرة من أجل الحيلولة دون حدوث انشقاق بين العمال والفلاحين والذي من شأنه أن يؤدي إلى سقوط الدولة السوفييتية.

وفي سياق دفاعه عن هذه التنازلات خلال المؤتمر العاشر أشار لينين إلى أن الضغط الساحق لجماهير الفلاحين على الطبقة العاملة «يشكل خطرا أكبر بكثير من خطر كل من دينيكين وكولشاك ويدينيتش، مجتمعين معا». وأضاف قائلا: «سيكون من الخطأ الفادح أن ننخدع بخصوص هذه النقطة! إن الصعوبات الناجمة عن العناصر البرجوازية الصغيرة هائلة، وإذا أردنا أن نتغلب عليها، لابد لنا من وحدة أكبر، وأنا لا أقصد مجرد وحدة شكلية. يجب علينا أن نقف معا كجسد واحد، لأنه في بلد فلاحي وحدها إرادة جماهير البروليتاريين ستمكن البروليتاريا من الحفاظ على قيادتها ودكتاتوريتها. إن يد المساعدة في طريقها إلينا من بلدان أوروبا الغربية لكنها لن تأتي بالسرعة الكافية. إلا أنها قادمة وتتطور». (الأعمال الكاملة، المجلد ٣٢، الصفحة ١٧٩)

لينين، وكما هو الحال دائما، طرح المسألة بشكل واضح ونزيه. إن التراجع المتمثل في السياسة الاقتصادية الجديدة أملته ضغوط هائلة من قبل الفلاحين على الدولة العمالية، المعزولة بسبب تأخر الثورة الاشتراكية في الغرب. لقد أشار لينين إليها دائما باعتبارها سياسة مؤقتة، وباعتبارها «متنفسا»، في انتظار التطورات الهائلة المقبلة للثورة الاشتراكية العالمية. لكنه كان أيضا واعيا تماما بالمخاطر التي تكمن في هذا الطريق، وخصوصا مخاطر إعادة إحياء العناصر البرجوازية والبرجوازية الصغيرة مع نمو اقتصاد السوق:

حذر لينين الحزب خلال المؤتمر العاشر قائلا: «إن هذا الخطر، أي تطور الإنتاج الصغير والبرجوازية الصغيرة في المناطق الريفية، جسيم للغاية». وفي رده على أولئك الذين كانوا يميلون إلى الشعور بالرضا، أكد لينين على النقطة التالية: «هل لدينا طبقات؟ نعم لدينا. هل لدينا صراع طبقي؟ نعم صراع طبقي شرس جدا!» (الأعمال الكاملة، المجلد ٣٢، الصفحة ٢١٢)

يقدم مونتي جونستون صورة أحادية الجانب تماما للمؤتمر العاشر، مشددا بشكل كبير على مسألة النقابات، ومتجاهلا لأي إشارة إلى القضايا الرئيسية المطروحة للنقاش، وتعامل مع مسألة النقابات بطريقة خاطئة - حيث طرح المسألة مرة أخرى باعتبارها «معركة طاحنة» بين لينين وتروتسكي، بينما فشل في ذكر المواقف الأخرى المقدمة: مواقف بوخارين وما يسمى بـ «المعارضة العمالية» ومواقف «أنصار المركزية الديمقراطية»، على سبيل المثال. ومرة أخرى يمكن هذا «السهو» مونتي جونستون من خلق انطباع زائف تماما. ويمكن أن نرى الكلبية الهائلة التي تميز مقاربته في محاولته الربط بين موقف تروتسكي حول النقابات وبين قرار المؤتمر حظر التكتلات داخل الحزب:

«بتنظيمه [تروتسكي] لتكتل حول الأفكار التي أعرب عنها في منشوره... فتح نقاشا داخل الحزب، والذي انتهى في المؤتمر العاشر، مارس ١٩٢١، إلى تكبده هزيمة ساحقة، وصدور قرار يمنع التكتلات داخل الحزب». (Cogito، الصفحة ٢٠)

هذا غريب حقا! لا أحد في المؤتمر العاشر اتهم تروتسكي «بتنظيم تكتل» حول أي شيء. إن المقصود من هذا التلميح هو ربط إشارة لينين، في وقت سابق، إلى «تكتلية» تروتسكي (أي رفضه الانضمام إلى لجنة التحقيق في النقابات). يعلم جونستون جيدا أن قرار حظر التكتلات اتخذ لأسباب لا صلة لها لا بالنقاش حول دور النقابات ولا بدور تروتسكي في هذا النقاش.

لقد اتخذ القرار نظرا للأسباب التي أشار إليها لينين في المقطع المذكور أعلاه، والذي يفسر بوضوح أن هذا التدبير الاستثنائي أملته **مخاطر تعبير ضغوط الطبقات الأخرى عن نفسها من خلال مجموعات داخل الحزب**. وفي السياق المباشر للمؤتمر العاشر كان هذا الإجراء موجها ليس ضد تروتسكي، بل صراحة ضد ما كان يسمى بـ «المعارضة العمالية»، التي كانت مجموعة شبه نقابية يقودها شيليابويكوف وكولنتاي، والتي تم حلها رسميا من قبل المؤتمر. ويفسر القرار الذي صدر بشأن هذه النقطة بوضوح أسباب هذا الإجراء:

«إن الانحراف المشار إليه يرجع جزئيا إلى تدفق المناشفة السابقين على الحزب، وكذلك إلى العمال والفلاحين الذين لم يستوعبوا بعد تماما النظرة الشيوعية عن العالم. إن هذا الانحراف هو نتيجة أساسا للضغوط التي تعانيها البروليتاريا والحزب الشيوعي الروسي من قبل العناصر البرجوازية الصغيرة، التي هي قوية بشكل استثنائي في بلدنا، والتي تؤدي حتما إلى التذبذب نحو الفوضوية، لا سيما في الأوقات التي تكون فيها أوضاع الجماهير قد تدهورت كثيرا نتيجة لشح المحاصيل، والآثار المدمرة للحرب، وعندما خلق تسريح ملايين الجنود آلافا من الفلاحين والعمال، غير القادرين على الفور على إيجاد وسائل قارة لكسب العيش». (الأعمال الكاملة، المجلد ٣٢، الصفحة ٢٤٥)

وبالتحديد خلال النقاش حول «المعارضة العمالية»، أدلى لينين ببيان يوضح تماما كذب تلميحات مونتي جونستون بخصوص «تكتلية» تروتسكي المزعومة :

«يقول أعضاء المعارضة العمالية: «إن لينين وتروتسكي سوف يتحدان». وقال تروتسكي: «إن هؤلاء الذين لا يستطيعون أن يفهموا أنه من الضروري أن نتحد هم ضد الحزب؛ بالطبع سوف نتحد، لأننا رجال الحزب». لقد دعمته. بالطبع لقد اختلفنا أنا والرفيق تروتسكي؛ وعندما تظهر مجموعات متساوية إلى هذا الحد أو ذاك داخل اللجنة المركزية، فإن الحزب سوف يصدر حكمه، وبطريقة من شأنها أن تجعلنا نتحد وفقا لرغبة وتعليمات الحزب». (الأعمال الكاملة، المجلد ٣٢، الصفحة ٢٠٤)

الفصل السابع - نضال لينين ضد البيروقراطية

«في الفترة الأخيرة من حياته كان لينين شديد القلق حيال نمو البيروقراطية في الدولة السوفياتية والحزب». (Cogito صفحة ٢٢)

إن مونتي جونستون الذي خصص فقرة واحدة للثورة الروسية، وفقرة واحدة للحرب الأهلية، استمر محافظا على «التوازن» من خلال منح نفس المساحة لنضال لينين ضد قوى الردة الداخلية في الدولة السوفياتية والحزب.

كيف تعامل لينين مع مسألة البيروقراطية السوفياتية؟ هل اكتفى فقط بـ«القلق الشديد» إزاءها؟ أم أنه قام بشيء يحاول «منظرو» الحزب الشيوعي اليوم بإصرار تجنب الحديث عنه، أي **تحليل أسباب البيروقراطية من أجل شن نضال عنيد ضدها؟**

يشير مونتي جونستون إلى «البيروقراطية» كما لو كانت مجرد مسألة «سلوك بيروقراطي»، وإفراط في البيروقراطية من طرف الموظفين الرسميين، إلخ. ليست لهذه المقاربة أية علاقة بالمنهج الماركسي، الذي يفسر البيروقراطية بكونها ظاهرة اجتماعية، تنشأ عن أسباب محددة. إن لينين، الذي حلل مسألة البيروقراطية بطريقة ماركسية، شرح صعود البيروقراطية باعتباره **ورما طفيليا رأسماليا داخل جسد دولة العمال، نشأ عن عزلة الثورة في بلد متخلف أغلب سكانه من الفلاحين الأميين.**

كتب لينين في واحدة من آخر مقالاته - «من الأفضل أقل شريطة أن يكون أفضل»- قائلا:

«إن جهاز دولتنا في حالة يرثى لها، إن لم نقل بائسة، لهذا يجب علينا أن نفكر بعناية فائقة قبل كل شيء في كيفية محاربة عيوبه، واضعين في الاعتبار أن تلك العيوب تضرب بجذورها في الماضي، الذي، على الرغم من أنه قد أطيح به، فإنه لم يتم بعد التغلب عليه، ولم نصل بعد إلى مستوى ثقافة تراجعت في الماضي» (الأعمال الكاملة، المجلد ٣٣، الصفحة ٤٨٧)

لقد أطاحت ثورة أكتوبر بالنظام القديم، وسحقت تماما الدولة القيصرية وكنستها؛ لكن وبسبب التخلف الاقتصادي والثقافي المزمن، بدأت عناصر النظام القديم في كل مكان تزحف للعودة إلى مواقع الامتياز والسلطة مع تراجع الموجة الثورية بفعل هزائم الثورة العالمية. سبق لإنجلز أن أوضح أنه **في كل مجتمع حيث يكون الفن والعلم والسلطة امتيازات حصرية للأقلية، فإن تلك الأقلية ستعمل دوما على استخدام واستغلال مواقعها لخدمة مصالحها.** وهذا الوضع لا مفر منه، طالما بقيت الغالبية العظمى من الشعب مضطرة إلى الكدح ساعات طويلة في الصناعة والزراعة لتحقيق ضروريات الحياة.

بعد الثورة، ومع حالة الخراب في الصناعة، لم تنقص ساعات يوم العمل، بل ازدادت. اشتغل العمال لعشرة واثنتي عشرة ساعة في اليوم وأكثر من ذلك لتحقيق الأساسيات؛ وقد عمل العديد منهم خلال عطلات نهاية الأسبوع بدون أجر طواعية. لكن الجماهير، كما شرح تروتسكي، لا يمكنها التضحية «بحاضرها» من أجل «غدها» إلا لدرجة معينة. إن سنوات الحرب والثورة، ثم أربع سنوات من الحرب الأهلية الدامية، والمجاعة التي لقي فيها خمسة ملايين شخص حتفهم، أدت بشكل حتمي إلى تقويض الطبقة العاملة سواء من حيث العدد أو المعنويات.

أدت السياسة الاقتصادية الجديدة إلى استقرار الاقتصاد، لكنها خلقت أخطارا جديدة عن طريق تشجيع نمو الرأسمال الصغير، وبخاصة في الريف حيث حقق «الكولاك» الأغنياء مكاسب على حساب الفلاحين الفقراء. انتعشت الصناعة، لكن وبسبب أنها كانت مرتبطة بالطلب من قبل الفلاحين، وبخاصة الفلاحين

الأغنياء، فإنها اقتصرت بشكل كامل تقريبا على الصناعات الخفيفة (السلع الاستهلاكية). بينما تعرضت الصناعة الثقيلة، التي هي مفتاح بناء الاشتراكية، للركود. مع حلول سنة ١٩٢٢ كان هناك مليونا (٢ مليون) عاطل عن العمل في المدن. خلال المؤتمر التاسع للسوفيات، في دجنبر ١٩٢١، قال لينين:

«اعذروني، لكن ما الذي تقصدونه بالبروليتاريا؟ تلك الفئة من العمال الذين يشتغلون في الصناعة الضخمة. لكن أين هي هذه الصناعة الضخمة؟ أي نوع من البروليتاريا هذه؟ أين هي صناعتكم؟ لماذا تعطلت؟» (الأعمال الكاملة، المجلد ٣٣، الصفحة ١٧٤)

في خطاب ألقاه خلال مؤتمر الحزب الحادي عشر في مارس ١٩٢٢، أشار لينين إلى أن الطبيعة الطبقية للكثير من الذين يعملون في المصانع في ذلك الوقت ليست بروليتارية؛ وأن العديد منهم فارون من الخدمة العسكرية وفلاحون وعناصر متفسخة طبقيا:

«خلال الحرب التحق بالمصانع أناس لم يكونوا بروليتاريين بأي شكل من الأشكال؛ لقد التحقوا بالمصانع ليتهربوا من الحرب. هل الظروف الاجتماعية والاقتصادية في بلدنا اليوم متوفرة لحث البروليتاريين الحقيقيين على الذهاب إلى المصانع؟ كلا. يمكن أن يكون هذا صحيحا وفقا لماركس، لكن ماركس لم يكتب عن روسيا؛ لقد كتب عن الرأسمالية بشكل عام، بدءا من القرن الخامس عشر. ذلك صحيح على مدى ستمائة سنة، لكنه ليس صحيحا بالنسبة إلى روسيا اليوم. إن أولئك الذين يذهبون إلى المصانع هم في كثير من الأحيان ليسو بروليتاريين؛ بل مجرد عناصر طارئة من كل الأصناف» (الأعمال الكاملة، المجلد ٣٣، الصفحة ٢٩٩)

تفكك الطبقة العاملة، وفقدان العديد من العناصر الأكثر تقدما في الحرب الأهلية، وتدفق عناصر متخلفة من الريف، والإرهاق وانخفاض الروح المعنوية للجماهير، كل هذا شكل وجها للعملة. أما الوجه الآخر فقد كان هو قوى الردة الرجعية تلك العناصر البرجوازية الصغرى والبرجوازية، التي تعرضت للإحباط واختفت عن الأنظار مؤقتا بسبب نجاحات الثورة في روسيا وعلى الصعيد الأممي. لقد بدأت تستعيد رباطة جأشها في كل مكان، وامتلكت الثقة في نفسها، مستفيدة من الوضع لكي تتسلل من كل زاوية وركن إلى الأجهزة المسيرة للصناعة والدولة، بل وحتى الحزب.

مباشرة بعد الاستيلاء على السلطة، كان الحزب السياسي الوحيد الذي تم قمعه من قبل البلاشفة هو حزب المائة السود الفاشستي. وحتى حزب الكاديت البرجوازي لم يحظر فورا. كانت الحكومة نفسها حكومة ائتلافية من البلاشفة والاشتراكيين الثوريين اليساريين. لكن وتحت ضغط الحرب الأهلية، حدث استقطاب حاد بين القوى الطبقية، فانتقل المناشفة والاشتراكيون الثوريون و«الاشتراكيون الثوريون اليساريون» إلى جانب الثورة المضادة. وخلافا لرغبتهم اضطر البلاشفة إلى احتكار السلطة السياسية. خلق هذا الاحتكار، الذي كان يعتبر حالة استثنائية ومؤقتة، مخاطر هائلة حيث سقطت الطليعة البروليتارية تحت ضغوط متزايدة من الطبقات الأخرى.

في فبراير عام ١٩١٧، لم يكن الحزب البلشفي يضم أكثر من ٢٣,٠٠٠ عضو في كل روسيا. في ذروة الحرب الأهلية، عندما كان الانخراط في الحزب يعني مخاطر شخصية، فتحت أبواب العضوية للعمال الذين رفعوا عدد الأعضاء إلى ٢٠٠,٠٠٠. لكن مع اقتراب الحرب من نهايتها، ارتفعت عضوية الحزب في الواقع بثلاثة أضعاف مما عكس تدفق عناصر من الوصوليين وعناصر من الطبقات والأحزاب المعادية.

أكد لينين في ذلك الوقت مرارا وتكرارا على مخاطر استسلام الحزب لضغط وأمزجة الجماهير البرجوازية الصغيرة؛ وأن العدو الرئيسي للثورة هو:

«الاقتصاد اليومي في بلد يسوده الفلاحون الصغار وصناعة كبيرة مدمرة. إنه العنصر البرجوازي الصغير الذي يحيط بنا مثل الهواء، ويتوغل عميقا في صفوف البروليتاريا. والبروليتاريا تفسخت، أي طردت من مواقعها الطبقية. المصانع والمطاحن عاطلة عن العمل - البروليتاريا ضعيفة، مفككة، ومنهكة. ومن ناحية أخرى فإن العنصر البرجوازي الصغير داخل البلد مدعوم من جانب كل البرجوازية العالمية، والتي تحتفظ بسلطتها في جميع أنحاء العالم». (الأعمال الكاملة، المجلد ٣٣، الصفحة ٢٣)

ليس لحملة «التطهير» التي بدأها لينين في عام ١٩٢١ أي وجه شبه مع محاكمات ستالين الوحشية الصورية؛ لم يتم اللجوء إلى البوليس ولا المحاكمات، ولا معسكرات الاعتقال؛ بل فقط طرد العناصر البرجوازية الصغيرة والمناشفة من صفوف الحزب، من أجل **حماية تقاليد وأفكار أكتوبر من التأثيرات السامة للردة البرجوازية الصغيرة**. بحلول أوائل عام ١٩٢٢، تم طرد حوالي ٢٠٠,٠٠٠ عضو (ما يعادل ثلث أعضاء الحزب).

مراسلات وكتابات لينين لهذه الفترة، عندما كان المرض يمنعه بشكل متزايد من المشاركة المباشرة في النضال، تبين بشكل واضح قلقه اتجاه زحف البيروقراطية السوفياتية، وتغلغلها الوقح في كل أركان جهاز الدولة. وهكذا كتب في رسالة إلى شينمان في فبراير ١٩٢٢:

«في الوقت الحاضر صار بنك الدولة لعبة بيروقراطية. هذه هي **الحقيقة**، إذا كنت لا تريد أن تستمع إلى الأكاذيب الشيوعية الرسمية الحلوة (التي يسمعك الجميع إياها باعتبارك موظفا ساميا)، بل تريد الاستماع إلى الحقيقة. أما إذا كنت لا تريد أن تنظر إلى هذه الحقيقة بعيون مفتوحة، رغم كل الكذب الشيوعي، فأنت رجل لقي حتفه في مقتبل العمر في مستنقع الكذب الرسمي. هذه حقيقة محزنة، لكن هذه هي الحقيقة» (الأعمال الكاملة، المجلد ٣٦، الصفحة ٥٦٧)

قارن بين هذا الصدق الشجاع من قبل لينين وبين كل الأكاذيب الحلوة التي **روجها** جميع قادة الحزب الشيوعي و«منظرو» الحركة الشيوعية الدولية حول الاتحاد السوفياتي لعدة أجيال، واحكم بنفسك على عمق الانحطاط الذي أغرق فيه من أسموا أنفسهم «أصدقاء الاتحاد السوفياتي» أفكار وتقاليد لينين! ومرة أخرى كتب لينين في رسالة مؤرخة في ١٢ أبريل ١٩٢٢ قائلا:

«كلما قمنا بهذا العمل، وكلما سرنا أعمق في الحياة العملية، ونأينا بأنفسنا وبقرائنا عن الجو البيروقراطي المتعفن والجو الثقافي المتعفن (جو البرجوازية السوفييتية عموما) في موسكو، كلما عظم نجاحنا في تحسين كل من صحافتنا وعملنا البناء» (الأعمال الكاملة، المجلد ٣٦، الصفحة ٥٧٩)

أثناء المؤتمر الحادي عشر وضع لينين أمام الحزب لائحة اتهام لاذعة بوجود البيروقراطية في جهاز الدولة:

«إذا أخذنا موسكو بشيوعييها ٤٧٠٠ المتواجدين في مناصب المسؤولية، وإذا أخذنا الآلة البيروقراطية الضخمة، هذه الكومة الضخمة، يجب أن نتسائل: من يوجه من؟ أشك كثيرا في ما إذا كان من الصدق أن نقول إن الشيوعيين يوجهون تلك الكومة. **في الحقيقة إنهم لا يوجِهون بل هم الذين يوجَهون**» (الأعمال الكاملة، المجلد ٣٣، الصفحة ٢٨٨، التشديد من عندنا)

من أجل اجتثاث البيروقراطيين والوصوليين من جهاز الدولة والحزب، بادر لينين إلى إقامة مفتشية العمال والفلاحين (رابكرين- RABKRIN) برئاسة ستالين. احتاج لينين إلى منظم قوي للتأكد من تنفيذ هذه المهمة بدقة؛ وقد بدا أن سجل ستالين باعتباره منظما حزبيا يؤهله لهذا المنصب. في غضون بضع سنوات احتل ستالين عددا من المواقع التنظيمية داخل الحزب: رئيس رابكرين، عضو اللجنة المركزية والمكتب السياسي والأمانة العامة. لكن نظرته التنظيمية الضيقة وطموحه الشخصي قاده، في فترة قصيرة من الزمن، ليحتل منصب المتحدث باسم البيروقراطية في قيادة الحزب، وليس خصمها.

منذ عام ١٩٢٠ انتقد تروتسكي عمل رابكرين، التي تحولت من أداة للصراع ضد البيروقراطية إلى مرتع للبيروقراطية. في البداية دافع لينين عن رابكرين ضد تروتسكي. فقد منعه مرضه من إدراك ما كان يحدث وراء ظهره في الدولة والحزب. استغل ستالين موقعه، الذي مكنه من انتخاب أشخاص في الوظائف القيادية في الدولة والحزب، ليحيط نفسه بعناية بطغمة من الحلفاء والأتباع، أشخاص لا أهمية سياسية لهم، ممتنون لفضله عليهم في ترقيتهم. لقد صارت رابكرين في يده أداة لتقوية موقعه السياسي والقضاء على خصومه السياسيين.

لم ينتبه لينين لهذا الوضع الرهيب إلا عندما اكتشف الحقيقة حول تصرف ستالين في العلاقة مع جورجيا. حيث قام ستالين، دون علم لينين أو المكتب السياسي، وبتعاون مع تابعيه دزرجينسكي وأوردجونيكيدزه، بتنفيذ انقلاب في جورجيا. تمت تصفية خيرة الكوادر البلشفية الجورجية، وحرم مناضلو الحزب من الوصول إلى لينين، الذي كان يتغذى على سلسلة الأكاذيب التي يحكيها له ستالين. وعندما اكتشف في النهاية ما كان يحدث، أصيب لينين بغضب شديد. ومن سرير المرض أملى، أواخر عام ١٩٢٢، سلسلة من الملاحظات على سكرتيره حول «مسألة الاستقلال الذاتي الشهيرة، التي تسمى رسميا على ما يبدو مسألة اتحاد الجمهوريات الاشتراكية السوفيتية».

ملاحظات لينين اتهام ساحق للغطرسة البيروقراطية والشوفينية لستالين وزمرته. إلا أن لينين لم يتعامل مع هذا الحادث كظاهرة عرضية أو كـ «خطأ مؤسف»، على غرار غزو تشيكوسلوفاكيا، أو كـ «مأساة»، مثل سحق كومونة عمال المجر، بل باعتبارها **تعبيرا عن النزعة القومية الرجعية المتعفنة للبيروقراطية السوفياتية**. ومن الجدير الاستشهاد مطولا بكلمات لينين عن جهاز الدولة.

«يقال إن هناك حاجة إلى وجود جهاز دولة موحد. من أين جاء هذا التأكيد؟ ألم يأت من نفس الجهاز الروسي الذي، كما سبق لي أن أشرت في فقرة سابقة من فقرات مذكراتي، ورثناه عن القيصرية بعد دهنه بطلاء سوفييتي؟

«لقد كان الأفضل دون ريب إرجاء هذا الإجراء إلى أن يصبح في مقدورنا أن نقول بأننا على ثقة تامة بأن الجهاز جهازنا. لكن أصبح لزاما علينا الآن أن نسلم، وبوعي كامل، بعكس ذلك، فالجهاز الذي نسميه جهازنا ما زال في واقع الأمر جد غريب عنا؛ إنه مزيج برجوازي وقيصري ولم يكن في المستطاع التخلص منه إبان السنوات الخمس الماضية دون مساعدة بلدان أخرى ولأننا كنا «مشغولين» أكثر الوقت بمهام عسكرية وبالحرب ضد المجاعة.

«من الطبيعي جدا في مثل هذه الظروف أن يصبح شعار «حرية الانفصال عن الاتحاد» الذي نبرر به موقفنا مجرد قصاصة ورق ليس إلا، عاجزا عن حماية غير الروسي من تهجم الرجل الروسي الحقيقي، ذلك الروسي الشوفيني العظيم، الذي هو في جوهره ماكر وطاغية مثله مثل البيروقراطي الروسي القح. **لا ريب في أن النسبة المئوية الضئيلة للغاية من العمال السوفييت والذين اتخذوا الصبغة السوفيتية سيغرقون في مد الغوغاء من أصحاب الاتجاه الشوفيني الروسي مثلما تغرق ذبابة في وعاء لبن**». (الأعمال الكاملة، المجلد ٣٦، الصفحة ٦٠٥. التشديد من عندنا)

بعد القضية الجورجية، ألقى لينين بكل ثقل سلطته المعنوية في النضال من أجل إزالة ستالين من منصب الأمين العام للحزب، الذي احتله عام ١٩٢٢ بعد وفاة سفيردلوف. إلا أن أشد ما صار لينين يخافه الآن أكثر من أي وقت مضى هو إمكانية أن يؤدي انشقاق في قيادة الحزب، في ظل الظروف السائدة، إلى تفكك الحزب على أساس طبقي. لذلك حاول أن يبقي الصراع مقتصرا على القيادة، فلم تنشر الملاحظات

وغيرها من الأدبيات للعموم. كتب لينين سرا إلى البلاشفة اللينينيين الجورجيين (أرسل نسخة منها إلى تروتسكي وكامينيف) يعلن فيها مساندته التامة لقضيتهم ضد ستالين. وبما أنه لم يكن قادرا على متابعة القضية شخصيا، فقد كتب إلى تروتسكي يطلب منه الدفاع عن الجورجيين في اللجنة المركزية.

غني عن القول إن الأدلة الوثائقية على نضال لينين الأخير ضد ستالين والبيروقراطية قد تمت مصادرتها لعدة عقود. لقد أخفيت كتابات لينين الأخيرة عن قواعد الحزب الشيوعي في روسيا والعالم. خطاب لينين الأخير لمؤتمر الحزب لم يقرأ في المؤتمر، على الرغم من احتجاجات أرملته، وظل مخفيا حتى عام ١٩٥٦ عندما نشره خروتشوف وشركائه، مع وثائق أخرى (بما في ذلك الرسائل بشأن جورجيا) كجزء من حملتهم لإلقاء اللوم على ستالين في كل ما حدث خلال السنوات الثلاثين الماضية.

يبدي مونتي جونستون وأمثاله أسفهم بخصوص كتابات لينين - من رسائل ومذكرات الخ- التي صادرتها البيروقراطية السوفياتية، والتي نشرت، في الغرب «على مسؤولية تروتسكي». لكن نفس التقاة الستالينيين البائسين وصفوا وصية لينين ورسائله الأخيرة المصادرة بأنها «مزورة» حين نشرتها الحركة التروتسكية، ليس بعد المؤتمر العشرين (الشهير) بل **قبل ثلاثين عاما من إبداء قادة الحزب الشيوعي استعدادهم الاعتراف بوجودها.** على أعضاء الحزب الشيوعي ورابطة الشباب الشيوعي أن يسألوا أنفسهم بنزاهة حول من يفضلون أن يصدقوا كلمته: هل تروتسكي وأتباعه الذين قالوا الحقيقة عن نضال لينين ضد البيروقراطية الستالينية ونشروا الكتابات التي نفى قادة الحزب الشيوعي أمام قواعدهم وجودها طيلة مرحلة تاريخية كاملة، أم مونتي جونستون وأصدقائه الذين يفضح كل ماضيهم السياسي غياب النزاهة لديهم في تعاملهم مع تراث لينين وتاريخ الثورة الروسية.

يقتبس مونتي جونستون مقاطع مبتورة من وصية لينين المحضورة، لكنه لا يوضح مطلقا مضمون تلك الرسالة. يحذر لينين فيها من مخاطر حدوث انشقاق داخل الحزب، لأن «حزبنا يستند على طبقتين، ولهذا السبب فإن عدم الاستقرار داخله مسألة ممكنة...». لم يعتبر لينين أن الخلاف بين تروتسكي وستالين مسألة عرضية، أو ناتجة عن «عوامل شخصية» (على الرغم من أنه قدم سلسلة من التحاليل بخصوص المميزات الشخصية للأعضاء القياديين في الحزب).

يجب أن يقرأ خطاب لينين الأخير في سياق كتاباته الأخرى التي صاغها في الأشهر القليلة السابقة، والهجمات التي شنها على البيروقراطية والكتلة التي شكلها مع تروتسكي ضد ستالين. صاغ لينين رسالته بحذر شديد (كان من المفترض أن يكون حاضرا في المؤتمر حيث كان وفقا لسكرتيرته فوتييفا سيفجر قنبلة ضد ستالين). قدم تحليلا لكل من السمات الايجابية والسلبية لكل واحد من الأعضاء القياديين في الحزب: في حالة تروتسكي، أشار إلى «قدراته الاستثنائية» («الرجل الأكثر كفاءة داخل اللجنة المركزية في الوقت الحالي») لكنه انتقده بسبب إفراطه «في الثقة بالنفس»، و«ولعه الشديد بالجانب الإداري الدقيق للأمور»، وهي الأخطاء، التي مهما قد تكون خطورتها في حد ذاتها، فإنه لا صلة لها بتاتا مع الثورة الدائمة أو «الاشتراكية في بلد واحد»، أو أي من الأكاذيب الأخرى التي اخترعها الستالينيون.

أما بالنسبة لستالين فقد كتب لينين أن «الرفيق ستالين بعد أن صار السكرتير العام للحزب، ركّز بين يديه سلطة هائلة، ولست متأكدا بأن في مقدوره دائما أن يستخدمها بتبصر.»

إنها بالفعل مسألة سياسية، ومرتبطة بنضال لينين ضد البيروقراطية **داخل الحزب.** في مقاله من الأفضل أقل شريطة أن يكون أفضل الذي كتبه قبل فترة وجيزة، علق لينين قائلا: «دعونا نقول بين قوسين إنه **لدينا بيروقراطيون في أجهزة حزبنا، وكذلك في المؤسسات السوفييتية**». وشن في نفس المقال هجوما حادا على رابكرين، والذي كان موجها بوضوح ضد ستالين:

«دعونا نقول بصراحة إن مفوضية الشعب للعمال والفلاحين للتفتيش لا تتمتع، في الوقت الحاضر، بأدنى سلطة. يعلم الجميع أنه لا توجد أي مؤسسات أخرى أسوء تنظيما من مفوضية الشعب للعمال والفلاحين للتفتيش وأنه في الوقت الحالي لا يمكن توقع أي شيء من مفوضية الشعب هذه» (الأعمال الكاملة، المجلد ٣٣، الصفحة ٤٩٠)

في حاشية لرسالته دعا لينين إلى عزل ستالين من منصب الأمين العام، بسبب «فضاضته»، ودعا إلى تعويضه بشخص «يختلف عن ستالين فقط في كونه أكثر ولاء وأكثر تهذيبا، وأكثر انتباها للرفاق، وأقل تقلبا في المزاج، وما إلى ذلك». إن طريقة التعبير الدبلوماسية هذه لا تخفي الاتهام غير المباشر، والواضح جدا في ضوء الأحداث التي وقعت في جورجيا، لستالين بالوقاحة وتقلب المزاج وانعدام الولاء.

من خلال تقديمهم لوصية لينين باعتبارها مجرد وثيقة لوصف «السمات الشخصية» للقادة، وقع منظروا الحزب الشيوعي في تحريف مبتذل تماما لتصور لينين. حتى لو افترضنا أن «الوصية» تترك مجالا للغموض (وهي ليست كذلك إلا بالنسبة للعقول المريضة) فإن مجموع كتابات لينين الأخيرة تقدم **بيانا برنامجيا واضحا لموقفه**، لا يمكن تشويهه.

مرارا وتكرارا وصف لينين البيروقراطية باعتبارها **تطورا برجوازيا طفيليا** في الدولة العمالية، وتعبيرا عن وجهة النظر البرجوازية الصغيرة، التي توغلت في الدولة والحزب أيضا.

كانت محاربة الردة البرجوازية الصغيرة ضد ثورة أكتوبر أكثر صعوبة بسبب حالة الإنهاك التي كانت عليها البروليتاريا، والتي أصيبت بعض شرائحها بالإحباط هي أيضا. ومع ذلك فقد كان لينين وتروتسكي ينظران إلى الطبقة العاملة باعتبارها القاعدة الوحيدة للنضال ضد البيروقراطية، وأن الحفاظ على ديمقراطية عمالية سليمة هو الضمانة الوحيدة لذلك. ولهذا كتب لينين في إحدى مقالاته «تطهير الحزب» يقول:

«بالطبع، لا يجب علينا أن نرضخ لكل ما تقوله الجماهير، لأن الجماهير بدورها تستسلم، في بعض الأحيان، وخاصة في أوقات التعب والإرهاق الاستثنائية الناشئة عن المشقة والمعاناة المفرطة، لمشاعر متخلفة. لكن فيما يتعلق بتقييمها للأشخاص، فيما يتعلق بالموقف السلبي تجاه هؤلاء الذين «تعلقوا» بنا لدوافع أنانية، والذين أصبحوا «مفوضين منتفخين» و«بيروقراطيين»، فإن الاقتراحات المقدمة من طرف الجماهير البروليتارية غير الحزبية، وفي كثير من الأحيان من طرف جماهير الفلاحين غير الحزبيين، قيمة للغاية» (الأعمال الكاملة، المجلد ٣٣، الصفحة ٣٩)

لقد فسر لينين صعود البيروقراطية كنتاج للتخلف الاقتصادي والثقافي الذي كان نتيجة لعزلة الثورة. وكانت وسائل النضال ضدها مرتبطة مع النضال من أجل التقدم الاقتصادي والقضاء التدريجي على الأمية، **والذي كان مرتبطا بشكل لا ينفصم مع النضال من أجل إشراك الجماهير العاملة في تسيير الصناعة والدولة.** لقد اعتمد لينين وتروتسكي دائما على الجماهير في النضال ضد «المفوضين المنتفخين». **فقط بالاعتماد على النشاط الذاتي الواعي للشعب العامل يصير الانتقال إلى الاشتراكية مضمونا.**

من جهة أخرى، أوضح لينين مرارا وتكرارا أن القيود الرهيبة المفروضة على الطبقة العاملة بسبب عزلة الثورة في بلد متخلف تضع صعوبات جمة في طريق خلق مجتمع مثقف حقا ومنسجم ولا طبقي. وقد أكدت لينين مرارا على المشاكل التي نشأت من عزلة الثورة. يؤكد مونتي جونستون أن لينين أواخر حياته، كان قد بدأ يقبل بموقف «الاشتراكية في بلد واحد»، مستشهدا كدليل على هذا بما كتبه في المقال «عن التعاون»، حول أنه «بفضل السياسة الاقتصادية الجديدة سيتم تحويل روسيا إلى روسيا اشتراكية» بما أنها تمتلك «كل ما هو ضروري وكاف» لبناء مجتمع اشتراكي. (Cogito، الصفحة ٢٩)

إن الرفيق جونستون، وبعد بحث يائس في أعمال لينين المختارة، لم يتمكن من العثور سوى على اقتباس **واحد فقط** يمكن تفسيره ضمنيا بكونه قبول بفكرة «الاشتراكية في بلد واحد». لكن هيهات! يمكن تبديد هذا الغموض ولو بإلقاء لمحة خاطفة على نص هذه الوثيقة غير المصححة التي حاول الستالينيون الاستعانة بها، بعد وفاة لينين، لمساعدتهم. إن ما يشير إليه لينين في هذه المقالة ليس «بناء الاشتراكية» داخل حدود الإمبراطورية القيصرية، بل **الأشكال الاجتماعية** الضرورية لتنفيذ الإلغاء التدريجي لعناصر «رأسمالية الدولة» (السياسة الاقتصادية الجديدة)، ثم بدء مهام **البناء الاشتراكي** (الكهربة، والتصنيع، الخ). إن تقييمات لينين الدقيقة التي تؤكد على عدم وجود **القاعدة المادية** من أجل الاشتراكية، لا تترك مجالا للشك في موقفه. لذا يشير إلى الحاجة إلى «ثورة ثقافية» للتغلب على التخلف المادي (ومن تم على صراع الطبقات في المجتمع). كتب لينين:

«سوف تكون هذه الثورة الثقافية الآن كافية لجعل بلادنا دولة اشتراكية تماما؛ لكنها تنطوي على صعوبات هائلة ذات طابع ثقافي محض (لأننا أميون) وطابع مادي (فلكي نصير مثقفين يجب علينا تحقيق نمو معين لوسائل الإنتاج المادية، يجب أن تكون لدينا قاعدة مادية معينة)». (عن التعاون، الأعمال الكاملة، المجلد ٣٣، الصفحة ٤٧٥).

لتحصين موقفه من احتمال سوء الفهم، وضح لينين أنه يتعامل مع مسألة التعليم **بشكل مجرد عن مشكلة الموقف الدولي من الثورة:**

«علي أن أقول إن التركيز يتجه نحو العمل التعليمي... **لولا حقيقة أنه يتوجب علينا النضال من أجل موقعنا على الصعيد العالمي**. لكن إذا تركنا هذا جانبا، رغم ذلك، وحصرنا أنفسنا في العلاقات الاقتصادية الداخلية، فإن التركيز يكون على التعليم.» (المرجع نفسه، ص ٤٧٤)

إن لينين، على النقيض تماما من الادعاء بكونه قد بدأ «أواخر حياته العملية، يقترب أكثر فأكثر في الممارسة» من تبني موقف الاشتراكية في بلد واحد، قد أوضح بحزم أن صعوبات الثورة: مشكلات التخلف والأمية والبيروقراطية **لا يمكن التغلب عليها نهائيا إلا من بعد انتصار الثورة الاشتراكية في بلد متقدم أو أكثر**. هذا الرأي، الذي دافع عنه لينين مئات المرات منذ ١٩٠٤- ١٩٠٥ فصاعدا، تم قبوله كحقيقة بديهية من قبل كل الحزب البلشفي حتى عام ١٩٢٤. وحتى في الأشهر الأخيرة من حياته، لم تغب هذه الحقيقة عن بال لينين مطلقا. حيث نجد بين كتاباته الأخيرة سلسلة من الملاحظات التي تجعل موقفه واضحا تماما:

«لقد شيدنا دولة من الطراز السوفياتي، وبهذا فتحنا عهدا جديدا في تاريخ العالم، عهد حكم البروليتاريا السياسي، والذي سيحل محل عهد حكم البرجوازية. لا يمكن لأحد حرماننا من هذا، على الرغم من أن الطراز السوفياتي للدولة لن يتمكن من وضع اللمسات الأخيرة إلا بمعونة الخبرة العملية من طرف الطبقة العاملة في العديد من البلدان.

«لكننا لم ننته بعد من بناء حتى أسس الاقتصاد الاشتراكي، وما زال في مستطاع القوى الرأسمالية المعادية حرماننا من هذا. علينا أن نفهم هذا بوضوح ونعترف به بصراحة، لأنه ليس هناك ما هو أخطر من الأوهام (والدوار، خصوصا في العلو الشاهق) وليس هناك مطلقا أي شيء مخيف، ولا شيء يمكنه أن يقدم أساسا شرعيا لمشاعر القنوط، في الاعتراف بهذه الحقيقة المريرة؛ **لقد أكدنا دائما مرارا وتكرارا على الحقيقة الأساسية في الماركسية بأن الجهود المشتركة لعمال عدة بلدان متقدمة ضرورية لانتصار الاشتراكية.**» (الأعمال الكاملة، المجلد ٣٣، الصفحة ٢٠٦، خط التأكيد من عندنا)

ليس في أسطر لينين هذه أية ذرة من «التشاؤم» أو «التقليل» من القدرات الإبداعية للطبقة العاملة السوفياتية. في كل كتابات لينين، وخصوصا في هذه الفترة، هناك إيمان راسخ بقدرة الشعب العامل على تغيير المجتمع ونزاهة مطلقة في التعامل مع الصعوبات. إن الاختلاف بين مواقف الستالينية ومواقف اللينينية من الطبقة العاملة يكمن على وجه التحديد في هذا الأمر: الستالينيون يسعون لخداع الجماهير بالأكاذيب «الرسمية» والأوهام حول بناء «الاشتراكية في بلد واحد»، من اجل دفعها إلى القبول السلبي بالقيادة البيروقراطية، في حين يسعى اللينينيون جاهدين إلى تطوير وعي الطبقة العاملة، ولا يقومون أبدا بتخديره بالأكاذيب والقصص الخيالية، بل يعملون دائما على الكشف عن الحقائق غير المستساغة، بثقة كاملة في أن الطبقة العاملة سوف تفهم وتقبل ضرورة بذل أكبر التضحيات، إذا ما شرحت لهم الأسباب بأمانة وصدق.

لم تصمم حجج لينين من أجل تخدير العمال السوفيات بـ «الأفيون الاشتراكي»، بل لتحضيرهم للنضال ضد التخلف والبيروقراطية في روسيا والنضال ضد الرأسمالية ومن أجل الثورة الاشتراكية على الصعيد العالمي. وقد شرح لينين أن تعاطف عمال العالم هو الذي منع الامبرياليين من خنق الثورة الروسية ما بين ١٩١٧-١٩٢٠، **لكن الحماية الوحيدة الحقيقية لمستقبل الجمهورية السوفياتية هو امتداد الثورة إلى بلدان الغرب الرأسمالي.**

في المؤتمر الحادي عشر للحزب الشيوعي الروسي – وهو آخر مؤتمر حضره لينين- شدد لينين مرارا على المخاطر التي يسببها للدولة والحزب ضغط التخلف والبيروقراطية. وتعليقا منه على إدارة الدولة، قال محذر:

«حسنا، لقد عشنا سنة، والدولة بين أيدينا، لكن هل سيرت السياسة الاقتصادية الجديدة بالطريقة التي كنا نرغب فيها السنة الماضية؟ كلا. لكننا نرفض أن نعترف أنها لم تعمل بالطريقة التي أردناها. بأي طريقة عملت؟ لقد رفضت الآلة الانصياع لليد التي تمسك بها، لقد كانت مثل سيارة لا تسير في الاتجاه الذي يريده السائق، بل في اتجاه يريده شخص آخر؛ كما لو كانت تقاد من قبل يد غامضة، لا يعلمها إلا الله، يمكن أن تكون يد وصولي، أو رأسمالي، أو كلاهما. **لكن أيا كان الأمر، فإن السيارة لا تسير في الاتجاه الذي يتخيله الجالس وراء عجلة القيادة، وغالبا ما تسير في اتجاه مختلف تماما.**» (الأعمال الكاملة، المجلد ٣٣، الصفحة ١٧٩، خط التشديد من عندنا)

في المؤتمر نفسه أوضح لينين، بلغة واضحة للغاية لا لبس فيها إمكانية انحطاط الثورة نتيجة لضغوط الطبقات المعادية. كانت الفئات الأكثر ذكاء بين البرجوازية في المهجر، مجموعة ايستريالوف (Ustryalov) سمينا فيخا (Smena vekha)[١٢]، تعبر علنا عن آمالها في النزعات البيروقراطية البرجوازية التي صارت تظهر في المجتمع السوفياتي، باعتبارها خطوة في اتجاه عودة الرأسمالية. نفس المجموعة قامت لاحقا بالتصفيق للستالينيين وتشجيعهم في صراعهم ضد «التروتسكية». مجموعة سمينا فيخا، التي اعترف لها لينين ببصيرتها الطبقية، فهمت بشكل صحيح طبيعة صراع ستالين ضد تروتسكي، باعتباره ليس مسألة «شخصية» بل باعتباره **مسألة طبقية**، باعتباره خطوة للابتعاد عن تقاليد أكتوبر الثورية.

«لم تعد الآلة تطيع السائق» - لم تعد الدولة تحت رقابة الشيوعيين والعمال، بل بدأت تدريجيا ترفع نفسها فوق المجتمع. وفي إشارة إلى وجهات نظر مجموعة سمينا فيخا، قال لينين:

---

١٢ فئة من البرجوازيين الروس الذين هاجروا بعد الثورة، تحلقت حول جريدة Smena vekha (غير الاتجاه)، اعتبرت أن تبني السياسة الاقتصادية الجديدة سيؤدي تدريجيا إلى تحول النظام السوفييتي إلى دولة برجوازية.

«يجب علينا أن نقول بصراحة إن الأشياء التي يتحدث عنها ايستريالوف ممكنة، التاريخ يعرف كل أشكال التحولات. يمكن للاعتماد على رسوخ القناعات والولاء، وغيرها من الصفات الأخلاقية الرائعة أن يكون أي شيء سوى أن يكون موقفا جادا في السياسة. يمكن لقلة من الناس أن تتحلى بصفات أخلاقية رائعة، لكن القضايا التاريخية تقررها الجماهير الواسعة، والتي إذا لم تعجبها تلك الأقلية فلن تعاملها بأدب» (الأعمال الكاملة، المجلد ٣٣، صفحة ٢٨٧)

في كلمات لينين هذه نجد تفسيرا مسبقا لهزيمة المعارضة اليسارية أوضح مليون مرة من كل ذلك اللغو الفارغ من جانب «المثقفين» حول السمات النفسية والأخلاقية والشخصية لتروتسكي وستالين. كانت سلطة الدولة تنزلق من بين أيدي الشيوعيين، ليس بسبب قصورهم الشخصي أو خصائصهم النفسية، بل **نظرا للضغوط الهائلة التي كان يسببها التخلف والبيروقراطية، والقوى الطبقية المعادية، التي أرخت بثقلها على الحفنة الصغيرة من العمال الاشتراكيين المتقدمين وسحقتهم.**

شبه لينين العلاقة بين العمال السوفياتيين وطليعتهم وبين المسؤولين البيروقراطيين والعناصر البرجوازية الصغيرة والعناصر الرأسمالية، بالعلاقة بين الأمة المنتصرة والأمة المهزومة. لقد أثبت التاريخ مرارا وتكرارا أن هزيمة أمة لأمة أخرى بقوة السلاح ليست ضمانة كافية في حد ذاتها لتحقيق النصر. **ففي حالة ما إذا كان المستوى الثقافي للمنتصرين أقل بكثير من مستوى المهزومين، فإن هؤلاء الأخيرين سيفرضون ثقافتهم على الغزاة.** ونظرا لتدني مستوى ثقافة الطبقة العاملة السوفياتية، المحاطة ببحر من الملاكين الصغار، فإن الضغوط كانت هائلة. وقد عبرت عن نفسها ليس فقط في الدولة، بل حتى داخل الحزب نفسه، **والذي أصبح مركزا للصراع بين المصالح الطبقية المتضاربة.**

فقط في ضوء كل هذا حيث يمكننا أن نفهم موقف لينين في النضال ضد البيروقراطية، وموقفه من ستالين، ومضامين **وصيته المحظورة.** توضح تلك الوثيقة اقتناعه بأن الصراع بين ستالين وتروتسكي «ليست مجرد تفصيل، أو تفصيل يمكنه أن يكتسي أهمية حاسمة»، بالنظر إلى حقيقة أن «حزبنا يستند على طبقتين». في رسالة كتبها قبل وقت قصير من انعقاد المؤتمر الحادي عشر للحزب، أوضح لينين دلالة الصراعات والانقسامات بين صفوف القيادة في هذه الكلمات:

«إذا كنا لا نغمض أعيننا عن الواقع يجب علينا أن نعترف بأنه في الوقت الحاضر لا يتم تحديد السياسة البروليتارية للحزب بطبيعة أعضاءه، بل بالهيبة الهائلة التي تتمتع بها المجموعة الصغيرة الموحدة التي يمكن تسميتها بالحرس القديم في الحزب. إن اندلاع صراع ولو تافه بين هذه المجموعة، إن لم يؤدي إلى تدمير هذه الهيبة، فسيكون كافيا في كل الحالات لإضعاف هذه المجموعة إلى درجة تجريدها من قدرتها على تحديد السياسة» (الأعمال الكاملة، المجلد ٣٣، الصفحة ٢٥٧)

إن الدافع وراء نضال لينين المرير ضد ستالين لم يكن **نواقصه الشخصية** («الفضاضة») **بل الدور الذي لعبه في إدخال أساليب وأيديولوجية طبقات وشرائح اجتماعية عدوة إلى داخل صفوف قيادة الحزب التي كان ينبغي لها أن تشكل حصنا ضد تلك الأشياء.** في الأشهر الأخيرة من حياته، عندما أضعفه المرض، تحول لينين أكثر فأكثر نحو تروتسكي من أجل الحصول على الدعم في نضاله ضد البيروقراطية وصنيعتها: ستالين. فحول مسألة احتكار التجارة الخارجية، وحول مسألة جورجيا، وأخيرا في النضال من أجل الإطاحة بستالين من القيادة، شكل لينين **كتلة مع تروتسكي، الرجل الوحيد في القيادة الذي كان يمكنه أن يثق فيه.**

طوال الفترة الأخيرة من حياته، عبر لينين مرارا في العديد من المقالات والخطب وخاصة الرسائل، عن تضامنه مع تروتسكي. فقد اختار التعاون مع تروتسكي للدفاع عن وجهة نظرهما داخل الهيئات القيادية للحزب، في كل القضايا الهامة التي ذكرناها. لا يمكن فهم تقييم لينين لتروتسكي في وصيته المحضورة إلا في

ضوء هذه الحقائق. وغني عن القول إن جميع الأدلة على وجود هذه الكتلة بين لينين وتروتسكي ضد زمرة ستالين قد أخفيت عن الأنظار لسنوات عديدة. لكن الحقيقة بدأت تظهر. إن الرسالة التي وجهها لينين لتروتسكي، والتي نشرت في المجلد ٥٤، من الطبعة الروسية الأخيرة لمؤلفات لينين الكاملة (والتي ما زالت غير الكاملة لحد الآن) هي دليل لا يدحض على الكتلة التي كانت قائمة بين لينين وتروتسكي.

تلك الرسائل وغيرها من المواد كانت قد نشرت منذ فترة طويلة من طرف تروتسكي في الغرب - منذ ١٩٢٨ في مؤلفه «الوضع الحقيقي في روسيا». وحتى الآن لا تجرؤ البيروقراطية على نشر جميع المواد التي في حوزتها. ومن أجل الالتفاف على الشكوك المتنامية بين قواعد الحزب الشيوعي، تلجأ البيروقراطية إلى الاستعانة بخدمات أشباه مونتي جونستون للسخرية من كتابات لينين حول «سلطة تروتسكي». سيكونون في حاجة إلى مثل هؤلاء الأصدقاء، بالضبط لأن «سلطتهم» صارت تتناقص بسرعة في أعين المناضلين الشرفاء داخل الأحزاب الشيوعية في كل مكان.

تروتسكي والنضال ضد البيروقراطية

«في عام ١٩٢٣، عندما كان [لينين] يرقد عاجزا على فراش الموت. . . نوقشت هذه المسألة في قيادة الحزب التي تبنت، بمشاركة تروتسكي، توصية - اتخذت بالإجماع في ٥ دجنبر ١٩٢٣ - ألقت الضوء على البيروقراطية في أجهزة الحزب والخطر الناتج عنها المتمثل في فصل الجماهير عن الحزب، وتمت الدعوة إلى تطوير حرية المناظرات والنقاشات داخل الحزب» (Cogito، ص: ٢٢)

يطرح الرفيق جونستون المسألة كما لو أن قيادة الحزب اتفقت بالإجماع على موقف لينين حول مسألة البيروقراطية، الشيء الذي يجعل من الصعب معرفة الفرق بين تروتسكي وبين ستالين وزينوفييف وكامينيف. مع الأسف لا تشكل توصية واحدة نضالا ضد البيروقراطية. حتى ستالين، في سنوات حكمه، كثيرا ما ندد بـ «شرور البيروقراطية». كما أن خروتشوف وكوسيغين وغيرهما أيدوا عددا غير قليل من التوصيات حول هذا الموضوع. إن التوصية بالنسبة للماركسي دليل للعمل، أما بالنسبة لبيروقراطي منافق فليس هناك شيء أفضل من إعلان «الإجماع» و«مكافحة البيروقراطية» لذر الرماد في عيون الجماهير.

تظهر سخافة لجوء مونتي جونستون إلى هذه التوصية بوضوح أكبر في ضوء ما حدث لاحقا. جونستون لا يشرح كيف حدث الانتقال من القرارات «بالإجماع ضد البيروقراطية» إلى الإرهاب البوليسي ومعسكرات الاعتقال وكل الفظاعات التوتاليتارية الستالينية الأخرى.

كانت ممارسات كتلة كامينييف- زينوفييف- ستالين المهيمنة داخل اللجنة المركزية طريقة عجيبة للتعبير عن الولاء للينين. فبالرغم من احتجاجات كروبسكايا تعرضت «وصية» لينين للحضر. وبالرغم من توجيهات لينين الواضحة لم يتم عزل ستالين. ونصيحة لينين بضرورة الزيادة في تمثيلية الطبقة العاملة داخل الحزب ومنظماته، استعملت بطريقة خبيثة لتبرير إغراق الحزب بأعداد كبيرة من العناصر عديمة الخبرة والمتخلفة سياسيا، التي شكلت أداة طيعة في أيدي رجال الأجهزة، واستغلتها الآلة الستالينية.

وفي نفس الآن، تم شن حملة من الافتراء والأكاذيب ضد تروتسكي. كانت هذه هي الفترة التي تم خلالها إحياء كل التهم القديمة حول الماضي غير البلشفي لتروتسكي (وهو الاتهام الذي رفضه لينين في «وصيته»)، وعن «الثورة الدائمة»، وبريست ليتوفسك، وغيرها، من قبل الطغمة الحاكمة من اجل تشويه سمعة تروتسكي وإسقاطه من القيادة. وقد اعترف زينوفييف لاحقا، عندما قطع علاقته مع ستالين وانتقل إلى المعارضة، أن أسطورة «التروتسكية» اخترعت عمدا في هذه الفترة.

لم يكن كامينيف أو زينوفييف أو ستالين، في هذه المرحلة، مدركين بوعي للعملية التي تجري داخل الدولة السوفياتية والتي كانوا يسرّعون وتيرتها دون قصد. لم يكونوا يعرفون الاتجاه الذي ستقودهم إليه هجماتهم ضد تروتسكي و«التروتسكية». لكنهم في سياق محاولتهم دق إسفين بين «التروتسكية» وبين اللينينية، حركوا كل آليات تزوير التاريخ والتجاوزات البيروقراطية التي شكلت أول خطوة حاسمة في طريق الابتعاد عن أفكار وتقاليد أكتوبر نحو بناء دولة ستالين وبريجينيف البوليسية الوحشية.

في إشارة منه إلى انتقادات تروتسكي للبيروقراطية في مؤلفه «المسار الجديد»، علق مونتي جونستون قائلا:

«على الرغم من أن مقاربته في مجملها سلبية نوعا ما، فإن هناك الكثير مما يمكن اعتباره صحيحا في هجومه على نمو وقوة جهاز الحزب في ظل سيطرة ستالين وبخاصة ما نعرفه الآن عن الانتهاكات الجسيمة، وما أدى إليه ذلك من ضرب لجوهر الديمقراطية الاشتراكية والمشروعية... إن «المسار الجديد»... يتضمن نقدا ماركسيا دقيقا لأساليب البيروقراطية الستالينية...» (Cogito، الصفحة: ٢٢).

لا يسع القارئ إلا أن يلاحظ هذا «التنازل» الجديد والمفاجئ من طرف الرفيق جونستون. فبكل حكمة وبطريقة معلم في مدرسة، يعطي مونتي جونستون لتحليل تروتسكي للبيروقراطية الستالينية علامة جيدة - مع خصم علامات على المقاربة «السلبية نوعا ما» في مجملها. لكنه في نفس الوقت أخفى وراء عبارة «ضرب الديمقراطية الاشتراكية» الغامضة ثلاثين عاما من الردة الدموية ضد أكتوبر؛ وإبادة القيادة البلشفية القديمة بالكامل؛ وتصفية شعوب سوفياتية بأكملها؛ وتحطيم ملايين البشر في مخيمات الأشغال الشاقة، وتدمير الثورات في الخارج. لا تجد هذه «الحوادث» التافهة أي مكان لها في تحليل مونتي جونستون «المتوازن». كلا، فمن الأفضل بكثير الكتابة عنها باعتبارها «أخطاء» من الماضي، ما تزال «تنتظر التحليل». إن مونتي جونستون، الذي يظهر نفسه باعتباره باحثا مدققا في تفاصيل أرشيفات البلشفية، يرفض بتواضع القيام بمهمة تحليل وشرح الجرائم الدموية الستالينية خلال العقود الثلاثة أو الأربعة الماضية.

إن الماركسية هي أولا وقبل كل شيء طريقة للتحليل التاريخي، توفر للطليعة المتقدمة من الطبقة العاملة المنظورات التي هي الشروط الأساسية اللازمة لنجاح النضال من أجل حسم السلطة. لا يقف الماركسيون عميانا أمام العملية التاريخية، ويتمتمون حول «الأخطاء» و«الحوادث» أو يذرفون دموع التماسيح حول «المآسي». مهمة الماركسي/ة هي التحليل والفهم المسبق للاتجاهات والسيرورات العامة في المجتمع. بالطبع، لا يمكن لمثل هذا التحليل أن يقدم مخططا ناجزا، أو أن يتنبأ بدقة بكل التفاصيل الصغيرة. هذا غير ضروري. إذ يكفي أن يتم استيعاب السيرورة العامة، لكي لا يأخذنا التاريخ على حين غرة.

لقد شرح تروتسكي **بشكل مسبق** تطور الستالينية باعتبارها ردة فعل البرجوازية الصغيرة ضد ثورة أكتوبر. وأوضح، كما سبق للينين أن فعل، خطر الانحطاط الداخلي للحزب الذي تلعب فيه البيروقراطية - تلك الفئة من كبار المسؤولين الذين استفادوا من الثورة ولم يعودوا يرون أية حاجة إلى إقلاق روتين حياتهم المريحة بمواصلة النضالات الثورية- دور أداة لنقل ونشر مزاج الردة البرجوازية الصغيرة واليأس بين صفوف الحزب.

وصف الرفيق جونستون مؤلف تروتسكي «المسار الجديد» باعتباره يتضمن «نقدا ماركسيا دقيقا» للبيروقراطية. إن القارئ معذور إذا كان يشعر بنوع من الحيرة. نحن نعلم أن الفراشات الجميلة تخرج من شرانق قبيحة ومتشابكة، لكن كيف خرج تروتسكي صاحب «النقد الماركسي الدقيق» فجأة من ذلك اليساري المتطرف الأناني البرجوازي الصغير الذي رأيناه في الصفحات الـ٢١ السابقة؟ هل كانت مصادفة، أيها الرفيق جونستون، أن يكون تروتسكي والمعارضة اليسارية وحدهم، بعد وفاة لينين، من تمكنوا من إنتاج هذا

«النقد الماركسي الدقيق» للبيروقراطية الستالينية؟ أين كانت انتقادات قادة من أمثال خروتشوف وكوسيغين في ذلك الوقت؟ هل هو مبدأ أساسي من مبادئ الماركسية اللينينية ان يأتي «النقد الماركسي الدقيق» دائما **بعد** وقوع الحدث؟

حتى في هذه النقطة يعمل مونتي جونستون على تشويه موقف تروتسكي بوصفه له بأنه نقد **لأساليب** البيروقراطية الستالينية. لم يكن هذا مطلقا موقف تروتسكي. إنه بالضبط طريقة ستالين، كوسيغين، بريجنيف، وغولان في «محاربة البيروقراطية». إن تروتسكي في «المسار الجديد»، لا يتعامل مع **السلوكيات**، بل مع **الطبقات والفئات الاجتماعية**. إن قادة البيروقراطية مستعدون دائما لشن الهجوم ضد «الأساليب البيروقراطية» و«الروتين»، الخ. لكن مثل هذه المقاربة لا علاقة لها مع الماركسية، كما سبق لتروتسكي أن شرح:

«لا يجب على الماركسي أن ينظر إلى البيروقراطية باعتبارها مجرد تجميع لعادات سيئة لأصحاب المناصب. إن البيروقراطية ظاهرة اجتماعية، نظام محدد لإدارة الأشخاص والأشياء. إن أسبابها العميقة تكمن في عدم تجانس المجتمع، في الفرق بين المصالح اليومية والمصالح الجوهرية لمختلف فئات السكان» (المسار الجديد، صفحة: ٤١.)

بعيدا عن الفكرة التي تعتبر البيروقراطية «حالة ذهنية» أو مجرد بقايا للرأسمالية «ستضمحل» تلقائيا مع اقتراب المرحلة العليا من الاشتراكية، حذر تروتسكي من أن ظهور شريحة متميزة من الموظفين مسألة حتمية في ظل الظروف السائدة من التخلف الاقتصادي والثقافي في روسيا، وستخلق مخاطر هائلة للثورة نفسها. وكما حذر لينين مرارا، كان احتمال الثورة المضادة ممكنا في ظل بعض الظروف (انشقاق داخل الحزب، تحالف رجعي بين الفلاحين وصغار الرأسماليين وقسم من البيروقراطية).

أشار تروتسكي إلى مثال انحطاط الاشتراكية الديموقراطية الألمانية، والتي كانت قبل ١٩١٤ تعتبر الطليعة القيادية للحركة الماركسية العالمية. لقد شرح لينين وتروتسكي هذا الانحطاط ليس بالأخطاء الشخصية أو خيانة القادة الأفراد (على الرغم من أن ذلك بدوره لعب دورا مميتا)، بل أولا وقبل كل شيء **بالظروف الموضوعية التي اشتغل في ظلها الحزب الألماني قبل الحرب:** عدم وجود نضالات اجتماعية كبيرة وكفاح ثوري هام، الوسط البرلماني الراكد الذي خلق «جيلا من البيروقراطيين التافهين والبلداء، الذين انكشفت طبيعتهم السياسية تماما في الساعات الأولى من الحرب الامبريالية».

في السنوات التي أعقبت الحرب الأهلية، تبلورت شريحة اجتماعية جديدة من المسؤولين السوفيات، تشكل جزء منها من البيروقراطية القيصرية القديمة، وجزء آخر من متخصصين برجوازيين وأيضا من عمال سابقين وشيوعيين تم استيعابهم في أجهزة الدولة والحزب وفقدوا الاتصال مع الجماهير. كانت هذه الفئة من البيروقراطيين المحافظين، الراضين عن النفس والضيقي الأفق المعزولين في مكاتبهم، هي القاعدة التي استمدت منها كتلة ستالين داخل الحزب دعمها. وكانوا هم العناصر الذين رفعوا صوتهم عاليا، بعد ١٩٢١، ضد «الثورة الدائمة» و«التروتسكية». لم يكونوا يقصدون بذلك كتابات تروتسكي عام ١٩٠٥، أو جدالات الماضي الغامضة، بل كانوا يقصدون **عاصفة وغليان ثورة أكتوبر والحرب الأهلية**. لا يأمل البيروقراطي إلا في السلام والهدوء للاستمرار في مهمته المتمثلة في تنظيم هؤلاء الذين يوجدون «تحته». كانت الشعارات التي رفعتها زمرة ستالين- بوخارين «الاشتراكية بوتيرة السلحفاة» و«الاشتراكية في بلد واحد» هي بالضبط ما كانت البيروقراطية تريد أن تسمعه.

أنهكت سنوات الثورة والحرب الأهلية الجماهير وقوضت جزئيا معنوياتهم. وأدت الهزائم التي تعرضت لها الثورات على الصعيد الدولي إلى إضعاف الأفكار البلشفية بين الفئات الأكثر تخلفا من الجماهير وبين صفوف البرجوازية الصغيرة. منذ البداية كانت الأقلية البلشفية اللينينية، بقيادة تروتسكي، تصارع ضد التيار.

ومن ناحية أخرى، بدأت البيروقراطية تصير أكثر عجرفة مع كل خطوة إلى الوراء تخطوها الثورة في روسيا وعلى الصعيد الأممي. وبالاعتماد على الفئات والطبقات الأكثر تخلفا في المجتمع، والكولاك، والمستفيدين من السياسة الاقتصادية الجديدة وصغار الرأسماليين، وجهت زمرة ستالين- بوخارين الضربات لأسس ثورة أكتوبر. وبالإضافة إلى تعزيز العناصر الرأسمالية داخل روسيا، أدت السياسات اليمينية التي تبنتها القيادة إلى سلسلة من الانتكاسات الجديدة على الصعيد الدولي، والتي بلغت ذروتها في المذبحة المروعة للثورة الصينية عام ١٩٢٧.

ليس من الممكن الخوض هنا في الأحداث الدولية لتلك المرحلة. ويكفي أن نشير إلى أنه في الصين ما بين سنوات ١٩٢٥-١٩٢٧، حلت زمرة ستالين- بوخارين الحزب الشيوعي الصيني ودمجته في الكومينتانغ[13]. وتمت الإشادة بقاتل العمال الصينيين شيانغ كاي تشيك، باعتباره القائد العظيم للثورة الصينية. كما تم قبول حزب الكومينتانغ كفرع متعاطف مع الأممية الشيوعية - مع صوت واحد فقط ضد هذا القرار، هو صوت ليون تروتسكي-. طوال هذه الفترة ناضل تروتسكي والمعارضة اليسارية ضد السياسات الكارثية للستالينيين: من أجل الديمقراطية العمالية، والمخططات الخماسية والتجميع على سبيل المثال؛ ضد الاتفاقات اللامبدئية مع «الديمقراطيين» الأجانب من قبيل شيانغ كاي شيك؛ من أجل الدعم المستمر للحركات الثورية للطبقة العاملة أمميا باعتباره الضمانة الحقيقية الوحيدة لحماية مستقبل الدولة السوفياتية. ليس لمونتي جونستون ما يقوله بخصوص كل هذا، ما عدا التأكيد على أن افتراءات ستالين ضد تروتسكي «تماشت مع رأي» العمال، وأن المعارضة اليسارية هزمت بـ ٧٢٤,٠٠٠ صوتا مقابل ٤٠٠٠ «بعد مناقشة حزبية على الصعيد الوطني».

«المناقشة الحزبية على الصعيد الوطني» التي يشير إليها الرفيق جونستون كانت تتألف من وسائل إقناع ودية من قبيل طرد العمال المنتمين إلى المعارضة من وظائفهم، وتكسير اجتماعات المعارضة من طرف بلطجية ستالينين، وشن حملة شرسة من الأكاذيب والافتراءات في الصحافة الرسمية، واضطهاد أصدقاء تروتسكي وأنصاره مما أدى إلى وفاة عدد من البلاشفة البارزين مثل غلازمان (الذي دفع إلى الانتحار بواسطة التهديد) وجوفي، الدبلوماسي السوفياتي الشهير (الذي أقدم على الانتحار بعد أن حرم من الحصول على العلاج الطبي اللازم).

خلال الاجتماعات الحزبية كان المتحدثون باسم المعارضة يتعرضون لاعتداءات ممنهجة من قبل عصابات من البلطجية شبه فاشستيين منظمين من قبل الأجهزة الستالينية لتخويف المعارضة. وقد وصفت الجريدة الشيوعية الفرنسية Contre le Courant «ضد التيار»، في سنوات العشرينات، الأساليب التي كان الستالينيون يسيرون بها «مناقشاتهم الحزبية على الصعيد الوطني»، قائلة:

«نظم بيروقراطيو الحزب الروسي في جميع أنحاء البلاد عصابات من حاملي الصافرات. وفي كل مرة يحاول عامل ينتمي إلى المعارضة أخذ الكلمة، ينشرون في القاعة عددا من الرجال الحاملين لصفارات الشرطة. وبمجرد ما ينبس المتحدث باسم المعارضة بكلمة يبدأ الصفير. وتستمر الضجة حتى يترك المتحدث المعارض المنصة لغيره.» (الوضع الحقيقي في روسيا، الصفحة ١٤، ملاحظة على الهامش)

---

13 الكومينتانغ: الحزب الوطني الشعبي الصيني. حزب بزعامة شيانغ كاي تشيك، تأسس في بكين بتاريخ ١٥ غشت ١٩١٢. كان يضم خليطا من البرجوازيين وأمراء الحرب والإقطاعيين. -المترجم-

لا يجد جونستون أنه من الضروري النظر عن كثب في الظروف التي تم فيها «النقاش» الأخير الذي شهده مؤتمر الحزب عام ١٩٢٧، عندما جعل أتباع ستالين، الذين اكتظت بهم القاعة، من المستحيل على المعارضة إسماع صوتها. قارن بين هذه الأساليب البلطجية وبين الطرق المعتمدة من قبل لينين تجاه المعارضين السياسيين ليمكنك أن ترى المدى الذي وصلت إليه الردة الستالينية، ابتداء من عام ١٩٢١، في إقبار آخر بقايا التقاليد البلشفية.

يتصفح مونتي جونستون تاريخ المعارضة اليسارية بمزاج أستاذ تاريخ عجوز تعب من التواريخ و«الوقائع». لا تكدر رباطة جأشه «التفاصيل» التي يمر عبرها مرور الكرام.

«استمر تروتسكي، في المنافي المتعاقبة التي مر منها - تركيا، والنرويج، وفرنسا، وأخيرا المكسيك حيث اغتيل عام ١٩٤٠- يكتب العديد من الكتب والكراريس والمقالات، واستمر في محاولة بناء معارضة يسارية ضد ستالين».

لكن مهلا يا معلم المدرسة، كيف يمكن لمناقشة حزبية رفاقية على الصعيد الوطني أن تؤدي إلى نفي وقتل زعيم الأقلية؟ هل اغتيال تروتسكي، ومئات الآلاف من المعارضين في روسيا هو «النقاش» السياسي العقلاني الذي تصوره؟ حول هذا المسألة لا يملك معلم المدرسة سوى المراوغة بحذر:

يكتب جونستون ملاحظة على الهامش فريدة من حيث «توازنها»:

«إن الأدلة تشير بقوة إلى أن القاتل ميركادير، أو جاكسون، الذي ادعى أنه مناصر لتروتسكي، كان يعمل في الواقع لحساب ستالين والغيبيو. وبعد استكمال عقوبته بالسجن ٢٠ عاما غادر المكسيك على متن طائرة تشيكوسلوفاكية[!] نحو جهة لم يكشف عنها[!]». (Cogito، الصفحة: ٩٤)

ها هو «تنازل» مجاني آخر من قبل الرفيق جونستون! يعلم الجميع جيدا هذه الأيام السجل الدموي لمخابرات ستالين الغيبيو. كل عضو في الحزب الشيوعي يعرف جيدا أن هؤلاء القتلة المأجورين كانوا مسؤولين عن اغتيال تروتسكي وثوريين آخرين لا حصر لهم في روسيا واسبانيا وغيرهما. يعترف الرفيق جونستون برحابة صدر أنه لا يستطيع أن ينكر: **فقط** ما لا يستطيع أن ينكره! لكن لا يكفي مجرد «الاعتراف» بجريمة. إن ما ينتظره المرء من الماركسي هو التفسير.

يحاول مونتي جونستون رسم صورة للخلافات بين الستالينية والتروتسكية على شكل «خلافات سياسية» و«مناقشات» و«حجج» وهلم جرا. لكن البيروقراطية الروسية تفضل أن تجادل بلغة الرصاص، ومعسكرات الاعتقال، أو كما هو الحال في تشيكوسلوفاكيا والمجر بالدبابات والطائرات والصواريخ. لينين «قتل» خصومه بالنقاش، لكنه لم يسفك دمائهم. لكن رغم ذلك ما يزال مونتي جونستون، ببراءة رضيع حديث الولادة، يدعي أن كل ذلك كان «خطأ». تم حمل قاتل تروتسكي على متن طائرة تشيكية «إلى جهة مجهولة». إن البيروقراطية لا تنسى أصدقائها القدامى، حتى بعد المؤتمر العشرين على ما يبدو.

الفصل الثامن - الاشتراكية في بلد واحد

إن عنوان الفصل: «النقاش حول الاشتراكية في بلد واحد» يجعل القارئ يعرف مسبقا المقاربة التي سوف يتخذها مونتي جونستون بخصوص هذه المسألة. انه يفتتحه بتحذير هام:

«إن الخلاف التاريخي الكبير بشأن إمكانية بناء الاشتراكية في روسيا ما يزال حتى يومنا هذا مضببا من كلا الجانبين بفعل عقود من التشويه والتحريف. وهكذا فمن جهة يصور التروتسكيون ستالين وكأنه، منذ عام ١٩٢٤ عندما صاغ للمرة الأولى نظريته، يضع الاشتراكية في بلد واحد كمقابل لانتشار الثورة إلى بلدان أخرى، ومن جهة أخرى ما يزال المؤرخون السوفياتيون يصورون معارضة تروتسكي لنظرية ستالين كمعارضة للتصنيع الاشتراكي في الاتحاد السوفياتي وكدفاع عن تصدير الثورة بقوة السلاح. إن كلا الموقفين خاطئين». (Cogito، الصفحة ٧٤)

بعد أن تخلص مونتي جونستون بسهولة بالغة من رجلي القش الاثنين، صار في إمكانه أن يركن إلى موقفه المريح المعهود «في المنتصف بين طرفين». (من المفترض أن مثل هذه «الموضوعية» المريحة هي جوهر المنهج الماركسي!). ويواصل مونتي جونستون الآن محاضرته:

«كانت حجة ستالين تقول إن انتشار الثورة إلى الغرب هو بدون شك شيء جيدا جدا، لكن وبسبب تأخر ذلك لم يعد لروسيا من بديل سوى أن تحدد لنفسها هدف بناء الاشتراكية مع الاعتقاد بأن لديها كل ما هو ضروري لاستكمال ذلك». (المرجع نفسه)

وبعد أن اقتطف عددا من الاستشهادات المناسبة من كلام ستالين، خلص جونستون منتصرا إلى القول:

«إن مسار الثورات في العالم، والتي تشهد اليوم تزايد قوة المعسكر الاشتراكي الذي يتحدى المعسكر الإمبريالي القديم، قد أكد إلى حد كبير المنظور العام لستالين.» (المرجع نفسه)

كيف توصل ستالين إلى صياغة «منظوره العام» الذي أكده التاريخ بشكل باهر؟ في فبراير ١٩٢٤، وفي كتابه «أسس اللينينية»، لخص ستالين وجهة نظر لينين حول بناء الاشتراكية بهذه الكلمات:

«إن إسقاط سلطة البرجوازية وإقامة سلطة البروليتاريا في بلاد واحدة لا يعني بعد ضمان انتصار الاشتراكية انتصاراً كاملاً. إن مهمة الاشتراكية الرئيسية - **تنظيم الإنتاج الاشتراكي** - ما تزال قضية مستقبل. فهل يمكن حل هذه القضية، هل يمكن الوصول إلى انتصار الاشتراكية انتصاراً نهائياً في بلاد واحدة بدون جهود مشتركة يبذلها بروليتاريو عدة بلدان متقدمة؟ **كلا هذا مستحيل**. فلإسقاط البرجوازية تكفي جهود بلد واحد - وهذا ما يؤكده لنا تاريخ ثورتنا؛ أما لانتصار الاشتراكية انتصاراً نهائياً، ل**تنظيم الإنتاج الاشتراكي، فإن جهود بلد واحد، ولا سيما في بلد فلاحين كروسيا، لا تكفي**. لذلك لا بد من تضافر جهود بروليتاريا عدة بلدان متقدمة».

«هذه، على العموم هي **السمات المميزة للنظرية اللينينية عن الثورة البروليتارية**».

إلى حدود النصف الأول من سنة ١٩٢٤ لم يكن هناك أي خلاف حول أن تلك هي «السمات المميزة للنظرية اللينينية عن الثورة البروليتارية». لقد أكدها لينين مرارا وتكرارا في **مئات** الخطب والمقالات والوثائق منذ عام ١٩٠٥. وقد سبق لنا أن اقتطفنا ما يكفي من الاستشهادات على ذلك؛ ويمكن أن نقتطف منها بقدر نشاء. لكن قبيل نهاية عام ١٩٢٤، تمت مراجعة كتاب ستالين، ووضع مكانها **الموقف المعاكس تماما**. وبحلول شهر نوفمبر من عام ١٩٢٦، صار في إمكان ستالين أن يؤكد دون أدنى خجل ما يلي:

«لقد كانت نقطة انطلاق الحزب دائما هي فكرة أنه يمكن تحقيق انتصار الاشتراكية في هذا البلد، وأنه يمكن إنجاز هذه المهمة بقوى بلد واحد.»

إن مونتي جونستون الغارق في الإعجاب «بمنظور ستالين العام» الذي أكده التاريخ «على العموم»، لم يعد يرى في موقف تروتسكي المعارض لـ «نظرية» الاشتراكية في بلد واحد سوى العناد و«التقليل من قيمة القوى الداخلية للاشتراكية الروسية». ويشرح مونتي جونستون أن هذا الشعار التروتسكي «الدغمائي»:

«ينبع من نظريته عن «الثورة الدائمة» التي ناقشناها أعلاه [!]. لقد كان في واقع الأمر في جوهره تعبيرا عن عدم ثقته في قدرة الاتحاد السوفياتي حتى على البقاء على قيد الحياة كدولة عمالية إذا لم تنتشر الثورة إلى البلدان الأكثر تقدما.» (Cogito، الصفحة ٢٦)

كتب تروتسكي في عام ١٩٠٦ أنه «بدون الدعم المباشر من طرف البروليتاريا الأوروبية، لا يمكن للطبقة العاملة الروسية تحويل سيادتها المؤقتة إلى دكتاتورية اشتراكية دائمة. لا يمكن أن يكون هناك أي شك بهذا الخصوص... فإذا تركت للاعتماد على مواردها الخاصة ستتعرض الطبقة العاملة في روسيا حتما للسحق من طرف الثورة المضادة بمجرد ما سيدير الفلاحون ظهرهم لها.»

هل ينبع هذا التوقع من نظرية الثورة الدائمة وحدها؟ لينين، الذي لم يكن يتبنى في ذلك الوقت، كما أوضحنا سابقا، نفس موقف تروتسكي، كتب في عام ١٩٠٥:

«إن البروليتاريا تكافح بالفعل للحفاظ على المكتسبات الديمقراطية في سبيل الثورة الاشتراكية. سيكون هذا النضال ميؤوسا منه تقريبا للبروليتاريا الروسية وحدها، وهزيمتها ستكون حتمية... فإذا لم تأت البروليتاريا الاشتراكية الأوروبية لمساعدة البروليتاريا الروسية... فإن البرجوازية الليبرالية والأغنياء (بالإضافة إلى جزء من الفلاحين المتوسطين) سينظمون آنذاك ثورة مضادة. البروليتاريا الروسية إلى جانب البروليتاريا الأوروبية سينظمون الثورة. وفي ظل هذه الظروف يمكن للبروليتاريا الروسية أن تحقق النصر الثاني. عندها لن تكون القضية خاسرة. والفوز الثاني سيكون هو الثورة الاشتراكية في أوروبا. وسيبين لنا العمال الأوروبيون «كيف نقوم بذلك».

إن موقف لينين الذي لم يكن «نابعا من نظرية الثورة الدائمة» واضح تماما. لكن دعونا نقتطف من مكان آخر مقطعا يمكنه أن يلقي مزيدا من الضوء على هذه المسألة. في مؤتمر عقد في ماي ١٩٠٥، تمت المصادقة على الموقف التالي:

«فقط في حالة واحدة يمكن للاشتراكية الديمقراطية أن توجه جهدها في اتجاه الاستيلاء على السلطة والاحتفاظ بها لأطول فترة ممكنة - أي في حالة ثورة تمتد إلى الدول المتقدمة في أوروبا الغربية، حيث بلغت شروط تحقيق الاشتراكية بالفعل درجة معينة من النضج. وفي هذه الحالة يمكن أن يتم توسيع الحدود التاريخية الضيقة للثورة الروسية إلى حد كبير، وستنشأ إمكانية التقدم على طريق التحول الاشتراكي».

المؤتمر المشار إليه كان مؤتمر المناشفة الروس، أي التيار الذي وقف أبعد من الجميع عن نظرية الثورة الدائمة!

وبالتالي يمكن للقارئ أن يرى أن **كل الاتجاهات الماركسية الروسية**، وبغض النظر عن الاختلافات حول المسائل الأخرى، **قد اتفقت على شيء واحد هو: عدم إمكان القيام بالتحويل الاشتراكي في روسيا دون ثورة اشتراكية في الغرب**. وقد كان لينين أكثر إصرارا على هذه المسألة من تروتسكي. ففي حين توقع تروتسكي في عام ١٩٠٥ احتمال قيام دكتاتورية البروليتاريا في روسيا قبل اندلاع الثورة العمالية في الغرب، فإن لينين أسس تصوره بأن الثورة الاشتراكية في روسيا ستأتي **في أعقاب** الثورة في أوروبا الغربية.

يريد مونتي جونستون أن يحصل على كل شي. ففي البداية خصص نصف مؤلفه «لإثبات» معارضة لينين العنيدة لنظرية الثورة الدائمة، ثم خصص النصف الآخر «لإثبات» أن الموقف الذي تبنته كل التيارات الماركسية الروسية «ينبع من نظرية الثورة الدائمة»! في الواقع، إن موقف تروتسكي والبلاشفة والمناشفة بخصوص استحالة بناء الاشتراكية في روسيا وحدها (لم يكن أحد يجرؤ حتى على طرح إمكانية ذلك حتى ١٩٢٤) لم يكن نابعا من نظرية الثورة الدائمة وحدها، بل من **الأفكار الأساسية للماركسية نفسها.**

لقد أوضح كل من ماركس وإنجلز أن العامل الأكثر أساسية للتطور الرأسمالي هو التركيز المتزايد لوسائل الإنتاج، التي تتمرد على الحدود الضيقة للرأسمالية؛ فمن ناحية هناك الملكية الخاصة لوسائل الإنتاج، ومن ناحية أخرى تحولت الحدود القومية من واقع تقدمي، من خلال تشجيع النمو الاقتصادي، إلى قيود رجعية على قوى الإنتاج. إن هذه السيرورة التي سبق أن تم شرحها نظريا في البيان الشيوعي، قد أصبحت اليوم العامل المهيمن في العصر الحديث. ومن جهة أخرى لقد وحدت الرأسمالية العالم بأكمله في بنية واحدة مترابطة ومتفاعلة. إن إفلاس «الرأسمالية القومية» يتضح من خلال مثال أن شركة أمريكية واحدة، جنرال موتورز، لديها تحت تصرفها رأسمال يتجاوز الموازنة العامة لبلجيكا، وحيث اضطرت الطبقات الرأسمالية في أوروبا الغربية إلى الاتحاد معا في سوق مشتركة، في محاولة يائسة من أجل البقاء. وهكذا فإنه حتى البورجوازية تحاول، لكن بدون جدوى، التغلب على قيود السوق الوطنية.

ينبغي أن تكون تجربة حربين عالميتين كارثيتين قد أفهمتا حتى أكثر العقول غباء حقيقة الصراع بين وجود الدول القومية المفلسة تاريخيا وبين تطور القوى الإنتاجية في العالم، مما يتطلب أقصى حدود الاستفادة من موارد جميع البلدان وبالشكل الأكثر حرية. إن تطور الشركات الدولية العملاقة، التي تنتشر على كل القارات، تضع العمال من مختلف البلدان في مواجهة عدو مشترك. ويتضح الآن، أكثر من أي وقت مضى، أن النزعة الأممية للبيان الشيوعي هي السبيل **الوحيد** أمام البشرية للمضي قدما وهي البرنامج الوحيد لحركة اشتراكية حقيقية. **لا تقوم الأممية الاشتراكية على أساس مشروع طوباوي أو عاطفي، بل على أساس تطور الإنتاج الرأسمالي على النطاق العالمي.**

يحاول مونتي جونستون تصوير نضال المعارضة اليسارية ضد التصور الستاليني بخصوص «الاشتراكية في بلد واحد» كنقاش أكاديمي مجرد، لا أهمية عملية له. ولتعزيز حجته استنجد جونستون بدويتشر الذي يقول: «كان «النقاش» حول «الاشتراكية في بلد واحد» يشبه نزاعا بين شخصين حول ما إذا كان من الممكن وضع سقف لمبنى يتفق كلاهما على ضرورة الشروع في تشييده، ومتفقان بالفعل على شكله والمواد التي سيتم استخدامها في بناءه.»

سيكون من الصعب إيجاد توصيف أكثر سطحية لذلك الصراع من هذا، حتى بين كومة التفاهات النظرية وأنصاف الحقائق التي يوفرها دويتشر بغزارة. لم تكن مطلقا الخلافات بين المعارضة اليسارية وبين البيروقراطية الستالينية حول ضرورة تطوير اقتصاد الاتحاد السوفييتي على أساس اشتراكي. في الواقع، كلما كانت تطرح هذه المسألة، فإن المعارضة هي من كانت تناضل من أجل برنامج التخطيط والتصنيع، وكان دعاة «الاشتراكية في بلد واحد» هم الذين يرفضونه، حتى عام ١٩٢٩، مفضلين الاعتماد على دعم الكولاك و«النيبمان». كانت المعارضة هي التي دعمت بحزم المنظورات الأممية للبلشفية، ووقفت بحزم أيضا لصالح بناء الاشتراكية في روسيا. ولم يكن هذا من قبيل الصدفة.

لم تكن الصراعات التي اندلعت في روسيا آنذاك مجرد «نقاشات» أكاديمية، بل كانت متعلقة بالقضايا الحيوية التي تهم حياة وسعادة الطبقة العاملة الروسية، ومستقبل الثورة الروسية والأممية. لقد سبق لنا أن أوضحنا السيرورة التي كانت تشهدها روسيا في ذلك الوقت. لقد أوضحنا أن فكرة بناء «الاشتراكية في

روسيا وحدها» كانت تعبر عن مزاج الردة الرجعية والكلبية السائدة بين صفوف تلك الشرائح الاجتماعية التي تحسنت أوضاعها بفضل الثورة، والتي صارت الآن تريد وضع حد للسيرورة التي أطلقتها ثورة أكتوبر، واستعادة «التوازن». إن نضال المعارضة اليسارية ضد هذه «النظرية» كان جزءا من نضال التيار البلشفي اللينيني من أجل مقاومة ردة البرجوازية الصغرى والبيروقراطية ضد ثورة أكتوبر.

وجدت البيروقراطية الستالينية جذورها في التخلف الاقتصادي والثقافي الذي ورثته الثورة عن القيصرية. وقد تغذت على كل هزيمة تعرضت لها البروليتاريا العالمية، التي انتصارها وحده هو من كان في إمكانه أن يوفر للدولة السوفيتية الموارد الضرورية للتغلب على مشاكل التخلف المزمنة وإنجاز التحويل الكامل للمجتمع على أسس اشتراكية. لقد استندت البيروقراطية على أكثر العناصر تخلفا ومعاداة للاشتراكية في روسيا (الفلاحون الأغنياء والمستفيدون من النيب) لتوجيه الضربات ضد البروليتاريا وطليعتها: المعارضة اليسارية. ومن ناحية أخرى، فإنها وبسبب افتقارها إلى أي إيمان في قدرات الطبقة العاملة في الغرب على إنجاز ثورة، صارت بمثابة كابح لتطور أحزاب الأممية الشيوعية الشابة وغير الناضجة.

إن روح التفاؤل الثوري التي كانت كتابات لينين وتروتسكي مشبعة بها انعكاس لإيمانهما بقدرة الطبقة العاملة على تغيير المجتمع. لقد كان إنشاء الأممية الثالثة (الشيوعية)، بعد الاستيلاء على السلطة في روسيا، أسمى تعبير عن المفهوم البلشفي للثورة، باعتبارها ليست ظاهرة وطنية، صالحة داخل حدود الإمبراطورية القيصرية السابقة وحدها، **بل بوصفها حدثا أمميا**. منذ البدايات الأولى نظر لينين والبلاشفة لثورة أكتوبر باعتبارها **شرارة الثورة العالمية**. وبدون هذا المنظور، فإن الثورة الاشتراكية في روسيا كانت ستعتبر مغامرة، كما كان المناشفة يتهمونها. في نوفمبر من عام ١٩١٨، رد لينين على هؤلاء النقاد على النحو التالي:

«لقد أثبتت وقائع التاريخ لهؤلاء القوميين الروس، الذين لا يهمهم أي شيء ما عدا المصالح المباشرة لبلدهم الذي يفهمونه بالطريقة القديمة، أن تحول ثورتنا الروسية إلى ثورة اشتراكية، لم يكن مغامرة بل ضرورة بما أنه **لم يكن هناك خيار آخر**؛ سوف تعمل الإمبريالية الأنجلو فرنسية والأمريكية حتما على خنق استقلال وحرية روسيا ما لم تتمكن الثورة الاشتراكية العالمية، ما لم تتمكن البلشفية العالمية من الانتصار».

يعتبر مونتي جونستون أن تروتسكي قد سقط في «المبالغة في تقدير» آفاق الثورة الاشتراكية الأممية و«استهان» باحتمالات بناء الاشتراكية في روسيا وحدها. إن حكمة الدويتشريين والجونستونيين، التي هي أساسا نفس «واقعية» السياسيين الإصلاحيين، تتمثل في هذا الزعم: «لقد توقع كل من لينين وتروتسكي اندلاع ثورة عالمية، لكن هذا لم يحدث. وقال لينين وتروتسكي إنه بدون ثورة عالمية، لا يمكن بناء الاشتراكية في روسيا، لكن هذا هو ما حدث. وعليه فإن البلشفية هي مجرد يوتوبيا خيالية، أما الستالينية فقد أثبتت صحتها». هذا هو جوهر «الفلسفة» الدويتشرية، بعد تخليصها من جماليات الأسلوب. أما مونتي جونستون فإنه لا يضيف شيئا لأفكار معلمه، سوى حذف اسم لينين من الموضوع.

لكن حكمة نوادي الثرثرة لا تجيب عن السؤال الأساسي: لماذا «لم تكن» هناك أية ثورة في أوروبا؟ أو بعبارة أصح: لماذا لم تؤد سلسلة الحركات الثورية التي شهدتها أوروبا ما بين سنوات ١٩١٨-١٩٢٣ إلى استيلاء الطبقة العاملة على السلطة؟ لا نحصل من عند مونتي جونستون ودويتشر إلا على «الوقائع»: لقد فشلت الثورة. ولكن من وجهة نظر الماركسي لا يمكن للمسألة أن تنتهي هناك. فإذا كنا مهتمين، ليس باستعراض المهارات اللغوية، بل بتغيير المجتمع، فإنه يجب علينا أن نتعلم من دروس التاريخ، وخاصة من دروس الحركات الثورية العظيمة. كانت هذه دائما طريقة الحركة البلشفية، طريقة لينين وتروتسكي؛ لأن الذي يعجز عن التعلم من أخطاء الماضي، محكوم عليه بالتأكيد بأن يكررها.

لقد هزمت الحركة الثورية التي اجتاحت أوروبا ما بين ١٩١٨-١٩٢٠ بسبب خيانة القيادات الاشتراكية الديمقراطية. نفس هؤلاء الخونة الذين باعوا أنفسهم عام ١٩١٤، والذين كانوا مسؤولين بشكل مباشر عن ذبح الملايين من العمال بالزي العسكري في الحرب، يرتعدون الآن في رعب من احتمال اندلاع «حرب أهلية دامية». لقد انخرطت الجماهير في حركة ثورية في بلد تلو الآخر: في ألمانيا، النمسا، بريطانيا، فرنسا، إيطاليا، لكنها لم تجد سوى الجبن والخيانة من طرف قادتـ«ـها». وهكذا ففي ألمانيا عام ١٩١٨، حيث وضعت الثورة السلطة بشكل سلمي بين أيدي العمال، قامت القيادة الاشتراكية الديمقراطية «بتسليم الزمام طوعا» إلى البرجوازية. وحده تعفن تلك القيادة هو ما منع العمال الألمان من قطف ثمار انتصارهم، والمجيء لمساعدة الجمهورية السوفياتية المحاصرة.

عندما شرح لينين وتروتسكي أنه بدون الثورة الاشتراكية في الغرب، فإن الدولة العمالية الروسية ستتعرض بدون شك للسحق على يد الثورة المضادة أو عن طريق حرب إمبريالية، فإن هذا لم يكن، على عكس ما يؤكد جونستون، مظهرا من مظاهر «الانهزامية»، بل دليلا على أقصى أشكال الواقعية الثورية. إن الماركسية نفسها فلسفة مادية (وبالتالي واقعية بعمق)، ومشبعة بروح التفاؤل الثوري. لا علاقة لها مع تلك «الواقعية» الجبانة المتعجرفة التي هي جوهر وروح جميع أنواع التيارات الإصلاحية.

لقد كان لينين وتروتسكي دائما صادقين وواقعيين في تقييمهما لآفاق الثورة في روسيا وأمميا. لقد فهما أن الضمانة الحقيقية الوحيدة لمستقبل الجمهورية السوفيتية تكمن في الثورة الاشتراكية في الغرب. إنهما لم يخدعا أبدا الطبقة العاملة بأوهام «التعايش السلمي» بل شرحا بحزم حقيقة أنه **من دون التحول الاشتراكي على النطاق العالمي، سيكون من الحتمي حدوث حرب امبريالية عالمية جديدة ثانية وثالثة وعاشرة.**

لقد تأكدت صحة تفاؤل لينين وتروتسكي بخصوص آفاق الثورة الاشتراكية الأممية بشكل كامل بفعل التحركات العمالية الرائعة بعد الحرب العالمية الأولى. **لكنه لا يمكن لا للينين ولا لتروتسكي ولا لأي شخص آخر أن يضمن نجاح أية حركة ثورية.** يعتمد ذلك على عدد من العوامل: مأزق النظام الرأسمالي، وأزمة الحكومة، وحركة الجماهير العاملة، وسخط الطبقات الوسطى في المجتمع. لكن أحد أهم العوامل الحاسمة هو وجود قيادة ثورية للطبقة العاملة جديرة بهذا الاسم. وقد أدى غياب مثل هذه القيادة في أوروبا الغربية إلى تكبد الحركة العمالية للهزائم الواحدة تلو الأخرى، وهو ما مهد الطريق لاحقا لانتصار الردة الفاشية واندلاع حرب عالمية جديدة أكثر ترويعا. **إن قتل سبعة وعشرين مليون مواطن روسي وتدمير الجزء الأكبر من القطاع الصناعي الذي بني بتضحيات جسيمة بذلها الشعب السوفييتي كان تأكيدا قاسيا للتوقعات الواقعية لكل من لينين وتروتسكي.**

ليس من الممكن التفصيل هنا في السياسة الخارجية للستالينية. سيتم تناول هذه المسألة في أعمال مقبلة. ويكفي هنا أن نشير إلى أن سياسة «الاشتراكية في بلد واحد» أدت إلى التحول التدريجي للسياسة الخارجية السوفيتية من تبني استراتيجية ثورية، تستند إلى الطبقات العاملة في جميع البلدان، ومن خلال الأممية الثالثة محاولة بناء أحزاب شيوعية وقيادات ثورية حقيقية في مختلف البلدان، إلى سياسة المناورات و«الصفقات» مع الحكومات البرجوازية، والبيروقراطيين النقابيين و«القوى الديمقراطية» في المستعمرات من قبيل تشيانغ كاي تشيك.

إن السبب والنتيجة لا يقفان عند حدود ثابتة إلى الأبد، بل يغيران أماكنهما في كثير من الأحيان، فيتحول أحدهما إلى الآخر. كان سبب صعود البيروقراطية السوفياتية هو عزلة الثورة في بلد متخلف. كما أن الهزائم الرهيبة التي تعرضت لها الطبقة العاملة في ألمانيا وبلغاريا في عام ١٩٢٣، وفي بريطانيا في عام ١٩٢٦، وقبل كل شيء في الصين في عام ١٩٢٧، بسبب السياسات الكارثية لقيادة ستالين- بوخارين، أدت بدورها إلى تعزيز موقف

البيروقراطية ودعاة «الاشتراكية في بلد واحد»، وحكمت على المعارضة البلشفية اللينينية بالهزيمة. إن طرد المعارضة اليسارية في عام ١٩٢٧ مهد الطريق لحدوث انعطاف جديد وأكثر رجعية في روسيا خلال مرحلة تدعيم الستالينية. لم يكن مصير الثورة في روسيا ومصير الثورة أمميا «مرحلتان» منفصلتان ميكانيكيا، حيث الثورة العالمية هدف مأمول، لكنه ليس إضافة ضرورية (سقف المنزل، وخرافة شجرة عيد الميلاد)، بل كانا مرتبطين ارتباطا لا ينفصم معا ويشترط أحدهما الأخر.

تروتسكي والخطط الخماسية

مونتي جونستون، وبحركة بهلوانية عجيبة، لفق لتروتسكي موقفا «انهزاميا» فيما يتعلق بالتخطيط الاشتراكي في الاتحاد السوفياتي. أين تتجلى «انهزامية» تروتسكي المزعومة؟

كما سبق لنا أن رأينا، دافع تروتسكي والمعارضة اليسارية لفترة كاملة (١٩٢٣-١٩٢٧) عن فكرة تطوير الصناعة من خلال وكالة الخطط الخماسية، بالرغم من المعارضة والسخرية من قبل الستالينيين. وبعد طرد المعارضة اليسارية (١٩٢٧)، شنت كتلة ستالين الهجوم ضد «الانحراف اليميني» لبوخارين، ومن أجل توجيه ضربة ضد هذه المجموعة، تبنت بشكل كاريكاتوري، جوانب معينة من برنامج المعارضة اليسارية.

وبينما تجاهل الستالينيون المقاطع التي تشير إلى الحاجة إلى الديمقراطية العمالية [في برنامج المعارضة اليسارية]، تبنوا فكرة التصنيع والخطط الخماسية. خطر عودة الرأسمالية، الذي سبق للمعارضة اليسارية أن حذرت منه، والذي نفاه الستالينيون مرارا في الفترة السابقة، صار الآن يستخدم من طرف تكتل ستالين كعصا لضرب حلفائهم السابقين البوخارينيين.

في نقاشه لمناورة الستالينيين هذه كتب مونتي جونستون ما يلي:

«من بين الأساطير التروتسكية المبتذلة قولهم بأن تنفيذ ستالين بعد ١٩٢٨ لمخططات أبعد مدى [؟] مما كانت تطرحه المعارضة يثبت في حد ذاته أن هذه الأخيرة كانت على حق. وكما كتب موريس دوب: «لا يعني أن ما قد كان ممكن التنفيذ في ١٩٢٨- ١٩٢٩ كان ممكنا بالضرورة في وقت مبكر حينما كانت الصناعة والزراعة أضعف». ومع ذلك، سأتقبل الحجة القائلة بأنه لو أن الحزب استجاب في وقت سابق لتحذيرات المعارضة ضد النمو الخطير في قوة الكولاك في الريف، فإن عملية التجميع التي حدثت في ١٩٢٩-١٩٣٠ كان يمكنها أن تكون أقل عنفا [!] على الرغم من أن سياسات التروتسكيين الاقتصادية تدافع عن استغلال الريف من قبل المدينة [!] من خلال نظام فروق الأسعار الذي من شأنه الحفاظ على ارتفاع أسعار المنتجات الصناعية على حساب أسعار المنتجات الزراعية (انظر على سبيل المثال كتاب الاقتصاديات الجديدة لبريوبراجنسكي كبير الاقتصاديين في صفوف المعارضة) والتي استبقت بكثير من الناحية النظرية الموقف من للفلاحين الذي طبقه ستالين عمليا ابتداء من ١٩٢٩ [!]» (Cogito، الصفحة ٢٥ - الحاشية)

سنتحدث لاحقا عن «مخططات ستالين الأبعد مدى». لكن قبل ذلك دعونا نتطرق إلى «الأستاذ الأحمر»، موريس دوب. هل من الصحيح القول بأنه كان من الأسهل البدء في سياسة التصنيع والخطط الخماسية في ١٩٢٨-١٩٢٩ من تطبيقه في الفترة السابقة؟ يجيب مونتي جونستون بنفسه على هذا الهراء عندما يشير إلى تحذيرات المعارضة من خطر الكولاك.

ضد سياسة ستالين- بوخارين القائمة على تقديم الامتيازات للكولاك والمضاربين («Nepmen») على حساب الفلاحين الفقراء والعمال الصناعيين، طالبت المعارضة **بفرض الضرائب على الفلاحين الأغنياء**، من أجل توفير الأموال اللازمة لاستثمارها في التصنيع؛ فعلى قاعدة التصنيع وحدها، يصير من الممكن إعطاء القرى وسائل التغلب على تخلف الزراعة الروسية. فقط على أساس **مكننة** الزراعة حيث يمكن تطبيق **سياسة**

التجميع بإعطاء القدوة. إن تصوير سياسة ضرب الكولاك هذه وكأنها «استغلال الريف من طرف المدينة» هو مجرد تكرار لافتراءات الستالينيين على المعارضة اليسارية، قبل أن يبدؤوا في تطبيق سياستهم المجنونة المبنية على التجميع بالقوة!

عندما، اضطر الستالينيون، بعد طرد المعارضة اليسارية، إلى مهاجمة «اليمين» - الذي كمن وراءه خطر ردة الكولاك الرجعية- كان الوضع في الريف بائسا بالفعل، في حين أن الصناعات الثقيلة، الأساس الضروري لبناء الاشتراكية، بقيت راكدة لفترة كاملة. إن القول بأن معارضة الستالينيين للتصنيع خلال الفترة ١٩٢٣-١٩٢٧ قد أملته نواياهم في بناء الصناعة والزراعة ليس سوى كذبة. بل على العكس: لقد كان موقفهم هو تشجيع تلك العناصر داخل الاقتصاد السوفيتي التي كانت لتشكل حجر عثرة رهيبة أمام تطوير الإنتاج في فترة الخطة الخماسية الأولى.

اعترف مونتي جونستون بشهامته المعروفة بأنه لو كان الحزب قد استمع لتحذيرات المعارضة بشأن خطر الكولاك لكانت «عملية التجميع في ١٩٢٩-١٩٣٠ لتكون أقل عنفا». لكن إلى أي درجة بلغ عنف «عملية التجميع» هذه أيها الرفيق جونستون؟ في عام ١٩٣٠، بلغ إجمالي محصول الحبوب ٨٣٥ مليون قنطار. لكن خلال العامين اللاحقين انخفض إلى ٢٠٠ مليون؛ هذا في الوقت الذي كان فيه مستوى إنتاج الحبوب بالكاد يكفي لإطعام السكان. والنتيجة كانت انتشار المجاعة في صفوف الملايين من العمال والفلاحين. وانخفض إنتاج السكر في نفس الفترة من ١٠٩ ملايين بود[١٤] إلى ٤٨ مليون بود.

وكانت الخسارة الأكثر فظاعة هي تلك التي لحقت بالماشية. أثارت وتيرة التجميع المجنونة والأساليب الوحشية المستخدمة، مقاومة عنيدة من طرف الفلاحين، مما أغرق البلد في أتون حرب أهلية جديدة ودموية. ذبح الفلاحون الغاضبون خيولهم وماشيتهم على سبيل الاحتجاج. انخفض عدد الخيول من ٣٤,٩ مليون رأس في ١٩٢٩ إلى ١٥,٦ مليون رأس عام ١٩٣٤، أي بخسارة قدرها ٥٥٪. انخفض عدد الأبقار من ٣٠,٧ مليون رأس إلى ١٩,٥ مليون أي خسارة ٤٠٪. وتراجع عدد الخنازير بـ ٥٥٪ والأغنام بـ ٦٦٪. **إن الزراعة السوفياتية لم تتعاف حتى يومنا هذا من الضربة القاسية التي تسببت فيها عملية التجميع القسري.** لكن الإحصائية الأكثر بشاعة من ذلك كله هي ملايين الفلاحين الذين قضوا نحبهم في هذه الفترة - بسبب الجوع والبرد والمرض، في الصراع مع الجيش الأحمر أو في مخيمات الأشغال الشاقة؛ **لم ينكر ستالين تصفية عشرة ملايين شخص؛ وأربعة ملايين هو أدنى تقدير.** هذا هو القليل من «العنف» الذي يشير إليه مونتي جونستون باستحياء في الهامش.

لقد ذهبت خطة ستالين للتجميع بالتأكيد «أبعد بكثير» من المقترحات التي وضعتها المعارضة! لقد ندد بها تروتسكي باعتبارها مغامرة، بالنظر إلى التخلف المادي للزراعة الروسية. تسببت «مخططات ستالين الأبعد مدى» في كارثة للزراعة الروسية. لكن ماذا عن الصناعة؟ ألم يؤد نجاح مخططات ستالين التي ذهبت «أبعد بكثير» مما كانت تطالب به المعارضة اليسارية، إلى إعطاء الدليل على درجة «تشاؤم» تروتسكي؟

عندما تقدم تروتسكي بشكل طوعي أمام لجنة ديوي، بعد محاكمات موسكو السيئة الذكر، والتي طرحت عليه الاتهامات الموجهة ضده وضد المعارضة، أجاب، من بين أمور أخرى، على عدد من الأسئلة المتعلقة بالخلافات مع الستالينيين حول مسألة التصنيع في ١٩٢٣-١٩٢٩. نقتبس حرفيا من نص شهادته:

«غولدمان: السيد تروتسكي، ماذا كان موقفك من سياسة التصنيع في الاتحاد السوفياتي قبل طردك من الاتحاد السوفياتي؟

---

١٤ مقياس أوزان روسي يساوي ١٦,٣٨ كيلوغرام. -المترجم-

«تروتسكي: لقد ناضلت خلال الفترة ما بين عام ١٩٢٢ حتى عام ١٩٢٩ من أجل ضرورة التصنيع المتسارع. كتبت في بداية عام ١٩٢٥ كتابا حاولت فيه أن أثبت أنه من خلال تخطيط وتوجيه الصناعة كان من الممكن تحقيق معامل سنوي من التصنيع يصل إلى عشرين في المائة. لقد تعرضت للتنديد في ذلك الوقت بكوني رجلا متعصبا، وذو نزعة صناعية متطرفة (super-industrialiser). وكان الاسم الرسمي للتروتسكيين في ذلك الوقت هو: «ذوو النزعة الصناعية المتطرفة.»

«غولدمان: ماذا كان اسم الكتاب الذي كتبته؟

«تروتسكي: **هل تسير روسيا نحو الرأسمالية أم نحو الاشتراكية؟**

«غولدمان: أنا واثق من أنه نشر باللغة الإنجليزية تحت عنوان: هل تسير روسيا نحو الرأسمالية أم نحو الاشتراكية؟

«تروتسكي: لقد أظهرت مسيرة الأحداث أنني كنت حذرا جدا في تقديري لإمكانيات الاقتصاد المخطط – لم أكن جريئا بما يكفي. كان ذلك نضالي بين عامي ١٩٢٢ و١٩٢٥، وأيضا النضال من أجل الخطة الخماسية. بدأ سنة ١٩٢٣، عندما بدأت المعارضة اليسارية في النضال من أجل ضرورة تطبيق الخطة الخماسية.

«غولدمان: أطلق عليك ستالين في ذلك الوقت اسم «ذو نزعة صناعية متطرفة»؟

«تروتسكي: بلى.

«غولدمان: كان يعارض التصنيع السريع في البلاد.

«تروتسكي: اسمحوا لي أن أقول إنه في عام ١٩٢٧، عندما كنت رئيسا للجنة في دنيبروستروي (Dnieprostroy) لمحطة كهرومائية، محطة لتوليد الكهرباء، أكدت في دورة للجنة المركزية على ضرورة بناء هذه المحطة، وقد أجاب ستالين: «إن بناء محطة دنيبروستروي بالنسبة لنا يشبه قيام فلاح بشراء جهاز الحاكي بدلا من شراء بقرة». (قضية ليون تروتسكي، الصفحة ٢٤٥)

كان هذا هو مدى «اتساع منظور» ستالين في عام ١٩٢٧! في ذلك الوقت، كان الاتهام الموجه إلى المعارضة من قبل الستالينيين ليس كونها «متشائمة» بل كونها «ذات نزعة صناعية متطرفة»! ماذا عن التأكيد بأن الخطط التي نفذها ستالين في وقت لاحق ذهبت «أبعد بكثير» من تلك التي طالب بها تروتسكي؟

كانت سنوات ١٩٢٥-١٩٢٧ مطبوعة بنضال المعارضة ضد السياسة الاقتصادية الجبانة لقيادة ستالين-بوخارين. في عام ١٩٢٦ اقترح الستالينيون «خطة» ستبدأ بمعامل من تسعة في المائة للسنة الأولى، وثمانية للسنة الثانية، لتنخفض تدريجيا إلى أربعة في المائة، أي انخفاض معدل النمو! تروتسكي، الذي أطلقت عليه الزمرة الحاكمة اسم «ذو النزعة الصناعية المتطرفة»، وصف التوقع بكونه «تخريب الصناعة» (ليس بالمعنى الحرفي بطبيعة الحال). في وقت لاحق، تم تنقيح الخطة لإعطاء معامل من تسعة في المائة لجميع السنوات الخمس. بينما ناضل تروتسكي من أجل معامل ١٨-٢٠. وأشار إلى أن معدل النمو، حتى في ظل الرأسمالية، كان ستة في المائة! لم تول الطغمة الحاكمة أي اهتمام للمعارضة ومضت قدما في خططها الجبانة. وبدلا من معامل التسعة في المائة البائس المتوقع من قبل «المنظور البعيد المدى» عند ستالين - بوخارين، فإن نتائج السنة الأولى من الخطة الخماسية أثبتت بالكامل وجهة نظر المعارضة وكشفت عدم كفاية التقديرات المقدمة من طرف ستالين ومعاونيه. ونتيجة لذلك سقطوا في العام التالي في مغامرة «الخطة الخماسية في أربع سنوات» الكارثية. عبثا حاول تروتسكي التحذير من هذه الفكرة المجنونة، والتي ضربت توازن كل شيء. وبواسطة أوكاز (ukaze) [مرسوم] بيروقراطي حددت القيادة الآن معاملا من ٣٠ إلى ٣٥٪! إن تحطيم الصناعة

في هذه الفترة، والذي ألقي اللوم بسببه على المتهمين «بالتخريب» التعساء، كان في الواقع نتيجة لمغامرة الستالينيين، الذين سعوا وراء وهم «الاشتراكية في بلد واحد» و«الخطة الخماسية في غضون أربع سنوات» مما أدى إلى عرقلة الاقتصاد وإلى مصاعب لا حصر لها بالنسبة للطبقة العاملة السوفياتية.

من أجل الإجابة على كل محاولات التشويه وأنصاف الحقائق التي أدلى بها مونتي جونستون بشأن موقف تروتسكي من الخطط الخماسية، دعونا نرى ما قاله تروتسكي نفسه للجنة ديوي:

«تروتسكي: يمكن وصف موقفي تجاه التنمية الاقتصادية في الاتحاد السوفيتي على النحو التالي: أنا أدافع عن الاقتصاد السوفياتي ضد النقاد الرأسماليين والنقاد الإصلاحيين الاشتراكيين الديمقراطيين، وأنتقد الأساليب البيروقراطية التي تنهجها القيادة. وكانت الاستشهادات بسيطة جدا. إنها تستند إلى الصحافة السوفياتية نفسها. نحن متخلصون إلى حد ما من التنويم المغناطيسي الذي تمارسه البيروقراطية. وكان من الممكن تماما مشاهدة كافة الأخطار بالاعتماد على الصحافة السوفياتية نفسها.

«غولدمان: هل لك أن تعطينا فكرة، بشكل عام، عن النجاحات التي حققها التصنيع في الاتحاد السوفيتي؟

«تروتسكي: إن النجاحات مهمة جدا، وقد أكدتها دائما. إنها بفضل إلغاء الملكية الخاصة والإمكانيات الكامنة في الاقتصاد المخطط. لكنها - لا أستطيع أن أقول بالضبط – أقل بمرتين أو ثلاث مرات مما كان يمكن لها أن تكون عليه في ظل نظام الديمقراطية السوفياتية.

«غولدمان: إذن فالنجاحات تحققت على الرغم من السيطرة البيروقراطية وأساليبها؟

«تروتسكي: لقد تحققت بفضل الإمكانات الكامنة في تشريك (socialisation) القوى المنتجة.» (قضية ليون تروتسكي، الصفحة ٢٤٩)

وفي سعيه لإيراد أدلة إضافية عن «تشاؤم» تروتسكي، نقل جونستون مقتطفات من كتاب «الأممية الثالثة بعد لينين»:

«بقدر ما أن إنتاجية العمل وإنتاجية نظام اجتماعي ككل يتم قياسها في السوق من خلال آلية الأسعار، فإن أكبر خطر على الاقتصاد السوفياتي ربما ليس التدخل العسكري بقدر ما هو تدخل السلع الرأسمالية الأرخص».

تم كتابة هذه السطور في عام ١٩٢٨، في وقت كانت فيه قوى السوق الرأسمالية تعيد تأكيد نفسها في الاقتصاد السوفياتي في ظل السياسة الاقتصادية الجديدة. عندما كان الكولاك (الفلاحون الأغنياء) يتبعون نصيحة بوخارين: «إغتنوا!» وعندما كان خطر عودة فعلية للرأسمالية، الذي حذرت المعارضة اليسارية منه، أمرا واقعيا جدا. وتعليقا منه على كلام تروتسكي دون أن يوضح سياقه كتب جونستون ما يلي:

«كان احتكار الدولة للتجارة الخارجية، والذي أكد عليه ستالين وغالبية الحزب بشكل صحيح، هو وسيلة الاتحاد السوفياتي ليحمي نفسه من مثل ذلك التخريب الاقتصادي، قد أصبح بالنسبة لتروتسكي» دليلا على شدة ارتهاننا وطبيعته الخطيرة»» (Cogito، الصفحة ٢٦٧)

ذاكرة مونتي جونستون قصيرة. لأن نفس «ستالين وأغلبية حزب» (أي بوخارين) هم من دافعوا قبل خمس سنوات على إلغاء احتكار الدولة للتجارة الخارجية، ومرروا فعلا قرارا في اللجنة المركزية يوم ١٢ أكتوبر ١٩٢٢ يلغي الاحتكار. تضم الطبعة الروسية للأعمال الكاملة للينين سلسلة كاملة من رسائل لينين يناشد فيها تروتسكي لتشكيل كتلة معه للنضال من أجل الحفاظ على احتكار التجارة الخارجية. وهكذا، في ١٣ دجنبر ١٩٢٢، كتب لينين إلى تروتسكي قائلا:

«وعلى أية حال، إني ألتمس منك أن تأخذ على عاتقك، في الجلسة العامة المقبلة، **الدفاع عن وجهة نظرنا المشتركة حول الضرورة غير المشروطة للحفاظ على احتكار التجارة الخارجية وتعزيزه**». (لينين، الأعمال الكاملة، الطبعة الروسية المجلد ٥٤، الصفحة ٣٢٤)

ما الذي كان تروتسكي يقصده بقوله إن «السلع الأجنبية الرخيصة» تشكل خطرا على السلطة السوفيتية؟ في عام ١٩١٧ اندلعت الثورة البروليتارية، لكن ليس في بلد رأسمالي متقدم كما كان ماركس وإنجلز قد توقعا، بل في اقتصاد متخلف، وشبه إقطاعي وفلاحي. حدث ذلك ليس لأن «جميع الظروف اللازمة لبناء الاشتراكية» كانت موجودة في روسيا، بل بسبب العجز المطلق للبرجوازية الروسية على حل أي من المهام التاريخية المطروحة أمامها، على أساس النظام الرأسمالي. لقد سارت روسيا نحو الثورة البروليتارية ليس لأنها كانت الأكثر تقدما، **بل بالضبط لأنها كانت الأكثر تخلفا بين القوى الأوروبية**. وكما قال لينين انكسرت الرأسمالية في أضعف حلقاتها.

كان انتصار الطبقة العاملة الروسية في ثورة أكتوبر شرطا مسبقا لبدء تحول المجتمع الروسي. **لم يكن يمكن تنفيذ المهام التاريخية للثورة البرجوازية في روسيا إلا في ظل دكتاتورية البروليتاريا**. وهذا هو المعنى الأساسي لنظرية تروتسكي الثورة الدائمة، التي صاغها عام ١٩٠٥. كان تأميم الصناعة والتخطيط واحتكار التجارة الخارجية هي الوسائل التي أخرجت بها الطبقة العاملة الروسية روسيا من التخلف القروسطوي. إن النجاحات التاريخية للخطط الخماسية في الاتحاد السوفياتي هي، في حد ذاتها، مبرر كاف لثورة أكتوبر. كما كتب تروتسكي في الثورة المغدورة:

«لقد أثبتت الاشتراكية حقها في النصر، ليس على صفحات رأس المال، بل في مجال صناعي يضم سدس مساحة الأرض؛ ليس بلغة الديالكتيك، بل بلغة الاسمنت والصلب والكهرباء».

ومع ذلك، فإنه لا يمكن الإجابة عن السؤال حول المصير التاريخي لاتحاد الجمهوريات الاشتراكية السوفياتية بمجرد جرد نجاح الخطط الخماسية. وقد سبق للينين أن طرح السؤال الجوهري بعبارة صادمة: «لمن ستكون الغلبة؟». ليس الاتحاد السوفيتي جزيرة معزولة، بل جزء من نظام اقتصادي وسياسي عالمي، حيث لا يمكن عزل مصير أي بلد عن مصير المجموع. كان الاتحاد السوفياتي، وعلى الرغم من نجاحاته الصناعية الهائلة، ما يزال محتاجا إلى قياس قوته بالمقارنة مع قوى البلدان الامبريالية الغربية.

كان النظام الرأسمالي، ورغم أنه كان يظهر بالفعل كل أعراض الشيخوخة على النطاق العالمي، ما يزال يتمتع بمزايا عديدة أكثر من الاتحاد السوفياتي. لقد كان على البلاشفة منذ البداية النضال ضد انخفاض مستوى الثقافة بين الجماهير، وعدم وجود قوة عاملة ماهرة، وبكلمة واحدة ضد: **تدني إنتاجية العمل**. هذا العامل، وليس حجم الإنتاج من حيث القيمة المطلقة، هو المقياس الحقيقي للنجاح الاقتصادي والتقدم الاجتماعي. في هذا المجال الحاسم، ما يزال الاتحاد السوفياتي، بعد ٥٠ عاما من السلطة السوفياتية، يتخلف بعيدا وراء الولايات المتحدة الأمريكية.

تشير الإحصاءات السوفياتية الرسمية إلى أن نصيب الفرد من الانتاج الصناعي هو فقط ٥٠-٦٠٪ من نظيره في الولايات المتحدة الأمريكية. بالرغم من امتلاك روسيا لطبقة عاملة أكبر، وضعف عدد الفنيين والمهندسين، فإن الناتج الصناعي الفعلي عندها يشكل فقط ٦٥٪ مما عليه الحال بالنسبة للولايات المتحدة. مؤشرات إنتاج الصناعات الثقيلة هي الأكثر مأساوية. لقد ارتفع إنتاج الصلب في الاتحاد السوفياتي من ٤,٣ مليون طن عام ١٩٢٨ إلى ١٠٧ ملايين طن عام ١٩٦٨ - أقل فقط بـ ١٨ مليون طن من في أمريكا (دون حساب ٢٤ مليون طن التي تستوردها الولايات المتحدة الأمريكية). ولكن نصيب الفرد من إنتاج الصلب في الولايات المتحدة الأمريكية أعلى مما عليه الحال في الاتحاد السوفياتي، هذا من جهة، أما من جهة ثانية فإن التنمية

المتناغمة للحياة البشرية والثقافة لا تنعكس اقتصاديا من خلال حجم انتاج الصلب وحده، ولكن بشكل أكثر دقة من خلال تطوير جودة المواد الاستهلاكية والبضائع عالية التقنية الموجهة لجماهير الشعب. في هذا المجال الذي يؤثر على مستوى معيشة العمال، ما زال الاتحاد السوفياتي متخلفا عن البلدان الرأسمالية.

جحافل المضاربين وتجار السوق السوداء في موسكو، الذين يكسبون عيشهم عن طريق استجداء السياح الأجانب للحصول على البضائع والعملة الغربية، والتي يبيعونها بربح كبير للعمال السوفيات هم إشارة واضحة بأن التهديد من «السلع الأجنبية الرخيصة» لم يختف حتى اليوم. ليس للأحكام الصارمة (التي تصل إلى عقوبة الإعدام) لمكافحة هذه المضاربات أي تأثير في القضاء على آفة اجتماعية لها جذورها ليس في «قدرة الرأسمالية على البقاء» أو في عناد الطبيعة البشرية، بل في العلاقات الموضوعية بين الاتحاد السوفياتي والاقتصاد العالمي. وهو ما لا يمكن لأي «نظريات» بيروقراطية متعجرفة إلغاءه.

كما شرح ماركس في الايديولوجية الألمانية: «عندما تتعمم الفاقة تعود كل الزبالة القديمة إلى الظهور». إن النقص دائم، وارتفاع الأسعار وانخفاض جودة السلع الاستهلاكية (ليس فقط السيارات والسلع التقنية، بل أيضا الملابس والمواد الغذائية) وقائع أساسية في حياة الطبقة العاملة السوفياتية. هذا لا يعني أن السلع الفاخرة لا وجود لها. فالشريحة المحظوظة من البيروقراطيين ومديري المصانع وضباط الجيش، وغيرهم، تمتلك بوفرة الأشياء التي لا يمكن للعامل السوفياتي حتى أن يحلم بها: البذلات الباهضة الثمن والسيارات الأنيقة والشقق الفاخرة والفيلات في الريف، وما إلى ذلك. وبينما تعيش أسر الطبقة العاملة في موسكو والمدن السوفياتية الأخرى في ظروف اكتظاظ مزمنة، يمتلك العديد من أعضاء الفئة العليا أكثر من منزل ريفي (داشا) بالإضافة إلى شققهم في المدينة. إن نمط المعيشة الفاخرة للبيروقراطية هو إهانة مستمرة لجماهير الشعب السوفياتي. وهكذا عندما كان العمال والفلاحون السوفيات يعانون في ظل ظروف المشقة المروعة، بعد الحرب العالمية الثانية، تلقى الضيف الماريشال مونتغمري من أيدي «أشقاءه» الضباط السوفيات هدية كانت عبارة عن معطف ماريشال سوفياتي من الفراء مثقل بالأوسمة والماس وغيرها، بتكلفة ٥٠٠٠ جنيه استرليني!

في ظل لينين وتروتسكي،كان قانون «Partmaximum» يعني أنه لا يحق لأي عضو من أعضاء الحزب أن يحصل على أكثر من أجرة عامل عادي، حتى ولو كانت مهاراته تسمح له بالحصول على أجور أعلى. من بين الشروط اللازمة لتأسيس الدولة العمالية، كما شرح لينين في كتابه الدولة والثورة، عدم تلقي أي مسؤول لأجر أعلى من أجرة عامل مؤهل. وقد نص مرسوم صدر في وقت مبكر بعد الثورة على أن التفاوت في الأجور بين العمال والمتخصصين لا يزيد على أربعة أضعاف، وهو التفاوت الذي وصفه لينين بصراحة بأنه «تفاوت رأسمالي»، على أن يخفض بشكل تدريجي. تم تطبيق هذا القانون حتى عام ١٩٣١ عندما ألغي رسميا من قبل ستالين.

«الثورة المغدورة»

كتب جونستون في الصفحات ٣٢ و٣٣ ما يلي:

«إن تصورات تروتسكي الدغمائية حول استحالة بناء الاشتراكية في بلد واحد أدت به حتى الآن إلى الاستهانة بعمق جذور النظام الاشتراكي في روسيا وقوته، على الرغم من الدمار الذي أحدثته عمليات التطهير التي قام بها ستالين. لقد زعم [تروتسكي] أنه في حالة عدم حدوث ثورة في الغرب، فإنه في حالة نشوب حرب «ستسحق القاعدة الاجتماعية للاتحاد السوفيتي، ليس فقط في حالة الهزيمة، بل أيضا في حالة الانتصار!

«وبعيدا كل البعد عن الواقع السوفياتي كتب يقول إن «البيروقراطية السوفياتية قد ذهبت بعيدا في مسار التحضير لعودة البرجوازية»، و«يجب عليها حتما في المستقبل التماس الدعم لنفسها في علاقات الملكية» مما ينطوي على إمكانية «تحولها إلى طبقة مالكة جديدة»». (Cogito)

هل حقا قال تروتسكي هذا؟ دعونا نستشهد بفقرات كاملة من الثورة المغدورة التي اقتطع منها جونستون هذه الاستشهادات الموجزة «المتوازنة». في الصفحات ٢٥١-٢٥٢ كتب تروتسكي:

«إن البيروقراطية من حيث هي قوة سياسية واعية قد خانت الثورة. لكن الثورة الظافرة ليست لحسن الحظ مجرد برنامج وراية، وليست مؤسسات سياسية فقط، إنما هي أيضا نظام للعلاقات الاجتماعية. فلا تكفي خيانتها بل يجب كذلك إسقاطها. لقد تعرضت ثورة أكتوبر للخيانة من طرف الفئة الحاكمة، لكنهم لم يسقطوها بعد. **إنها تمتلك طاقات كبرى على المقاومة، وتتفق مع العلاقات الجديدة للملكية ومع القوة الحية للبروليتاريا ومع وعي أفضل عناصرها ومع مأزق الرأسمالية العالمية و حتمية الثورة العالمية**». (خط التشديد من عندنا)

في كلمات تروتسكي هذه، التي من الواضح أن جونستون «لم يلاحظها»، ليس هناك أي أثر للاستهانة بقوة قاعدة المكاسب الاجتماعية الأساسية لثورة أكتوبر، أو أية نزعة قدرية حول احتمال انتصار الثورة البرجوازية المضادة. لكن دعونا نواصل القراءة. سنعمل على اقتباس المقطع التالي من مؤلف تروتسكي («لم يحسم التاريخ بعد مسالة طابع الاتحاد السوفياتي الاجتماعي») بالكامل، إذ أن ذلك أفضل وسيلة لتوضيح كيف يشتغل عمليا منهج مونتي جونستون «المتوازن» في الاقتباس. كتب تروتسكي استمرارا لحديثه المنقول أعلاه:

«لكي نفهم بشمل أفضل الطابع الاجتماعي للاتحاد السوفياتي اليوم، فلنضع فرضيتين للمستقبل: لنفترض أن البيروقراطية السوفياتية قد طردها من الحكم حزب ثوري يملك كل صفات البلشفية القديمة، حزب اغتنى، بالإضافة إلى ذلك بالتجربة العالمية لهذه الأيام الأخيرة. سوف يبدأ هذا الحزب بتجديد الديمقراطية وإعادتها إلى النقابات وإلى مجالس السوفييتات، وباستطاعته أيضا أن يعيد حرية الاشتغال إلى الأحزاب السوفياتية ويقوم مع الجماهير وبقيادتها بعملية تطهير لا تعرف الرحمة لدوائر الدولة فيلغي الرتب والأوسمة والامتيازات ويضيق من حدة عدم المساواة في أجور العمل إلى الحد الضروري للاقتصاد والدولة ويتيح للشبيبة إمكانية التفكير الحر والتعلم والنقد والنمو. سيدخل هذا الحزب تعديلات عميقة على توزيع الدخل الوطني طبقا لإرادة الجماهير العمالية والفلاحية، لكنه لن يحتاج للاستعانة بتدابير ثورية فيما يتعلق بعلاقات الملكية. كما سيستمر في تطبيق تجربة الاقتصاد الموجه ويدفع بهذه التجربة إلى أقصى ما يمكن. ولا بد للبروليتاريا بعد الثورة السياسية وقلب البيروقراطية من تحقيق إصلاحات هامة في الاقتصاد ولن يكون عليها أن تقوم بثورة اجتماعية جديدة.

«أما، وفق فرضية ثانية، إذا تمكن حزب برجوازي من قلب الفئة السوفياتية الحاكمة فإنه سيجد كثيرا ممن سيعرضون عليه خدماتهم من بين البيروقراطيين الحاكمين اليوم والفنيين والمدراء وأمناء الحزب ومن رجال الحكم بشكل عام. ولا بد في هذه الحالة من تطهير مصانع الدولة أيضا. ولكن عملية إعادة البرجوازية ستجد عددا من الناس ممن يتوجب طردهم اقل من العدد الذي يتوجب على حزب ثوري طرده. وسيكون الهدف الرئيسي للسلطة الجديدة هو إعادة الملكية الخاصة لوسائل الإنتاج. وعلى السلطة الجديدة أيضا أن تعطي للكولخوزات الضعيفة إمكانية إعداد مزارعين كبار و تحويل الكولخوزات القوية إلى تعاونيات تنتج على الطريقة البرجوازية أو إلى شركات مساهمة. أما في الصناعة فان عملية نزع التأميم ستبتدئ بمشاريع الصناعة الخفيفة والصناعات الغذائية. وستقتصر الخطة في اللحظات الأولى على مساومات تتضمن حلولا

وسطى بين السلطة ومختلف الهيئات أي بين السلطة وقادة الصناعة السوفياتية والمالكين القدماء المهاجرين والرأسماليين الأجانب. و مع أن البيروقراطية السوفياتية قد سارت بعيدا في اتجاه إعادة البرجوازية فان النظام الجديد سيكون ملزما فيما يتعلق بالملكية ونمط الإدارة بالقيام بالثورة وليس الإصلاح.

«ثم لنضع فرضية ثالثة فنفترض انه لا الحزب الثوري ولا الحزب المعادي للثورة تمكن من الاستيلاء على السلطة، واستمرت البيروقراطية على رأس الدولة. حتى في ظل هذه الشروط لن يتوقف تطور العلاقات الاجتماعية. لا يمكننا أن ننتظر من البيروقراطية أن تتنازل بشكل ودي وسلمي لصالح المساواة الاجتماعية. فهي منذ الآن قد أعادت الرتب والأوسمة بالرغم من مساوئها. و يتوجب عليها أن تفتش عن الدعم في علاقات الملكية فيما بعد بصورة لا يمكن تجنبها. وقد يعترض البعض قائلا إن الموظف الكبير لا يهتم بأشكال الملكية التي يسحب منها دخله. إن هذا الاعتراض يدل على أننا لا نجهل فقط عدم ثبات حقوق البيروقراطية بل مسالة انحدارها أيضا. فالتمجيد الجديد للأسرة السوفياتية لم ينزل من السماء لان الامتيازات التي لا يستطيع البيروقراطيون توريثها لأبنائهم تفقد نصف قيمتها. و الحال أن حق التوريث لا ينفصل عن حق الملكية. فلا يكفي أن يكون البيروقراطي مديرا للتروست بل ينبغي أن يكون مساهما أيضا. إن انتصار البيروقراطية في هذا القطاع الحاسم يجعلها طبقة مالكة جديدة. وعلى العكس فإن انتصار البروليتاريا على البيروقراطية يدل على بعث الثورة الاشتراكية. وهكذا فإن الفرضية الثالثة تعيدنا إلى الفرضيتين الأولتين اللتين ابتدأنا بهما من اجل تحقيق الوضوح و البساطة». (الثورة المغدورة. الصفحات: ٢٥٢- ٢٥٤ -الطبعة الانجليزية-)

هذه هي الطريقة التي يطبق بها مونتي جونستون منهجه «الماركسي». إنه يقدم وجهة نظر تروتسكي عبر مجموعة من الحجج التي أخرجت من سياقها وجمعت بشكل مصطنع معا، بينما هي في المؤلف الذي انتزعت منه تظهر كجزء من **فرضية**، (واحدة من ثلاثة فرضيات!) ومشروطة بسلسلة كاملة من التحفظات والإيضاحات التي عمل مونتي جونستون ببساطة على عدم إدراجها في أي مكان من نقاشه «الموضوعي» لحجج تروتسكي.

«توقع تروتسكي عودة حتمية للرأسمالية في روسيا». هذا هو جوهر جدال مونتي جونستون «المتوازن». لكنه لا يمكن لأي شخص قرأ الفقرة التي أوردناها أعلاه من الثورة المغدورة أن يصل لاستنتاج من هذا القبيل. على العكس من ذلك، يؤكد تروتسكي مرارا وتكرارا أنه في حين ستواجه الثورة السياسية (ضد البيروقراطية) مهاما سهلة نسبيا، فإن أية محاولة من طرف البيروقراطية لإعادة إدخال علاقات الملكية الرأسمالية سوف تواجه بمقاومة عنيدة من جانب العمال السوفيات ولن تنجح إلا نتيجة لصراع دموي وحرب أهلية.

بعيدا عن توقع إمكانية وشيكة لعودة الرأسمالية إلى الاتحاد السوفيتي، يوضح تروتسكي في كتابه الثورة المغدورة أن **البيروقراطية مضطرة للدفاع عن ملكية القطاع العام التي تستند إليها وتستمد منها كل قوتها وامتيازاتها**. وفي مواجهة أولئك الذين يعتبرون البيروقراطية طبقة حاكمة والاتحاد السوفياتي «رأسمالية الدولة»، أوضح تروتسكي أن: «البيروقراطية السوفياتية قد صادرت البروليتاريا سياسيا لتدافع **بأساليبها الخاصة** عن المكاسب الاجتماعية للبروليتاريا. لكن استيلائها على السلطة في بلد تتملك فيه الدولة أهم وسائل الإنتاج قد نسج بينها وبين ثروات الأمة علاقات جديدة كل الجدة. فوسائل الإنتاج تعود إلى الدولة. والدولة «تعود» بشكل ما إلى البيروقراطية. وإذا استقرت هذه العلاقات (التي هي علاقات حديثة) وإذا ما أضحت شرعية وطبيعية دون مقاومة أو ضد مقاومة الشغيلة فإنها ستنتهي، على المدى البعيد، بالقضاء نهائيا على مكاسب الثورة البروليتارية. **لكن الحديث عن هذه الفرضية ما يزال سابقا لأوانه. فالبروليتاريا لم تقل بعد**

كلمتها الأخيرة ولم تخلق البيروقراطية إلى حد الآن قاعدة اجتماعية لتسلطها بشكل شروط خاصة للتملك. إنها ملزمة بالدفاع عن ملكية الدولة التي هي منبع سلطتها ومداخيلها، و عبر هذا المظهر من مظاهر نشاطها، ما تزال أداة لديكتاتورية البروليتاريا.» (الثورة المغدورة، الصفحة ٢٤٩- خط التشديد من عندنا)

كيف يمكن لمونتي جونستون أمام كل هذا أن يقول بأن تروتسكي ادعى أن عملية عودة الرأسمالية كانت تحدث في الاتحاد السوفيتي؟ إما أنه لم يكلف نفسه عناء قراءة الكتاب الذي يرمي إلى تحليله، وإما أنه لم يفهم ما قرأ. هناك إمكانية أخرى لكن لا حاجة لأن نلفت انتباه القراء إليها. ويكفي أن نشير إلى أنه إذا أراد أعضاء رابطة الشباب الشيوعي فهم ما كتبه تروتسكي عن روسيا فعليهم الاطلاع على أعمال تروتسكي نفسه، وعدم الاعتماد على نزاهة «منظريهم».

وأضاف مونتي جونستون «لكن تروتسكي توقع هزيمة الاتحاد السوفياتي وانتصار الثورة الرأسمالية المضادة بعد الحرب!» (Cogito، صفحة ٣٣)

في الصفحة ٢٢٧ من الثورة المغدورة، كتب تروتسكي ما يلي:

«هل يمكننا أن نتوقع أن الاتحاد السوفياتي سيخرج من الحرب المقبلة دون هزيمة؟ لنجب بصراحة على هذا السؤال الواضح! **إذا بقيت الحرب مجرد حرب عادية** فإن هزيمة الاتحاد السوفياتي أكيدة، لأن الامبريالية أقوى منه بكثير في مجالات التقنية والاقتصاد والفن العسكري. إن الامبريالية إذا لم تشلها الثورة في الغرب سوف تدمر النظام الذي أرسته ثورة أكتوبر». (التشديد من عندنا)

ثم انتقل تروتسكي لإعطاء تحليل عميق لموازين القوى الدولية، وخلص إلى ما يلي:

«إن خطر الحرب وهزيمة الاتحاد السوفياتي هو حقيقة واقعة، لكن الثورة هي أيضا حقيقة واقعة. إذا لم تعمل الثورة على منع اندلاع الحرب، ستساعد الحرب على اندلاع الثورة. إن الولادة الثانية هي أسهل عادة من الأولى. وخلال الحرب الجديدة، لن يكون من الضروري الانتظار لمدة سنتين ونصف لاندلاع أول انتفاضة. وعلاوة على ذلك فإن الثورة بمجرد ما ستشتعل لن تضطر هذه المرة لأن تقف في منتصف الطريق. وسيتم تحديد مصير الاتحاد السوفيتي على المدى البعيد ليس على خرائط الجنرالات، بل على خريطة الصراع الطبقي. وحدها البروليتاريا الأوروبية، المعارضة الحازمة لبرجوازية بلدانها ولـ «أصدقاء» السلام، من يمكنها أن تحمي الاتحاد السوفيتي من الدمار، أو من دولة «حليفة» في الظهر. وحتى هزيمة عسكرية للاتحاد السوفيتي لن تكون إلا حدثا مؤقتا، في حالة انتصار البروليتاريا في البلدان الأخرى. ومن جهة أخرى، لا يمكن لأي نصر عسكري أن يحفظ ميراث ثورة أكتوبر، إذا بقيت الإمبريالية قائمة في بقية العالم.» (الثورة المغدورة، الصفحات ٢٣١-٢٣٢)

ما هو الوضع الذي واجهه الاتحاد السوفياتي في نهاية الحرب العالمية الثانية؟ عام ١٩٤٥، كانت روسيا قد عانت من خسارة كارثية لسبعة وعشرين مليون قتيل. توقف إنتاجها من الفولاذ في ثمانية ملايين طن، مقابل ١٢٠ مليون طن تنتجها أمريكا و٢٥ مليون طن تنتجها بريطانيا. وعلاوة على ذلك بقيت القوات المسلحة للقوى الإمبريالية الأنجلو- أمريكية سليمة، فالحرب في أوروبا تحولت إلى صراع ملحمي بين الاتحاد السوفيتي وألمانيا النازية. كانت القنبلة النووية في يد الإمبريالية الأمريكية، لكنها لم تكن بعد في يد روسيا.

جميع حسابات الإمبريالية الأنجلو- أمريكية استندت على نشوء مثل هذه الحالة. كانت سياستهم تقوم على إضعاف كل من الامبريالية الألمانية والاتحاد السوفيتي على حد سواء، وإبقاء أيديهم حرة لخنق الاتحاد السوفياتي في حالة نجاحه في هزيمة هتلر. لماذا اجهضت هذه الخطة؟ ما هي القوة التي قيدت أيدي

الإمبريالية البريطانية والأمريكية في عام ١٩٤٥؟ كان الجيش الأحمر، كما أوضح تروتسكي في الثورة المغدورة، عاملا قويا في الدفاع عن مكاسب ثورة أكتوبر؛ لكن في مواجهة مثل هذا الاختلال الساحق في موازين القوى لم تكن حتى بطولة الجيش الأحمر لتجدي نفعا.

لقد نجا الاتحاد السوفياتي فقط بفضل المزاج الثوري لقوات «الحلفاء» والحركة الثورية التي اندلعت في أوروبا في ذلك الوقت. بعد هزيمة هتلر كانت أية محاولة لشن هجوم على الاتحاد السوفييتي ستثير حركات تمرد في صفوف جيوش كل من الإمبريالية البريطانية والأمريكية. كان تروتسكي قد توقع هذا، وبينت الأحداث أنه كان محقا جدا.

كانت مأساة الحرب العالمية الثانية، التي دفع عمال الاتحاد السوفياتي ثمنا باهظا عنها، نتيجة للسياسات الاجرامية التي انتهجها ستالين والبيروقراطية في فترة ما قبل الحرب. فبالإضافة إلى المناورات التي قام بها ستالين على الصعيد الدولي والتي ضربت الروح المعنوية للعمال في ألمانيا وأسبانيا وأدت إلى انتصار الفاشية في تلك البلدان، أدت محاكمات التطهير إلى التقويض الكامل لقوى الجيش والاقتصاد السوفياتيين، وضرب قوات الدفاع السوفياتية، مما شجع النازيين على مهاجمة الاتحاد السوفياتي، وتسبب في سلسلة من الهزائم الرهيبة في الأيام الأولى من الحرب عندما استسلم الملايين من القوات السوفيتية للنازيين دون قتال. لم تكن المسألة مسألة ضعف عسكري (كانت قوة إطلاق النار عند الجيش الأحمر متفوقة على قوة الجيش النازي) بل كانت ببساطة بسبب تصفية قيادة الجيش الأحمر بواسطة عمليات التطهير وغطرسة ستالين والبيروقراطية، الذين بينما يندون بشكل هستيري «بتشاؤم» تروتسكي، تركوا الاتحاد السوفياتي في حالة من عدم الاستعداد نهائي للهجوم الفاشي.

نظام البونابارتية البروليتارية

ليس عند مونتي جونستون الكثير ليقوله عن أسباب الستالينية. يعمل هنا وهناك على استعمال عبارة غريبة عن «انتهاكات الشرعية الاشتراكية». لكنه، وعلى الرغم من كل العبارات المنمقة عن «أسلوب التحليل الماركسي في النقد والنقد الذاتي»، ليست هناك ذرة من التحليل في المؤلف كله. يختار مونتي جونستون ثقوبا في إحدى عبارات تروتسكي، ينزعها خارج السياق ويلصقها بشكل مصطنع مع مقاطع أخرى من مؤلفات مختلفة. وهكذا، يتمكن من جهة من اتهام تروتسكي بالتعصب «البيروقراطي المتطرف» للتخطيط المركزي؛ ويتهمه من جهة أخرى بتبني موقف «انهزامي» تجاه التخطيط الاشتراكي!

على أي أساس قامت معارضة لينين للبيروقراطية الستالينية؟ لقد خشي لينين من احتمال قيام هذه الفئة بخنق الثورة وتمهيد الطريق لإعادة الرأسمالية. ذلك لم يحدث، كما يحرص مونتي جونستون على الإشارة في حديثه عن تروتسكي الذي توقع هو أيضا، في البداية، إمكانية حدوث ذلك. لكن، وكما أوضح لينين، يعرف التاريخ كل أنواع التحولات الاجتماعية؛ ليس فقط الثورات الاجتماعية والثورات المضادة، بل أيضا الثورات السياسية والثورات السياسية المضادة.

لا يمكن لقارئ مؤلف مونتي جونستون أن يفسر كيف أنه ولفترة تاريخية كاملة عبرت «الاشتراكية» عن نفسها من خلال دكتاتورية رجل واحد! في الواقع، لقد قدم تاريخ الثورات البرجوازية العديد من الأمثلة على عمليات مماثلة. عبرت الثورة البرجوازية الإنجليزية عن نفسها من خلال دكتاتورية كرومويل. الثورة الفرنسية العظمى مرت بمراحل عديدة، واستسلمت في النهاية للثورة السياسية المضادة لنابليون. لم تمثل الردة الرجعية في فرنسا عودة النظام الإقطاعي، بل نظاما بونابارتيا معاديا للثورة، والذي قام رغم ذلك على أساس علاقات الملكية الجديدة التي وضعتها الثورة.

سيكون من الخطأ، بالطبع، أن نخلط بين هذه الدكتاتورية وبين الاشتراكية كما يفهمها ماركس وإنجلز ولينين وتروتسكي. إن ما كان موجودا في روسيا ليس نظاما «اشتراكيا»، بل نظام ديكتاتورية البروليتاريا؛ وعلاوة على ذلك، فإن الديكتاتورية ظهرت في ظل ظروف تاريخية خاصة؛ معزولة في بلد متخلف وتحت الضغوط الهائلة لقوى طبقية عدوة. إن تخيل أنه يمكن لدكتاتورية البروليتاريا ألا تخضع، في ظل هذه الظروف، لسلسلة من التحولات الداخلية، وأنه يجب أن تبقى دائما في حالة من النقاء، يعني تخيل أنه من الممكن فصل الثورة عن السيرورات التي تجري في المجتمع - وهو ما يناقض تماما الماركسية. ليست البروليتاريا «بقرة مقدسة» محصنة بشكل ما ضد ضغوط المجتمع الطبقي.

لم يكن عند لينين، خلال محاولته تخليص جهاز الدولة السوفيتي من خطر البيروقراطية، أي وهم حول إمكانية حل المشكلة دون مساعدة من طرف الثورة الاشتراكية الأممية. وقد كان محقا تماما في هذا. لم يؤد فشل الثورات في الغرب الرأسمالي إلى حدوث ثورة مضادة، كما توقع لينين وتروتسكي. لكن تلك السيرورات الاجتماعية التي نتجت عن عزلة الثورة في روسيا أدت إلى تحويل الدولة العمالية إلى ذلك النظام البونابارتي الشمولي الوحشي في ظل ستالين، والذي استمر، رغم إزالة بعض أبشع البثور منه، في عهد بريجينيف وكوسيجين. رفعت الدولة نفسها فوق الجماهير، واغتصبت وظائف الإدارة من الطبقة العاملة، وسحقت آخر ما تبقى من آثار الديمقراطية العمالية، وختمت نصرها بالإبادة الجسدية لكامل القيادة «البلشفية القديمة».

إن أكثر ما يثير انتباه المرء عندما يقرأ أعمال لينين هو الغياب التام لهذا النوع من اللغة المتعجرفة المفاخرة التي يستعملها الستالينيون. لقد كان لينين دائما نزيها وواقعيا وصادقا في ما كتبه عن الدولة السوفياتية. إن الدولة التي كانت عندهم في ذلك الوقت لم تكن «اشتراكية» ولا «شيوعية»، بل دولة عمالية، ولينين لم يكن يخاف من أن يضيف «مع تشوهات بيروقراطية». والفرق هو أنه في ذلك الوقت كانت الدولة السوفياتية **تسير في اتجاه الاشتراكية**. كانت اللامساواة موجودة، لكن كان الجهد الواعي يسير في اتجاه المساواة، في اتجاه الحد من قوة وامتيازات المسؤولين، وفي اتجاه إشراك العمال في إدارة حياتهم، وتسيير الدولة والصناعة. ماذا عن اليوم؟ إن الشيء الوحيد الذي يميز الاتحاد السوفياتي كدولة عمالية هو الاقتصاد المؤمم والتخطيط؛ هذه هي المكاسب الوحيدة الباقية من ثورة أكتوبر. تمثل هذه المكاسب في حد ذاتها خطوة هائلة إلى الأمام، **لكنها لا تستطيع أن تضمن الانتقال الناجح إلى الاشتراكية**.

بعيدا عن التقدم الذي أحرزه الاقتصاد المخطط مما يؤدي إلى قدر أكبر من المساواة والحرية للشعب العامل، ينمو الفساد الفظيع والامتيازات بين صفوف الفئات العليا في غياب الديمقراطية العمالية.

إن «الإصلاحات» من أعلى، تماما كما كان الحال في ظل القياصرة، أملاها الخوف من ثورة من تحت. إنها لم تلمس أساس امتيازات وسلطة البيروقراطية. وحتى ذلك الفتات يقدم بتردد لدقيقة واحدة فقط ليؤخذ مرة أخرى في الدقيقة التالية.

هل «ستضمحل» البيروقراطية؟

«إن ما عجز [تروتسكي] عن فهمه ... هو أنه من الممكن أن يكون هناك لفترة طويلة معينة، تعايش صعب ومتناقض بين الاقتصاد الاشتراكي وبين بنية فوقية غير ديمقراطية وغير اشتراكية. عاجلا أو آجلا سوف يؤدي تطور الأول [؟] إلى دفع المجتمع (ولو ببطء، وبشكل غير متساو، وليس بشكل «تلقائي» على الإطلاق) نحو إصلاح البنية الفوقية [؟] وجعلها أكثر انسجاما[؟] مع قاعدتها الاقتصادية ورغبات المثقفين والطبقة العاملة التي تصير تدريجيا أكثر تطورا وأفضل تعليما». (Cogito، صفحة ٣٠)

صعود البيروقراطية الستالينية إلى السلطة يجد جذوره في تخلف المجتمع الروسي، لكنه سيكون من الخطأ الفادح، المميز للعقلية الليبرالية «المتدرجة»، افتراض أن البيروقراطية سوف «ستتلاشى» ببساطة مع تقدم الاقتصاد. كان هذا ليكون صحيحا في حالة الحديث عن دولة عمالية سليمة نسبيا مع تشوهات بيروقراطية ثانوية، مثلما كانت عليه روسيا في عهد لينين وتروتسكي. لكن النقطة التي يسعى مونتي جونستون للتعتيم عليها هي حقيقة أن البيروقراطية السوفياتية **الآن** تشكل فئة خاصة مميزة، وأرستقراطية جديدة، اعتادت على مدى عقود على أن تملي إرادتها على بقية المجتمع. إنها تحتكر بشكل كامل السلطة السياسية في جهاز الدولة، ووسائل الإعلام والشرطة والقوات المسلحة. وعلى مدى عقود أظهرت، وما زالت تظهر، أنها قادرة على استعمال أشد الوسائل قسوة وهمجية في قمع ولو أبسط أشكال المعارضة.

توضح النظرية الماركسية عن الدولة كيف تنشأ البنية الفوقية للدولة من التناقضات بين الطبقات في المجتمع. لكنها بعد نشوئها تميل دائما للحصول على نوع من الاستقلال وحركة خاصة بها. بهذا المعنى تحدث ماركس ولينين عن سلطة الدولة بكونها «تقف ‹فوق› المجتمع وتنفصل على نحو متزايد عنه». وقد كانت التدابير المتخذة من قبل البلاشفة بعد الثورة تهدف **لمنع** تطور هذه الميولات في جهاز الدولة السوفياتية، من خلال إخضاعها إلى أشد أشكال الحساب والإشراف والرقابة من جانب الطبقة العاملة. لكن وبمجرد ما نجحت البيروقراطية الستالينية (كما اضطر جونستون للاعتراف) في رفع نفسها **فوق** بقية المجتمع كفئة خاصة مميزة، أخذت مسألة مكافحة البيروقراطية شكلا مختلفا تماما. إن المصالح الخاصة للبيروقراطية، وانفصالها الكامل عن الطبقة العاملة التي تحكم باسمها، يعني ضرورة خوض نضال ثوري جديد -ثورة سياسية- للتخلص من نير الحكم البيروقراطي البوليسي.

لماذا تتمسك البيروقراطية بعناد بالسلطة؟ هل هو سمة خاصة بعقليتها؟ هل هي مسألة «شخصية»؟ كلا على الإطلاق. إن البيروقراطية السوفياتية مثلها مثل جميع الطبقات والطوائف والمجموعات الحاكمة الأخرى في التاريخ، **تستخدم سلطة الدولة في الدفاع عن موقعها المتميز في المجتمع**. ومثلها مثل الطبقة الرأسمالية في الغرب ليست مستعدة لأن «تضمحل» وتتخلى بلطف عن سلطتها وممتلكاتها للطبقة العاملة.

ينتقد مونتي جونستون تروتسكي بسبب نقده «المتجني وغير الدقيق» لدستور ستالين لسنة ١٩٣٦، الذي ألغى النظام السوفياتي للانتخابات واستبدله بدستور يشبه (على الورق) دساتير الديمقراطية البرجوازية، والذي «لا يكمن ضعفه في أحكامه الديمقراطية للغاية، بل في عدم تماشيه مع الوضع الحقيقي في الاتحاد السوفيتي في ذلك الوقت عندما كان في مقدور ستالين أن يدوس عليه، وقد داس عليه، بقدميه.» (Cogito، الصفحة ٣٢)

إن مونتي جونستون يدين حججه بنفسه. **أي «دستور» ذلك الذي لا يمكن تنفيذه؟** وكيف كان يمكن لرجل واحد أن «يدوس عليه بقدميه»؟ هل كان ذلك مجرد نزوة من طرف ستالين؟ أو بسبب قوة «شخصيته»؟ لقد سبق لنا أن قلنا من قبل، ونكرر هنا أنه لكي تتمكن فكرة من الحصول على قاعدة دعم وتصبح **قوة في** حياة الناس، يجب أن تعبر عن مصالح طبقة ما أو مجموعة ما. إن «نظرية عبادة الشخصية» لا تفسر أي شيء عن روسيا الستالينية. يجب على المرء أن يطرح هذا السؤال: من الذي استفاد من التدابير التي اتخذها ستالين؟ ما هي الجماعة في المجتمع التي ربحت من قمع الديمقراطية العمالية، ومن تكميم النقابات، ومن إلغاء الحد الأقصى القانوني للأجور، ومن إعادة إدخال الأوسمة والسلام العسكري والخدم في الجيش؟ **كانت المصالح التي تنعكس في السياسات المعادية للطبقة العاملة التي طبقتها الستالينية هي مصالح نفس تلك البيروقراطية التي ناضل ضدها لينين: هؤلاء الملايين من المسؤولين في الدولة والحزب والجيش والمزارع الجماعية والنقابات.**

«لكن ما هذا؟» يصرخ مونتي جونستون قائلا، هل هناك فئة تتألف من الملايين من الناس! إن بيروقراطيتكم تضم «الحزب كله، ورابطة الشباب الشيوعي، ومسؤولي الدولة والمزارع التعاونية والجماعية والموظفين والمديرين والفنيين والمعلمين، وأسرهم المنحدرون من بين الشرائح الأكثر تقدما من الطبقة العاملة والفلاحين، والذين شكلوا عند وفاة ستالين نحو ٢٢ مليون شخص». (Cogito، الصفحة ٣٣)

يرفض مونتي جونستون هذه الحجة باللجوء إلى موجة من الازدراء، فئة حاكمة من ٢٢ مليون شخص؟ من سبق له أن سمع بشيء سخيف كهذا؟ إن ما لا يفسره جونستون هو أن البيروقراطية، كما أشار تروتسكي، ليست فئة متجانسة بل شريحة تتكون من سلسلة من الشرائح المختلفة. إن تروتسكي لم يساو بين سكرتير محلي للحزب وبين ستالين وبريجنيف وأمثالهما، مثلما لا يمكننا أن نساوي بين صاحب متجر صغير في زاوية الشارع وبين آل روكفلر وجيتيز (Gettys).

لو كان هؤلاء الواحد في المائة من الرأسماليين الاحتكاريين يشكلون وحدهم دعامة الرأسمالية في الغرب، لانهار النظام في يوم واحد. لكن البرجوازية تحافظ على سلطتها الطبقية عن طريق **سلسلة كاملة من الفئات الوسيطة من المستغِلين الصغار فالأصغر**. إنها ظاهرة مماثلة لما عليه الحال عند البيروقراطيات الستالينية في الشرق. لقد صعدت زمرة ستالين إلى السلطة على ظهر الملايين من الموظفين. ذلك لم يمنع ستالين من دفع مئات الآلاف من الموظفين الصغار (وليس الصغار فقط) إلى نهاية مروعة في معسكرات الاعتقال. وكما كان عليه الحال في الإمبراطورية العثمانية، وفي كل دولة استبدادية، تم تحويل الموظفين المحليين إلى كبش فداء لإخفاء جرائم البيروقراطية ككل.

لقد رسم ستالين بواسطة عمليات التطهير خطا من الدماء بين ثورة أكتوبر وبين النظام البونابارتي البروليتاري الجديد. بسبب خوفه من أفكار ثورة أكتوبر، مع ما تتضمنه من روح الديمقراطية العمالية والأممية الاشتراكية، عمل على ذبح كامل القيادة «البلشفية القديمة»، ثم تعامل بنفس المعاملة مع أي شخص كان ما يزال يحتفظ بأية روابط مع تقاليد البلشفية وثورة أكتوبر، بمن في ذلك أنصاره. كانت عمليات التطهير، كما أوضح تروتسكي، حربا أهلية من جانب شنتها البيروقراطية ضد البلشفية. لم يكن «لقادة» الدولة السوفياتية أي شيء مشترك مع تقاليد أكتوبر. الخروتشوفيون والبريجنيفيون والكوسيغينيون كلهم أعضاء جيل من المجرمين وأذناب السلطة الذين تسلقوا المناصب في الثلاثينات على جثة البلشفية المضرجة بالدماء.

في الوقت الحاضر، صارت التناقضات الداخلية للنظام البونابارتي السوفياتي أكثر فأكثر انفضاحا. حركة التمرد بين صفوف المثقفين نذير بالأشياء التي ستقع في المستقبل. إن الماركسيين يفهمون أن المثقفين ليسو طبقة في حد ذاتهم، لكنهم الفئة الاجتماعية الأكثر حساسية تجاه ضغوط وتحركات الطبقات في المجتمع. وهكذا فإن حركة المثقفين في ١٩٥٦ («الدائرة المعوجة» في بولندا، وحلقة بيتوفي في المجر) سبقت الحركة الثورية للطبقة العاملة.

مما له دلالته أن بعض المعارضين البارزين للنظام في الاتحاد السوفيتي هم أنفسهم أعضاء سابقون في البيروقراطية - مثل الجنرال «المتقاعد» الذي دافع عن قضية تتار القرم في الآونة الأخيرة. **تحت ضغط الطبقة العاملة تعرضت البيروقراطية، التي تعصف بها التناقضات الداخلية، لانقسام حتمي**. ستقف الشرائح السفلى من البيروقراطيين، الذين هم على اتصال مع الطبقة العاملة، من المسؤولين المحليين، وقواعد الحزب الشيوعي، والشريحة الدنيا في الجيش والشرطة والموظفين الصغار إلى جانب العمال، **كما فعلوا في المجر عام**

١٩٥٦، عندما بقي البيروقراطيون الكبار معزولين لوحدهم. جاءت المقاومة الوحيدة التي واجهها العمال المجريون من حثالة البروليتاريا المنظمة في صفوف البوليس السياسي الممقوت (AVO)، والذين تعرضوا لنهاية دموية على يد البروليتاريا التي عانت بشدة من جرائمهم.

خلافا لأوهام «التطور التدريجي» لمونتي جونستون، **ليست هناك إمكانية للاتحاد السوفياتي لكي يتقدم على طريق الاشتراكية حتى تتم الإطاحة بحكم البيروقراطيين عبر ثورة سياسية جديدة في روسيا والدول العمالية المشوهة الأخرى.** لن تكون الثورة ثورة اجتماعية هدفها تغيير علاقات الملكية القائمة. إن الطبقة العاملة السوفياتية لا تريد العودة إلى الرأسمالية، بل تريد المضي قدما على أساس إنجازات الصناعة والعلوم نحو مستوى أعلى من الديمقراطية العمالية حتى مما كان في أيام لينين وتروتسكي، ومن ثم نحو الاشتراكية.

ستكون الثورة ضد البيروقراطية الرجعية ثورة لانتزاع السيطرة على الدولة، وعلى النقابات والصناعة، من أيدي تلك الطفيليات وإعادة تطبيق ديمقراطية عمالية سليمة من شأنها أن تكون مثالا ومنارة لعمال بقية بلدان العالم وليس الكاريكاتير البشع الذي ألحق أضرارا لا توصف بصورة الماركسية اللينينية في أعين عمال العالم. وما قلناه عن روسيا ينطبق على البلدان الأخرى حيث تمت الإطاحة بالرأسمالية والملاكين العقاريين: أوروبا الشرقية والصين وكوبا وفيتنام وكوريا الشمالية وسوريا وبورما.

أي نوع من الاشتراكية؟

كتب مونتي جونستون: «إذا أردنا إجراء تقدير ذا معنى لموقف تروتسكي السياسي، علينا تجنب التعريفات التعسفية التي تخرج القضايا من سياقها التاريخي وتجنب إثارة مشاحنات دلالية عقيمة» (Cogito، الصفحة ٢٨)

إذا كنا نبحث عن تقدير ذا معنى لموقف تروتسكي السياسي سيكون من الأفضل لنا أن نبحث في مكان آخر. **إذ لا نجد في مقال مونتي جونستون كله أي شرح لما كتبه تروتسكي فعلا بخصوص الستالينية والاتحاد السوفياتي.** إنه يكتفي بشظايا معزولة من الاقتباسات، والتي لا تهدف إلى جعل موقف تروتسكي واضحا للقارئ، بل تهدف فقط لجعل تروتسكي يبدو كأحمق. سيكون من السهل تشويه ماركس وإنجلز أو لينين، باستخدام نفس «المنهج»- وكثيرا ما قام الأساتذة البرجوازيون بذلك! إن ما لا يستطيع مونتي جونستون أن يفهمه أو لا يريد أن يفهمه هو أن نفس الظاهرة يمكنها أن تعبر عن نفسها بشكل مختلف في ظل ظروف مختلفة، ويجب التعامل معها بطريقة مختلفة تماما. وهكذا فإنه فيما يتعلق بمسألة إمكانية إعادة الرأسمالية في روسيا، سواء لينين وتروتسكي اعتبرا هذا أمرا لا مفر منه، إلا إذا حدثت الثورة الاشتراكية في الغرب. لقد كان هذا، في الواقع، ممكنا حتى سنوات ١٩٢٧-١٩٣١. لكن تروتسكي في مؤلفه الأخير: «ستالين» كان قد توصل بالفعل إلى الاستنتاج بأن النظام الستاليني في روسيا، ولعدد من الأسباب، قد يستمر لعقود على شكله الحالي.

وبالحديث عن «التعريفات التعسفية» سيلاحظ القارئ أن الرفيق جونستون سرعان ما سيتنصل من الفكرة ويغرق في مناقشة تعسفية محضة. هل الاشتراكية «مجتمع بدون طبقات ولا مال ولا سلع ولا دولة»؟ أم أنها ربما «تحويل وسائل الإنتاج إلى ملكية مشتركة للمجتمع بأسره»؟ وفي نهاية المطاف يتطرق جونستون إلى «الإنتاج التعاوني على نطاق واسع»، ثم يخلص بابتهاج إلى أن «الاشتراكية» قد تحققت، ليس فقط في الاتحاد السوفياتي، بل في البلدان الثلاثة عشر الأخرى كذلك!

في الوقت الراهن دعونا لا ندخل في مماحكة مع «تعريف» الرفيق جونستون. إن عنصر «الإنتاج التعاوني على نطاق واسع» هو مما لا شك فيه سمة أساسية للاشتراكية. لكن هل هذا هو كل الاشتراكية؟ حتى مونتي جونستون لا يجرؤ على قول ذلك. ففي الصفحة ٣٠ يكتب:

«إن ما تم إنجازه في الثلاثينات من الاقتصاد الاشتراكي كان بالطبع ما يزال فقط الهيكل العظمي العاري للاشتراكية التي كانت تتطلب عدة عقود أخرى من النمو السلمي قبل أن تتغلب تماما على التركة الرهيبة من التخلف الروسي وتظهر باعتبارها **مجتمعا اشتراكيا مزدهرا متناغما ومتعلما**». (التشديد من عندنا)

بالنسبة لمونتي جونستون لم تكن الأمور جيدة جدا في روسيا الستالينية. لكن لم يكن عندهم بعد سوى «الهيكل العظمي العاري» للاشتراكية. والآن أيها الرفيق جونستون، ماذا عن الآن؟ ترى المجتمع السوفياتي بأنه «مجتمع اشتراكي متطور ومزدهر ومتناغم ومتعلم». هذا جيد للغاية، لكن ماذا عن كل تلك التقارير عن سوء الإدارة والفساد والمحسوبية التي تزخر بها الصحافة السوفياتية؟ يزعم قادة الاتحاد السوفيتي أنهم «يبنون الشيوعية» – التي هي أعلى شكل من أشكال المجتمع البشري وأكثرها ثقافة- ومع ذلك فإنهم في حاجة إلى فرض عقوبة الإعدام **على الجرائم الاقتصادية**. قبل عامين ذكرت صحيفة Morning Star أن رئيس كل قطاع الصناعة الخفيفة في منطقة موسكو قد أعدم بتهمة الاختلاس. الفساد بدوره «متطور جدا» في الاتحاد السوفياتي. ماذا عن التفاوت الهائل في الأجور، وماذا عن وجود ٥٠٠ مليونير، الذين حياتهم بالتأكيد «مزدهرة». وأي تناغم أكثر من ذلك الذي يطبع العلاقة بين البيروقراطية الروسية والتشيكوسلوفاكية؟ أو ربما يقصد بهذه الكلمة الدلالة على الوضع في مجتمع يتم فيه سحق كل معارضة بلا رحمة؟ أما بالنسبة للمعايير «الثقافية» فإنه تتم حمايتها بشكل جيد عن طريق إرسال الكتاب إلى معسكرات الأشغال «لإعادة التربية» بسبب جريمة المطالبة بتنفيذ الدستور السوفياتي!

في عام ١٩٣٥ تفاخر ستالين بأن بناء الاشتراكية في الاتحاد السوفياتي قد اكتمل. في ذلك الوقت كانت عقوبة الإعدام تطبق على الأطفال من اثني عشر سنة! في الواقع، استمر بناء «الاشتراكية» في دعاية البيروقراطية السوفيتية «يكتمل» كل بضع سنوات؛ لقد «اكتمل» بناء الاشتراكية كثيرا إلى درجة أنه أصبح نكتة شهيرة بين العمال السوفيات، وبعد وفاة ستالين اضطرت البيروقراطية إلى التخلي عنها لصالح نكتة أكثر قتامة منها: لم تعد «الاشتراكية» هي التي يجري بناؤها، بل «الشيوعية»، وذلك في غضون عشرين عاما!

وبالطبع كلما اقتربنا من نهاية أجل العشرين سنة، كلما قرأنا أقل في صحافة الحزب الشيوعي عن «تحقيق الشيوعية» في روسيا! وهكذا كتب جونستون في الصفحة ٣٠ ما يلي:

«إن الكلام عن الانتقال إلى الشيوعية في المستقبل المنظور الذي كان يردد في عهد ستالين وخروشوف ينظر إليه عموما [!] بكونه تضمن قدرا هائلا من الكلام المنمق والادعاءات المبالغة فيها».

هذا صحيح أيها الرفيق جونستون. لكن ما الذي كنتم تكتبونه لقراء الحزب الشيوعي عن هذا «القدر الهائل من الكلام المنمق والادعاءات المبالغة فيها» أثناء المؤتمر الثاني والعشرين؟ لقد كنتم في ذلك الوقت منشغلين ببيع هذا الوهم لمناضليكم. لكن الآن يبدو أن الاتجاه قد تغير مرة أخرى، دون أية كلمة لتفسير ذلك للقواعد! إن عبارة «ينظر إليه عموما» صيغة تخدم بوصفها مجرد ورقة تين لتغطية حرج «المنظرين» الذين كانوا بالأمس يكيلون المديح لخروشوف، وكانوا أول أمس يكيلونه لستالين، والذين هم على استعداد عموما لتغيير أفكارهم ومبادئهم مثلما يغير انسان ثري قمصانه.

السؤال الأول الذي سيتبادر لذهن أي عضو ذو فكر نقدي داخل الحزب الشيوعي هو: إذا كانت الاشتراكية قد تم بناءها في الاتحاد السوفيتي، وإذا كانوا قد قضوا أخيرا على البرجوازية وتم التغلب على الصراع الطبقي، فلماذا لا يمكن السماح بالحقوق الديمقراطية للعمال؟ نعتقد أنه لا توجد إمكانية في الوقت الحالي لعودة

الرأسمالية في روسيا أو أي دولة من الدول العمالية. إذن لماذا يتم منع التعبير عن وجهات النظر المعارضة، وتشكيل أحزاب عمالية مختلفة؟ ليس لدا الاتحاد السوفييتي ما يخافه إن كان حقا قد بنى الاشتراكية. بل يمكن السماح حتى للأحزاب البرجوازية التي لم تشارك في أعمال الإرهاب أو التخريب. يمكنك بسهولة أن تسمح للمستغِلين السابقين ارتكاب الفضائح بالدعوة إلى العودة إلى «أيام العز» حينكان يسود أرباب العمل المليونيرات والقوزاق والأمية الجماهيرية. سيتعامل معهم العمال كمجانين، مثلما ينظر البرجوازيون الانجليز إلى دعاة العودة إلى «الماضي الإنجليزي السعيد» في ظل الإقطاع!

دعونا نطرح السؤال بطريقة أخرى: إذا كان صحيحا أنه قد تم بناء الاشتراكية في روسيا (التي يقصد بها ليس مجرد الاقتصاد المخطط بل «الاقتصاد المؤمم والمخطط والمتناغم لإنتاج السلع وإشباع الرغبات البشرية»)، فإن يد الردة الرجعية ستكون مشلولة على الصعيدين الداخلي والخارجي. إن صورة «مجتمع سوفياتي متطور بالكامل ومزدهر ومتناغم ومثقف» **حقا** سيمارس تأثيرا عميقا على قلوب وعقول العمال في البلدان الرأسمالية في الغرب. إن الدافع نحو تحقيق التحول الاشتراكي سيكون لا يقاوم. لكن كيف يواجه الواقع صيغة الرفيق جونستون «الجميلة»؟ إن واقع الحياة في الاتحاد السوفياتي أبعد ما يكون عن إلهام الطبقة العاملة في الغرب للتحرك نحو الاشتراكية، **بل إنه قوى بما لا يقاس موقف البرجوازية التي يمكنها أن تشير إلى التشوهات الشمولية الخسيسة في روسيا وشرق أوروبا والصين، لتخويف عمال بلدانها.** تقول البرجوازية للعمال: «هل تريدون الشيوعية؟ ها هي الشيوعية! جدار برلين هو الشيوعية! قمع المجر سنة ١٩٥٦ هو الشيوعية! معسكرات الأشغال الشاقة هي الشيوعية!» لقد سعى المدافعون عن الأحزاب «الشيوعية» لتجميل وجه الشمولية البغيضة عن طريق إطلاق تسمية «الاشتراكية» و«الشيوعية» على كل ذلك. لكنهم لا ينجحون في تجميل جرائم البيروقراطية الروسية، بل ينجحون فقط في تشويه فكرة الاشتراكية في أعين العمال.

يناقش مونتي جونستون مسألة هل تم بناء الاشتراكية في بلد واحد أم لا، ليس كماركسي بل باستخدام المنطق الصوري. بالنسبة للماركسي لا يمكن أن تحل المسألة بمنطق التعريفات بل عن طريق **ديالكتيك التاريخ**. يقتبس مونتي جونستون «تعريفا» من كتاب لينين الدولة والثورة لكنه لا يفسر التحليل الوارد في ذلك الكتاب للعملية التي تتحرك بها الدولة العمالية نحو الاشتراكية. في كتاب الدولة والثورة يضع لينين الشروط التالية لقيام الدولة العمالية، لقيام دكتاتورية البروليتاريا، **في بدايتها:**

١. إجراء انتخابات ديمقراطية حرة مع الحق في عزل جميع المسؤولين.
٢. لا يحق لأي مسؤول الحصول على أجرة أعلى من أجرة عامل مؤهل.
٣. لا جيش دائم أو قوات شرطة دائمة، بل الشعب المسلح.
٤. تدريجيا يجب أن يتم القيام بجميع المهام الإدارية من قبل الجميع بالتناوب- ينبغي أن يكون كل طباخ قادرا على أن يصير رئيسا للوزراء -، «عندما يصبح الجميع ‹بيروقراطيا› بالتناوب لا يمكن لأحد أن يكون بيروقراطيا».

كانت هذه هي الشروط التي وضعها لينين **ليس «للاشتراكية»، ولا «للشيوعية»، بل للمرحلة الأولى للدولة العمالية: مرحلة الانتقال من الرأسمالية إلى الاشتراكية.** لم يكن لينين يتلاعب بتعاريف «الاشتراكية». لم يخرج لينين شروط الدولة العمالية من جعبته، **إنها تشكل تعميما للتجربة التاريخية للطبقة العاملة.** إنها خلاصة تجربة كومونة باريس (١٨٧٠-١٨٧٢)، التي على أساسها بنى ماركس تصوره لديكتاتورية البروليتاريا، والتي حللها لينين ببراعة في كتابه الدولة والثورة.

لا يمكن تحقيق التحول نحو الاشتراكية إلا من خلال المشاركة الفعالة والواعية للطبقة العاملة في إدارة المجتمع، والصناعة والدولة. إنها ليست صدقة يتفضل عليهم بها القادة «الشيوعيون». على هذه الحقيقة قام كل تصور ماركس وانجلز ولينين وتروتسكي. ضدا على الأفكار المشوشة التي يتبناها اللاسلطويون، أكد ماركس أن العمال بحاجة إلى دولة للتغلب على مقاومة الطبقات المستغِلة. ولكن فكرة ماركس هذه تعرضت للتشويه على يد كل من الإصلاحيين والستالينيين على حد سواء، من جهة لتبرير الإصلاحية، ومن جهة أخرى لتبرير الصورة الكاريكاتورية الشمولية لـ«الاشتراكية» التي يزعم أنها بنيت في الاتحاد السوفياتي. لكن، وكما أكد لينين، البروليتاريا تحتاج فقط إلى دولة «مشكلة بحيث تبدأ في الاضمحلال ولا يمكنها إلا أن تضمحل»، أو باستخدام عبارة ماركس، «شبه دولة».

في ظل لينين وتروتسكي تم بناء الدولة السوفياتية لتسهيل انخراط العمال في مهام المراقبة والمحاسبة، لضمان التقدم المتواصل في طريق الحد من «المهام الخاصة» في تسيير الدولة. ووضعت قيود صارمة على أجور وسلطات وامتيازات المسؤولين من أجل منع تشكيل فئة متميزة. لكن بسبب سيادة التخلف، ونقص العمالة الماهرة، تم السماح بتفاوت في الأجور بما **لا يتجاوز أربع أضعاف**. في عام ١٩١٩، كان مفوض الشعب (أي ما يعادل وزير) يتلقى نفس أجرة العامل. تلقى الاختصاصيون البرجوازيون أجرة أكبر، لكن الاختصاصيين من أعضاء الحزب كانوا لا يتلقون بدورهم سوى أجرة العامل.

في عام ١٩٣١، ألغى ستالين القانون الذي يحدد الحد الأقصى القانوني للأجور. متوسط الأجر الشهري للعامل في روسيا اليوم هو ما بين ٨٠ و٩٠ روبل (حوالي ٢٥ جنيه استرليني، أو بناء على تضخم سعر الصرف الرسمي ٤٠ جنيها استرلينيا على الأكثر). لكن أجرة الوزراء تصل إلى ٥،٠٠٠ روبل شهريا (ما بين ١٢٥٠ إلى ٢،٠٠٠ جنيه استرليني) دون احتساب العديد من «الامتيازات»، مثل المصاريف دون رادع، والمصحات الخاصة والمسارح والفيلات والحانات، الخ. عندما أسس تروتسكي الجيش الأحمر، استند إلى نفس مفاهيم الديمقراطية العمالية، حيث تم إلغاء التقاليد القيصرية القديمة والتمييز في الزي الرسمي والرتب، والأوسمة وغيرها. لم تكن هناك أية فئة ضابط متميزة، كان ضباط الجيش الأحمر يختلطون بحرية وعلى قدم المساواة مع الجنود «العاديين». أما في عهد ستالين فقد تم إحياء كل «الشكليات» القديمة، عاد صف الضباط إلى الظهور في كل عظمته البيزنطية: الهرمية والرتب والتحية العسكرية والخدم. وفي الثلاثينات أعيدت كل أشكال الخضوع والطاعة القديمين. اليوم في روسيا وأوروبا الشرقية تمثل الخدمة العسكرية سنتين من العمل الشاق، مقابل أجور زهيدة، حيث الجنرالات والضباط أسياد على الجنود. في بلغاريا، على سبيل المثال، متوسط الأجر الشهري للعامل يساوي حوالي ١٠٠ ليفا، والجندي يتلقى ١٥٠ ليفا، وضابط صف يبدأ بـ ٢٠٠ ليفا. وبالنسبة للماركسي يكشف الجيش، في شكل أكثر حدة، عن كل تناقضات المجتمع.

بطبيعة الحال لا يفترض أي ماركسي أنه يمكن للمجتمع أن يقفز على الفور من الرأسمالية إلى الاشتراكية دون المرور بمراحل وسيطة، وخاصة في بلد متخلف. لكن جوهر الفترة الانتقالية، كما أوضح لينين، هو أن تمثل التخفيض التدريجي في سلطات الدولة، حيث يشترك أغلبية السكان في أعمال التخطيط لإدارة المجتمع. إن الماركسي في دراسته لمجتمع معين لا يطرح فقط سؤال ما هو عليه، بل أيضا في أي اتجاه يتحرك؟ في ظل لينين وتروتسكي، كانت الجمهورية السوفياتية دولة دكتاتورية البروليتاريا تتحرك في اتجاه الاشتراكية. أما في عهد ستالين وخروتشوف وبريجنيف، فقد صارت دولة عمالية مشوهة بشكل مخيف؛ دولة حيث استمر تأميم وسائل الإنتاج والتخطيط، لكن تحت سيطرة دولة شمولية ذات الحزب الواحد، تتحرك **ليس في اتجاه الاشتراكية، بل على العكس من ذلك، نحو مراكمة المزيد من الثروة والامتيازات والسلطة في يد الفئة الطفيلية الحاكمة.**

تأكيد مونتي جونستون اللطيف على أن «الاشتراكية» قد اكتمل بناؤها في الاتحاد السوفييتي يشكل افتراءا فضيعا على كل الأفكار ماركس ولينين. إنه يردد كل الوعود والادعاءات التي تقولها الزمرة الحاكمة الحالية، على الرغم من أنه قد تم بالفعل فضحها بسبب القمع الدموي ضد عمال المجر في عام ١٩٥٦، ومن خلال استمرار وجود الامتيازات، والفساد، والقمع داخل روسيا، وغزو تشيكوسلوفاكيا، وقمع الكتاب، واستمرار الحضر على مؤلفات تروتسكي و«البلاشفة القدامى»، والمعاملة التي تتلقاها الأقليات مثل الأوكرانيين وتتر القرم، والتزوير الصارخ للتاريخ «الرسمي»، ومعاداة السامية، وهلم جرا. إن حكم البيروقراطية السوفياتية جعل كلمة «الاشتراكية» كلمة نتنة. وهذه، يا مونتي جونستون، هي الجريمة الكبرى للستالينية وقادة الحزب الشيوعي أمميا.

الانحطاط القومي للأحزاب الشيوعية

«إن النقد الماركسي الجوهري للستالينية، والذي ما يزال يتعين القيام به، لن يأتي من جانب تروتسكي، على الرغم من ضرورة دراسة كتاباته بسبب الدروس القيمة الكثيرة المتضمنة فيها- سواء إيجابية أو سلبية-. وحتى عندما يقدم تروتسكي في بعض الأحيان رؤية متميزة وجيدة فإنها تأتي ضمن إطار نموذج خاطئ في الأساس، مما منعه من فهم قوانين تطور المجتمع السوفياتي أو استيعاب ظاهرة الستالينية (الجديدة وغير المسبوقة باعتراف الجميع) في تعقيدها وتعدد جوانبها. وهو سبب القسوة التي عامل بها التاريخ توقعاته الرئيسية التي استشهدنا بها في سياق هذا المقال.» (Cogito، الصفحة ٣٣)

لقد سبق لنا أن علقنا على الطريقة التي «تعامل» بها مونتي جونستون، وليس التاريخ، مع «توقعات» تروتسكي. ومن المؤسف أنه لم يتعامل أيضا مع بعض «التوقعات» التي أدلى بها ستالين، أو قادة الحزب الشيوعي في الغرب خلال العقود القليلة الماضية. إنه لا يجرؤ على اقتباس كلامهم. إنه لن يضطر حتى إلى اللجوء إلى تشويه كلامهم ليجعلهم يبدون منفصلين تماما عن الواقع!

نأمل أن نكون قد أظهرنا في هذه المقالة، على الأقل بشكل عام، أن تروتسكي **وحده** من قدم تحليلا ماركسيا لظاهرة الستالينية «الجديدة وغير المسبوقة باعتراف الجميع». أما فيما يتعلق بـ «التحليلات المتميزة والمعقدة والمتعددة الجوانب» للبريجنيفيين والكوسيغينيين والدوتيين والكوغمانيين، فنحن ما نزال نبحث عنها. إن التاريخ لم يتعامل بقسوة معها لأنها لم توجد أصلا!

إلى أي درجة من «القسوة» تعامل التاريخ مع أهم توقعات تروتسكي؟ في عام ١٩٢٨، وفي كتابه نقد مشروع برنامج الأممية الشيوعية، كتب تروتسكي أنه إذا ما تم تبني «نظرية» «الاشتراكية في بلد واحد»، من طرف الأممية، فإنه من شأنها أن **تؤدي حتما إلى الانحطاط القومي للأممية الشيوعية:**

«لا يمكن للوطنية الثورية سوى أن تكون ذات طابع طبقي. إنها تبدأ كحمية لمنظمة الحزب، ثم للنقابات العمالية، وتصير حمية للدولة عندما تستولي البروليتاريا على السلطة. في أي مكان وجدت فيه السلطة في أيدي العمال، تصير الحمية الوطنية واجبا ثوريا، لكن يجب أن تكون هذه الحمية الوطنية جزءا لا يتجزأ من الأممية الثورية. تعلم الماركسية العمال دائما أنه حتى النضال من أجل أجور أعلى وساعات عمل أقل لا يمكن أن يكون ناجحا إلا إذا شن على أنه صراع أممي، والآن يبدو فجأة أن المثل الأعلى للمجتمع الاشتراكي يمكن تحقيقه بواسطة القوى الوطنية وحدها، إن هذا ضربة قاصمة للأممية.

«إن القناعة الراسخة بأن الهدف الطبقي الأساسي، بل وحتى أكثر الأهداف جزئية، لا يمكن أن يتحقق عن طريق الوسائل القومية أو داخل الحدود الوطنية، تشكل جوهر الأممية الثورية. إذا كان الهدف النهائي ممكن التحقيق داخل الحدود الوطنية من خلال جهود البروليتاريا الوطنية، فإن العمود الفقري للأممية

ينكسر. نظرية إمكانية تحقيق الاشتراكية في بلد واحد تدمر العلاقة الداخلية بين نزعة الدفاع عن الوطن عند البروليتاريا المنتصرة وبين انهزامية البروليتاريا في البلدان البرجوازية. ما تزال بروليتاريا البلدان الرأسمالية المتقدمة تسير على الطريق نحو حسم السلطة. إن مسألة كيف وبأية طريقة ستسير في ذلك الاتجاه يعتمد كليا على ما إذا كانت تعتبر مهمة بناء المجتمع الاشتراكي مهمة وطنية أو أممية.

«إذا كان من الممكن تحقيق الاشتراكية في بلد واحد، يمكن للمرء آنذاك أن يعتقد في هذه النظرية ليس فقط **بعد** الاستيلاء على السلطة بل أيضا **قبل** ذلك. وإذا كان من الممكن تحقيق الاشتراكية داخل الحدود الوطنية لروسيا المتخلفة، ستكون هناك أسباب وجيهة للاعتقاد بأن ذلك يمكن أن يتحقق في ألمانيا المتقدمة. غدا سوف يتعهد قادة الحزب الشيوعي الألماني بتبني هذه النظرية. ومشروع البرنامج يمكنهم من القيام بذلك. وبعد غد سيأتي دور الحزب الفرنسي. **وسوف تكون بداية تفكك الكومنترن على أسس قومية**». (الأممية الشيوعية بعد لينين، الصفحات ٧١-٧٢، خط التشديد من عندنا)

في هذه الأسطر، توقع تروتسكي ببراعة انهيار الأممية الثالثة، والانحطاط القومي للأحزاب «الشيوعية»، قبل عقود من حدوث ذلك. إن ستالين وبعد استخدامه بكلبية للكومنترن كحرس لحدود الاتحاد السوفياتي، قام بحله بازدراء عام ١٩٤٣، كبادرة «لحسن النية» لحلفائه الإمبرياليين. وفي ذات الوقت الذي كان فيه ملايين العمال في إيطاليا واليونان والصين وفي أوروبا الشرقية وفي بريطانيا، يتحركون، تحت وطأة الحرب، في اتجاه الثورة، أرسلت الأممية الثالثة إلى مزبلة التاريخ.

صحيح أنه لعدد من الأسباب خرجت الستالينية قوية، مؤقتا، من الحرب العالمية الثانية. كان هذا أساسا بسبب الإفلاس المطلق للرأسمالية على الصعيد العالمي؛ وعجزها عن التدخل ضد روسيا في نهاية الحرب. إن الحركة الثورية للطبقة العاملة في بريطانيا وفي فرنسا وفي ايطاليا، بالإضافة إلى الحالة المزاجية لجنود «الحلفاء»، شلت يد الإمبريالية.

أدى عدم قدرة الإمبريالية على التدخل في أوروبا الشرقية والصين، بالإضافة إلى تعفن الرأسمالية في تلك المناطق، إلى الإطاحة السريعة بالرأسمالية والملاكين العقاريين، وهو ما وضح، وفقا لمونتي جونستون، بما لا يقبل الجدل عدم صحة اتهام تروتسكي لطبيعة الستالينية المعادية للثورة. إنه لم يذكر الوضع في فرنسا، حيث دخل الحزب الشيوعي (الذي حظي بدعم جماهيري بسبب الدور البطولي الذي قام به أعضاءه في حركة المقاومة) في حكومة ائتلافية مع ديغول؛ أو إيطاليا، حيث أوعز ستالين للحزب الشيوعي الجماهيري بدعم «الفاشي السابق» بادوليو، في الوقت الذي كانت المدن الشمالية في أيدي العمال؛ أو اليونان، حيث وجه الأمر لميليشيات الحزب الشيوعي المسلحة التي كانت تضم ٢٠٠،٠٠٠ شخص بإلقاء أسلحتهم و«انتظار الانتخابات»، في حين كان بلطجية غريفاس يقتلون الشيوعيين في الشوارع؛ أو بريطانيا، حيث دافع الحزب الشيوعي عن حكومة «الجبهة الوطنية»، بما في ذلك مع تشرشل!

كان انهيار الرأسمالية والملاكين العقاريين في الصين وأوروبا الشرقية، والاستعاضة عنهم بتأميم وتخطيط الاقتصاد، ضربة قوية للإمبريالية على الصعيد العالمي. وقد كان انتصار الجيش الأحمر الصيني في عام ١٩٤٩، على وجه الخصوص، ثاني أكبر حدث في القرن العشرين، بعد ثورة أكتوبر عام ١٩١٧. بفضل هذا الحدث تمكنت جماهير الفلاحين الغفيرة في الصين من أن تدخل للمرة الأولى إلى مسرح التاريخ.

في ذلك الوقت رحب الماركسيون البريطانيون بهذه التطورات، وهم الذين لم يشكوا أبدا في أنها ستمكن هذه البلدان المتخلفة من البدء في المهمة التاريخية للتغلب على المشاكل التي خلفها الماضي شبه الإقطاعي. لكننا فهمنا أيضا بوضوح التناقض الضمني في هذا النوع من «الثورات» التي وقعت في الصين وأوروبا الشرقية. فهمنا أنه قد تم تنفيذها بقيادة ستالينية وبأسلوب بونابارتي. باستخدام الجيش الأحمر، كقوة

ضاربة، سحقت البيروقراطية الروسية البرجوازية الضعيفة ووضعت مكانها أنظمة مرتبطة بها. وقد قامت من خلال التوازن بين الطبقات بإنشاء دول على صورة موسكو. واستبدل حكم السوفييتات العمالية بتنويعات ستالينية «قومية» على شاكلة النموذج الستاليني الروسي، مع كل التشوهات البشعة لدول نظام الحزب الواحد الشمولية البوليسية. ب**دأت «ثورات» أوروبا الشرقية والصين حيث انتهت الثورة الروسية؛ كأنظمة بونابارتية بروليتارية.**

منذ الحرب العالمية الثانية، رأينا صحة تحليل تروتسكي لنظرية «الاشتراكية في بلد واحد» قد تأكدت بطريقة باهرة. فبدلا من الكتلة «المتناغمة» الاشتراكية المتحدة التي يشير إليها مونتي جونستون، شهدنا، في المقام الأول، مشهدا مقرفا من القهر والنهب في أوروبا الشرقية من قبل البيروقراطية الروسية بعد الحرب، وبعد ذلك تعرضت «الكتلة» الستالينية لجملة من الانشقاقات على أسس قومية، بدءا من يوغوسلافيا وصولا إلى قيام جنود نظامي روسيا والصين «الاشتراكيين» بإطلاق النار على بعضهم البعض بالدبابات والطائرات والمدافع في اشتباكات على الحدود.

لقد كسبت ثورة أكتوبر تعاطف عمال البلدان الرأسمالية المتقدمة بفضل دعوتها الواضحة إلى الأممية الاشتراكية. وقد لاقت دعوة البلاشفة إلى «سلام بدون إلحاقات أو تعويضات» ترحيبا عظيما في قلوب الملايين من العمال الذين أنهكتهم الحرب من **جميع** الدول المحاربة، بما في ذلك ألمانيا. تسببت الدعاية وسياسة التآخي، التي قامت على أساس طبقي، في انتشار سخط عارم بين صفوف الجيش الألماني، وفيما بعد في جيوش التدخل الأجنبية.

خلال الحرب العالمية الثانية استعملت البيروقراطية الروسية أسوء أشكال التحامل الشوفيني في دعايتها. وبدلا من تبني موقف الأممية البروليتارية، أعلنت في شكل مبطن فكرة أن «الألماني الوحيد الجيد هو الألماني الميت». وما يزال هذا الموقف المعادي للألمان يسود دعاية الستالينيين. كانت سياسة البيروقراطية الروسية هي: **جعل الطبقة العاملة الألمانية تدفع ثمن جرائم هتلر، الذي كان انتصاره من جهة بسبب السياسات الإجرامية للقادة الاشتراكيين الديمقراطيين الألمان وبسبب سياسة ستالين وقادة الحزب الشيوعي الألماني من جهة أخرى.** طرد عشرة ملايين ألماني قسرا من أوروبا الشرقية بعد الحرب، ولقي مليونا شخص من بينهم حتفهم بسبب الظروف الوحشية لترحيلهم.

في السنوات التي تلت الحرب نهبت البيروقراطية الروسية شرق أوروبا وكان على ألمانيا الشرقية أن تدفع تعويضات تساوي ١٦ مليار دولار، بينما دفعت رومانيا ٥٧٠ مليون دولار والمجر ٤٠٠ مليون دولار. لم يكن «العدو» وحده هو من تعرض للنهب، بل أيضا بقية بلدان أوروبا الشرقية جردت بشكل ممنهج من صناعتها وأرصدتها، الخ، وتم حملها إلى روسيا. **وبالتالي فإن جرائم الشوفينية الستالينية بعد الحرب هي التي أدت إلى نشوء الحركات الرجعية بين السكان المطرودين إلى ألمانيا الغربية، وجعلت كلمة «الشيوعية» مكروهة عند الطبقة العاملة الألمانية، التي كانت قبل الحرب «الطبقة الأكثر ثورية في أوروبا».**

قبل الحرب كانت أوروبا الشرقية معروفة بانقساماتها القومية. وقد أظهرت الرأسمالية والدولة القومية البرجوازية عجزها عن التعامل بشكل سلمي وعقلاني مع المشاكل الناجمة عن هذا الخليط المعقد من الجنسيات واللغات. كانت هذه الانقسامات القومية لعنة أوروبا الشرقية، وعاملا رئيسيا في إدامة التخلف في المنطقة، والفقر والبؤس بين صفوف الجماهير، والقمع الوحشي للأقليات القومية. **لو كان الستالينيون ما يزالون يحتفظون بذرة من تقاليد الأممية البلشفية، لكانوا قد رفعوا شعار فدرالية اشتراكية في أوروبا الشرقية، استنادا إلى خطة اقتصادية مشتركة وبالارتباط بالموارد والإمكانات الهائلة التي يتمتع بها اتحاد الجمهوريات الاشتراكية السوفياتية.**

إن «بلقنة» أوروبا الشرقية، والتي تم تعزيزها بشكل متعمد من قبل الستالينيين الروس بعد الحرب، أدت بشكل حتمي إلى الحالة الراهنة. وكما توقع تروتسكي في وقت مبكر، تعمل كل فئة بيروقراطية قومية على حماية حدودها «الخاصة»! يحدث هذا في نفس الوقت الذي تواجه فيه حتى البرجوازية في الغرب التناقض بين الحدود الضيقة للسوق الوطنية وبين الحاجيات الحتمية للاقتصاد الحديث. على الرغم، بطبيعة الحال، من أنه لا وجود لأي حل لذلك التناقض على أساس الملكية الخاصة لوسائل الإنتاج.

نتائج هذه «الاشتراكية» القومية بشعة. في الوقت الحاضر يوجد في يوغوسلافيا ٣٠٠,٠٠٠ عاطل عن العمل، إضافة إلى ٤٠٠,٠٠٠ شخص لا يستطيعون العثور على عمل في وطنهم «الاشتراكي» ويجبرون على العمل في الغرب. بينما في الجهة الأخرى من الحدود في بلغاريا «الاشتراكية»؟ حيث يتحدث الناس لغة مماثلة، هناك شركات تعمل بـ ٤٥٪ إلى ٥٠٪ من قدرتها بسبب النقص في العمال شبه المهرة. (الإيكونوميست ٢٠ يناير، ١٩٦٨). كما تعاني تشيكوسلوفاكيا وألمانيا الشرقية أيضا من نقص في العمالة أساسا بفضل طرد الألمان السوديت والفرار الجماعي من نظام أولبريخت الستاليني البغيض.

لكن أكثر المظاهر الإجرامية للـ «الاشتراكية في بلد واحد» مع ذلك هو الانقسام الصيني السوفياتي. يشير مونتي جونستون لانتصار الجيش الأحمر الصيني في عام ١٩٤٩ بأنه «دليل» على أن «الاشتراكية في بلد واحد» لا تتعارض مع الأممية الاشتراكية الثورية. لكن الستالينيين الصينيين أخذوا السلطة **بالرغم** من النصيحة «الأخوية» من طرف «رفاقهم» السوفيات. لقد فضل ستالين تقسيم الصين أو تشكيل حكومة ائتلافية مع تشيانغ كاي تشيك!

سيكون من المثير للاهتمام معرفة تحليل مونتي جونستون للنزاع الصيني السوفياتي، الذي لم يذكره ولو مرة واحدة في مقاله! ما هو تفسير هذا أيها الرفيق جونستون؟ هل هو «خطأ مأساوي» آخر؟ أم أنه نتيجة لـ «عبادة شخصية» ماو؟ إذا كان في مقدور «شخصية» ستالين أن تعقد لسان كل الشعب الروسي خوفا، فبإمكان ماو بالاعتماد على قوته أن يتلاعب أيضا بـ ٧٠٠ مليون صيني! في الواقع لا يمتلك مونتي جونستون أو «المنظرون» الستالينيون أي تفسير للانقسام بين الصين والاتحاد السوفياتي. ولا يمكن أن يكون هناك أي تفسير إذا قبلنا أن كلا من روسيا والصين هما «بلدان اشتراكيان».

ليس للانقسام بين الصين والاتحاد السوفياتي (والذي توقعه الماركسيون البريطانيون، حتى قبل وصول جيوش ماو إلى السلطة، باعتمادهم على توقعات تروتسكي، التي يزعم جونستون أن التاريخ عاملها بشكل «قاس») أية علاقة مع المسائل النظرية والإيديولوجية. **إنه نتيجة لصراع المصالح بين بيروقراطيتين قوميتين متنافستين.** إن البيروقراطية الروسية والصينية مثلهما مثل عصابتين متنافستين في شيكاغو آل كابوني، ليستا مستعدتان لتقاسم السلطة والثروة مع أي كان، وتحرس كل منهما «أراضيها» بغيرة ضد الاختراقات من قبل «الرفاق الأشقاء».

من جهة النظر الماركسية يعتبر النزاع الصيني السوفياتي حدثا فضيعا لا يمكن أبدا أن يحدث بين دولتين عماليتين سليمتين حقا. إنه جريمة لا تلحق فقط ضررا لا يوصف بقضية الاشتراكية على الصعيد العالمي، بل أيضا تقف على طرف النقيض تماما مع مصالح العمال والفلاحين في كل من روسيا والصين.

إن الشعار الأساسي الذي كان حزب ماركسي لينيني حقيقي سيرفعه منذ فترة طويلة هو: **تشييد فدرالية اشتراكية بين روسيا والصين.** كانت البيروقراطية الروسية تحاول فتح أراضي آسيا السوفياتية الشاسعة، والتي تحتوي على ثروات معدنية هائلة، والتي يمكن لاستغلالها أن يغير كل حياة الشعب السوفياتي. لكن العقبة الرئيسية هي نقص العمالة، والعمال السوفيات يرفضون مغادرة موسكو ولينينغراد للذهاب إلى آسيا الوسطى. ومن ناحية أخرى، فإن العدد الكبير لسكان الصين يوفر إمكانيات هائلة من القوى العاملة لهذه

المهمة التاريخية. لكن ومع ذلك عندما عبر الصينيون «الحدود» والتي هي عبارة عن خط مصطنع لا معنى له يقطع جميع الوحدات الطبيعية، تم طردهم قسرا من قبل وحدات من الجيش الأحمر. وفي الوقت نفسه، نجد البيروقراطية الروسية منشغلة في التفاوض مع الشركات الكبرى اليابانية لفتح سيبيريا في وجهها!

على الرغم من كل ضجيجهم الكلبي حول «الأممية البروليتارية»، فإنه لا البيروقراطية الصينية ولا البيروقراطية الروسية قدمتا برنامجا أمميا حقيقيا من أجل الربط بين الاقتصادين العملاقين لروسيا والصين في مصلحة كلا الشعبين. وبدلا من ذلك، شهدنا الاشتباكات الحدودية، والقتل الإجرامي للعمال الروس والصينيين بزي الجنود، وشهدنا الدعاية الأكثر انحطاطا وإجراما من قبل الستالينيين الروس والصينيين، والتي ليست مجرد دعاية شوفينية، بل حتى ذات إيحاءات عنصرية.

هذا هو واقع «البلدان الاشتراكية الثلاثة عشر» التي ذكرها مونتي جونستون، ثلاثة عشر دولة شمولية، تحكمها ثلاثة عشر بيروقراطية قومية، وتتواصل فيما بينها بلغة المدافع الرشاشة والصواريخ الشقيقة!

لكن توقع تروتسكي يصدق بشكل جيد على مسألة أخرى. ففي نقده لمشروع برنامج الكومنترن يشير تروتسكي إلى أن «نظرية» «الاشتراكية في بلد واحد» تعني خطر الانحطاط القومي، ليس فقط **بعد** الاستيلاء على السلطة، بل أيضا قبل ذلك. ما هو موقف أحزاب الأممية الشيوعية السابقة اليوم؟ **جميع ما يسمى بالأحزاب الشيوعية، في كل مكان، سواء كانت في السلطة أو خارجها، تظهر ملامح مثيرة للاشمئزاز من الانحطاط القومي.**

على مدى عقود خضعت «قيادات» الأحزاب الشيوعية العالمية بشكل مذل حقا، لإملاءات البيروقراطية الستالينية الروسية. وتألفت سياساتها من سلسلة من التقلبات والمنعطفات المتناقضة وفقا لأحدث مناورات ستالين؛ فحينا شجبوا العمال الاشتراكيين الديمقراطيين باعتبارهم «مرضى بالجرب» و «فاشيين»؛ وحينا دعوا للوحدة مع الأحزاب البرجوازية المسماة ليبرالية؛ ثم حينا عارضوا الحرب مع ألمانيا على أساس سلام بشروط هتلر، وحينا آخر قاموا بدور أسوء كاسري الإضرابات من أجل «المصلحة الوطنية» بعد عام ١٩٤١.

يحاول مونتي جونستون، عن طريق التلاعب بالاقتباسات، «إثبات» تناقض تحليل تروتسكي بخصوص الاتحاد السوفياتي. لكن سلسلة الشقلبات السياسية التي قام بها أصدقائه: بوليت، ودوت، وغولان، وكامبل، **والآخرون** في الماضي مجرد تفاهات. ليست لتلك المناورات أية علاقة مع الماركسية والمنهج الماركسي، إنها مجرد دليل على الغياب التام للمبادئ في مواقف **جميع** قادة الحزب الشيوعي.

على مدى العقدين الماضيين عانت «الوحدة» الستالينية من سلسلة من الضربات الساحقة: انشقاق يوغوسلافيا، الأحداث البولندية والثورة الهنغارية عام ١٩٥٦، وخصوصا النزاع بين الصين والاتحاد السوفيتي، مما أضعف القبضة الحديدية للبيروقراطية الروسية على حركة الأممية. لكن ما هو البديل الذي يقدمه قادة الأحزاب الشيوعية «التقدميون» أو «اليساريون» على «خط موسكو»؟ هل هو العودة إلى أفكار لينين؟ كلا، مطلقا.

لقد استفاد قادة الأحزاب الشيوعية في كل مكان من هذا الوضع لتأكيد حق كل بيروقراطية قومية في الحكم في مجالها الخاص بها. «الطريق البريطاني نحو الاشتراكية»، «الطريق البولندي نحو الاشتراكية «كلها مظاهر للعقلية القومية الضيقة لقيادة الأحزاب الشيوعية وتصميمها على حماية مكانتها الخاصة في بلدانها «الخاصة»، دون أي «تدخل» من الخارج.

كان الموقف الذي اتخذه عدد من الأحزاب الشيوعية الأجنبية بخصوص تشيكوسلوفاكيا دليلا على ذلك. لم يكونوا «ليتحملوا»، كما كان عليه الحال في عام ١٩٥٦، إجراءات البيروقراطية الروسية ونتائجها الكارثية. لم يقم غولان ولا دوت ولا مونتي جونستون بأية محاولة لتحليل أو تفسير غزو تشيكوسلوفاكيا. «ألا يكفي

أن قيادة الحزب قد نأت بنفسها عن عملية الغزو؟ ما الذي تشتكون منه؟» نعم أيها الرفاق، لكن ما يثير اهتمام الماركسي ليست مجرد الأفعال المهذبة (فقادة الجناح اليميني داخل حزب العمال أيضا «نأوا بأنفسهم» عن غزو تشيكوسلوفاكيا!) بل **تقديم تفسير لما حدث.**

السبب الحقيقي الذي جعل بريجنيف ومعاونيه يقررون غزو تشيكوسلوفاكيا هو أنهم يخشون من التأثير الذي سيكون لأدنى التنازلات الديمقراطية في تشيكوسلوفاكيا على العمال في روسيا. كان تحركهم دليلا على توتر الأعصاب وليس على الثقة والقوة. ورغم ذلك يواصل غولان وجونستون وأتباعهما العمل كما لو أن ذلك كان مجرد «خطأ مأساوي» من جانب البيروقراطية السوفياتية[15]!

إن الموقف «المستقل» لقادة الحزب الشيوعي في الغرب تجاه موسكو ليس سوى وجه واحد من وجهي العملة. فعلى الجانب الآخر، لدينا الجهود الدؤوبة من قبل غولان وفالديك روشيتس من أجل تجميل صورتهم أمام «الرأي العام» لبرجوازيتـ «هم» القومية. إن «الشكل الجديد» للستالينيين أكثر إثارة للاشمئزاز من شكلهم القديم. إنهم صورة كاريكاتورية لإصلاحية قادة الأحزاب الاشتراكية الديمقراطية البائسة. وهكذا تم تغيير اسم جريدة «يومية العمال» إلى «نجمة الصباح»، ويؤكد قادة الحزب الشيوعي في جميع تصريحاتهم على عدم ثوريتهم، واحترامهم البرجوازي ووطنيتهم العميقة التي تريد إعادة «عظمة» بريطانيا مرة أخرى. من الواضح أن الزعماء الشيوعيين يريدون أن يثبتوا أنه يمكنهم أن يغنوا النشيد الوطني بصوت أعلى من قادة حزب المحافظين أو القادة اليمينيين لحزب العمال! حيث أن علم المملكة يظهر في كل مظاهرات الحزب الشيوعي، إذ أنه رغم كل شيء علمـ «نا»...!

ومما له دلالة أن نفس «منظري» الحزب الشيوعي الذين انتقدوا غزو تشيكوسلوفاكيا، هم من كانوا الأكثر صخبا في دعم الدور المشين الذي لعبته قيادة الحزب الشيوعي الفرنسي ونقابة الكنفدرالية العامة للشغل CGT أثناء وبعد أحداث ماي من العام الماضي [١٩٦٨ -المترجم-].

١٥ من أجل الاطلاع على تحليل الأحداث التشيكية والفرنسية، راجع SPARK، شتاء ١٩٦٨-١٩٦٩. وأيضا تشيكوسلوفاكيا: رسالة مفتوحة إلى مناضل في الحزب الشيوعي (لندن) وتشيكوسلوفاكيا (١٩٦٨) بقلم ف. كارالسينغام (الناشرين الدوليين، كولومبو)

الفصل التاسع: خلاصة

إن كتابة الافتراءات أسهل من الرد عليها . وقد قمنا في هذا المؤلف بالتعامل فقط مع الأكاذيب والتحريفات الصارخة. لكن كل منهج كوجيتو مونتي جونستون، في الواقع، منهج **غريب عن الماركسية**. إنه ليس موجها لتوضيح موقف تروتسكي، من أجل الرد عليه، بل يعمل فقط على تزييف أفكار تروتسكي، من أجل جعلها هدفا للسخرية. ليس لمثل هذا المنهج أية علاقة مع منهج ماركس وانجلز ولينين وتروتسكي، الذين أعطوا دائما توصيفا واضحا ونزيها لأفكار خصومهم، من اجل الرد عليها .

لكن الإفلاس النهائي لموقف مونتي جونستون كشفت عنه عبارة انزلقت من قلمه دون أن يلاحظها تقريبا:

كتب في الصفحة ٣٣: «إن النقد الماركسي الجوهري للستالينية، والذي ما يزال يتعين القيام به، لن يأتي من جانب تروتسكي..»

ها قد وجدناها إذن! «لقد تمخض الجبل فولد... فأرا!»، **إذ بعد ستة عشر عاما على وفاة ستالين، وبعد ثلاثة عشر عاما على المؤتمر العشرين، ما يزال نقد مونتي جونستون «الجوهري للستالينية» ينتظر من يقوم به!**

هذا هو الاستنتاج العجيب الذي يفترض من أعضاء رابطة الشباب الشيوعي والحزب الشيوعي أن يأخذوه من عند «منظري» حركتهم. إن «نموذج» تروتسكي «خاطئ تماما»، أما فيما يتعلق **بنموذجنا**، فحسنا، نحن ما زلنا ننتظره أن يتحقق!

ومن جانبنا، نحن ندعو أعضاء الحزب الشيوعي ورابطة الشباب الشيوعي إلى استخلاص استنتاجاتهم الخاصة بعيدا عن أعذار مونتي جونستون وأمثاله الواهية. اطرحوا السؤال على القيادة : **لماذا** لا يمكنكم أن توفروا لنا تحليلا وتفسيرا للستالينية؟ للأسف! لن يكون هناك أي رد وشيك. إن «الرفاق» السوفيات منشغلون في هذه اللحظة بالذات في مهمة إحياء ستالين، ويحاولون التراجع حتى عن تلك التنازلات الضئيلة التي تم انتزاعها من أيديهم في الخمسينات. بالطبع سيتم غدا خلع بريجنيف وسيقدم أحد البيروقراطيين «التقدميين» بعض التنازلات مرة أخرى، لمنع العمال من الانتقال إلى النضال. إن البيروقراطية في الواقع ستفعل أي شيء للعمال، **أي شيء باستثناء النزول من فوق ظهورهم!**

من الواضح أن هذا النقاش لم يكن مرحبا به من قبل قيادة الحزب الشيوعي . لقد حاولوا تأجيله لأطول فترة ممكنة. لكن وبما أن صورتهم «المستقلة» و«الديمقراطية» و«المحترمة» الجديدة على المحك، فإنهم لم يتجرءوا على الاستمرار في منعه. وقد فتحت الأحداث التي هزت الستالينية العالمية في السنوات الأخيرة الباب أمام مناقشات واسعة النطاق في صفوف الأحزاب الشيوعية. وأية محاولة من جانب البيروقراطية لتضييق الخناق على النقاش حول تشيكوسلوفاكيا مثلا، كانت ستؤدي إلى كارثة على غرار عام ١٩٥٦. لقد كبلت الأحداث أيديهم.

إن خيانة القيادة الستالينية لحركة العمال الفرنسيين أدت إلى اندلاع احتجاجات واسعة النطاق ومعارضة بين قواعد الحزب الشيوعي، الذين، على عكس القادة، لم يفقدوا الوعي الطبقي والرغبة في تغيير المجتمع. وكذلك في بريطانيا دفعت الأحداث في فرنسا وتشيكوسلوفاكيا الأعضاء الأكثر وعيا بين صفوف رابطة الشباب الشيوعي والحزب الشيوعي إلى التفكير في المسائل الأساسية التي تواجه الحركة. وتحدث تطورات مماثلة بدون شك داخل الحزب الشيوعي الإيطالي وغيره من الأحزاب الأخرى.

أمس اهتزت الستالينية بسبب هنغاريا وتشيكوسلوفاكيا، وبسبب فرنسا والانقسام بين الصين والاتحاد السوفيتي . ماذا سيحدث غدا؟ إن الفترة القادمة ستفتح الباب أمام اندلاع معارك طبقية جديدة ورهيبة على الصعيد الأممي . تحت غطاء طفرة مرحلة ما بعد الحرب، استعدت قوات شابة جديدة لا يلوثها يأس وكلبية الجيل الأكبر سنا. إن النضالات الرائعة التي تخوضها الطبقة العاملة الإيطالية والفرنسية تعطي مؤشرا عن الأحداث المقبلة. السؤال الآن هو فقط ما الذي سوف يأتي أولا: الثورة الاشتراكية في الغرب، أم الثورة السياسية في الشرق؟

في أتون الأحداث العظيمة سيتم تكوين واختبار القوات الثورية الجديدة. وسيأتي جزء كبير من هذه القوات، خاصة في فرنسا وإيطاليا، لكن أيضا في بريطانيا، من بين صفوف الأحزاب الشيوعية ورابطة الشباب الشيوعي . من واجب جميع الرفاق في هذه المنظمات إعداد أنفسهم نظريا للقيام بالمهام العظيمة التي تواجهنا. ليست النظرية شيئا يقدمه «مثقفو» الحزب على طبق من ذهب. يجب على جميع الماركسيين الحقيقيين النضال من أجل تكوين وتثقيف أنفسهم بالأفكار الأساسية للماركسية وأساليبها وتقاليدها. ليست كتابات ماركس وإنجلز ولينين وتروتسكي جافة وأكاديمية وقديمة، بل إنها تحتوي على الدروس الحية لتجربة حركة الطبقة العاملة في جميع البلدان لأكثر من قرن ونصف. إذا كان أعضاء الحزب الشيوعي ورابطة الشباب الشيوعي يرغبون في لعب دور في بناء الحركة التي سوف تغير المجتمع على أسس اشتراكية، يجب أن يأخذوا هذه المهمة على محمل الجد.

على قاعدة الأحداث وتكوين المناضلين الماركسيين والكوادر البلشفية، للمشاركة في الحركات الحتمية للطبقة العاملة في بريطانيا وأمميا، سيكون النصر، في آخر المطاف، أكيدا في النضال من أجل فدرالية اشتراكية عالمية متحدة ومتناغمة. سوف يصير كابوس الستالينية والرأسمالية مجرد ذكريات سيئة من الماضي، وازدهار القوى المنتجة العالمية، المندمجة في إطار نظام للرقابة والتخطيط الديمقراطيين، سوف يمكن الفن والثقافة والعلوم من أن ترتفع إلى مستويات لم يسمع بها من قبل. وللمرة الأولى سوف يصير الإنسان قادرا على رفع نفسه إلى مكانته الحقيقية في عالم متحرر من الحروب والفقر و القهر.

غشت / أكتوبر ١٩٦٩

www.ingramcontent.com/pod-product-compliance
Ingram Content Group UK Ltd.
Pitfield, Milton Keynes, MK11 3LW, UK
UKHW020419250726
13967UKWH00007B/2713

9 781900 007504